CHINA CHALLENGING JAPAN'S AUTOMOTIVE HEGEMONY

中国が日本に挑む自動車覇権

トヨタはEV化を乗り切れるか

髙橋琢磨＝著
Takahashi Takuma

日本評論社

はしがき

中国では、三菱自動車の広州汽車との合弁、広汽三菱の工場が3月から操業を停止している。トヨタの合弁会社、広汽トヨタでも1000人規模の人員削減が行われた。中国から伝えられるニュースは、EV（電気自動車）への需要が世界的に高まるなかで日本メーカーが売る車がない、いわゆる「玉不足」に陥っている窮状に関するものばかりだ。

筆者は20年前に、デジタル時代になると現物と設計図は同等になるため、今後の競争力を左右するものは「設計図の束」だと指摘した。不確実な先行きを読み、ニーズに合致しそうな設計図を用意しておくことが、競争力の源となる。自動車メーカー各社とも、そのように行動してきたに違いない。トヨタも全方位に対応していくと宣言していた。

だが、世界の次世代自動車の「ドミナントデザイン」をめぐる争いは、中国市場がリードする形で、一挙にEV化へと傾いた。その流れがあまりに急速だったために、束になっていた設計図が読みを外したものになってしまったのだ。

世界をEV化へと誘導したのは中国政府である。世界最大の自動車市場となった自国の立場を梃子にして、EVの戦略部品である車載電池で天下を取ると同時に、脆弱な体質の自国の自動車企業を日米欧に対抗できる企業へと転換させ中国を「自動車強国」へと導くという狙いをもって、いち早く舵を切ったのだ。これは、国際的には地球環境問題へ貢献し、国内的には自動車需要の天井を引き上げるという壮大な政策であるばかりでなく、シェールオイルブームに沸くアメリカ経済の変化を第3次産業革命の域内に引き留める覇権奪取の戦略の一つでもあった。

オイルグラットな環境のためEV化の進展は漸進的とならざるを得ないとみられたなかで、第4次産業革命の重要拠点の一つとなった中国におけるEV化の伴走者となったのは、ディーゼルエンジンでの不正事件を起こしたVWだった。

だが、そのVWも、中国市場向けに用意したEVの設計図が市場ニーズに合致せず、慌てて体制立て直しのために新興EVベンチャー小鵬への投資をしたり、アウディのデザイン強化のために上海汽車の手を借りたりすることになった。EV市場の展開は想像していた以上に速く、不確実性はきわめて高い。

読者の中には、EV化を主題としながら筆者が中国に焦点を合わせていることに違和感を持つ人がいるかもしれない。確かに、誰よりもEV化の意義を語ることができるのは、100年前にフォードがつくり出した自動車とはまったく異なる製品を、まったく異なる手法で製造するようになった、EV専業スタートアップのテスラであろう。同社がハイエンド（高価格帯）のEV市場に突破口を見出しいち早く収益化しEVのビジネスモデルを確立し、中国の夢想したEVの世界を描き出したのであり、街にあふれんばかりのEVが走るノルウェーの消費者が世の中のトレンドを確立し、中国の夢をこの世に映し出しただけでなく、既存メーカーをしてEV化へと走らせることになったのである。

本書もベンチャーの重要性を認識するに人後に落ちるものではない。ただ、本書でも触れているようにテスラとほぼ同時期に日本でもＥＶベンチャーが創立されている。しかし、それを育てられなかったのがわが日本社会だったのだ。あるいは自動車業界だったかもしれない。

とはいえ、日本はハイブリッド車（ＨＶ）を武器に世界の自動車業界の牛耳を執ってきたのだ。これに対し、中国はＥＶ化を梃子にこれまでの日中の立場を逆転させようとしていることは間違いない。ある意味、電力のグリーン化が進まないなかではＨＶで行くべしとの日本の「正論」が急激なＥＶ化という国際政治に敗れたといえよう。

中国の目論見はどの程度成功しているのか。ＥＶ化の進展はまだ緒に就いたばかりで確かなことは言えないが、車載電池ではＣＡＴＬ（寧徳時代新能科技）という世界チャンピオンを生み出し、ＥＶではテスラのライバルになったＢＹＤ（比亜迪）を輩出した。ＢＹＤは今やトヨタの「先生」でもある。そして何よりもＢＹＤに続く企業群の叢生に加え、海外企業のＥＶ生産の誘致にも成功した。このようにしてＥＶ生産での世界基地になり、自動車輸出が日本に代わり世界一になったことは中国政府にとって大きな収穫だったと評価できよう。

ＥＶ化では大きく出遅れた日本の自動車メーカーにとって転機となりうる出来事は、トヨタ自動車における社長交代であろう。社長交代にみる新規まき直し策でどこまで競争力を回復できるかが注目される。ただし、２０２６年に１５０万台のＥＶを販売するという新目標が達成されたとしても、世界のＥＶ化の流れには量的にみて追いつけていないことになる。だが、全固体電池の商業化に目途を立て、ペロブスカイトの開発に王手をかけたことは、反撃の狼煙となる。〈ＥＶプリウス〉がＨＶ時代を象徴したように〈EVレクサス〉がEV時代を象徴するものになれるのか、製品の質でのリードができる芽が出せるかが問われよう。

筆者は近著『米中が競う技術覇権（仮）』のなかでは、EVを、量子コンピューターや半導体のようにハイエンドのハイテクではなくミドルテクに過ぎないが、経済的な観点から競争が先鋭化しているとした。EVの時代は、テスラを主役に描くこともできれば、EV化よりも自動化に重点を置くGMの視点からの叙述も面白いかもしれない。だが、本書ではHVで天下を窺った日本に中国がEVで挑み、自動車覇権をとろうという構図をもって論を展開している。トヨタが考えているように、途上国ではHVの需要が強いことも確かだ。またCAFE規制ではHVの出番もあるだろう。だが、途上国でも、高齢化社会でも、ローエンド（低価格帯）のEV市場の役割が注目され、それが自動車需要の天井の引き上げになっていることも確かだ。本書が『中国が日本に挑む自動車覇権――トヨタはEV化を乗り切れるか』と題されるゆえんである。故クレイトン・クリステンセン教授を一種の狂言回しとして展開していく本書を、興味をもって読んでいただければありがたい。

2023年8月　髙橋琢磨

目次

序章

トヨタの社長交代にみる日本の自動車産業の危機

0.1 EV化の波に乗り遅れた日本メーカー

2022年における中国のEV（電気自動車）の販売台数は、前年比81・6％増の536万5000台と、同年の日本の新車販売台数を上回った。23年の売れ行きを見ても3台に1台がEVとなっている。世界のEV販売台数は21年の約1・5倍となる約680万台にのぼり自動車全体の販売台数に占めるEVの比率も約6％から約10％に高まった。

このことから分かるように、世界の自動車市場でEV化という潮流が生まれたのである。16年のパリ・モーターショーにおいて、当時ダイムラーAG（現メルセデスベンツ）会長であったディエター・チェッチェは、今後の自動車産業が変化するなかで中長期戦略を構成するキーワードとして「CASE」を掲げた。CASEとは、つながる車（Connected）、自動運転（Autonomous）、シェアリング（Shared & Service）、電気自動車（Electric）の頭文字をとったものである。ゼネラルモーターズ（GM）はCASEのうち最も早く具現化するのは自動運転だと考えた。トヨタ自動車は、EV化はハイブリッド車（HV）や水素燃料電池車（FCV）などの選択のなかで、ゆっくりと進むと考えた。だが、EV化は急で、拡大のモメンタムを獲得したのだ。

国・地域別に世界のEV市場を概観すると、22年のEVの世界販売に占める割合が最大だったのは中国市場（290万台）で約4割、ついでアメリカ市場（約210万台）の約3割、ヨーロッパ市場（約120万台）の約2割となり、この3つの市場でEV世界市場（約680万台）の9割を占める。

図0－1　国・地域別のEV世界販売シェア（カッコ内は主なメーカー）

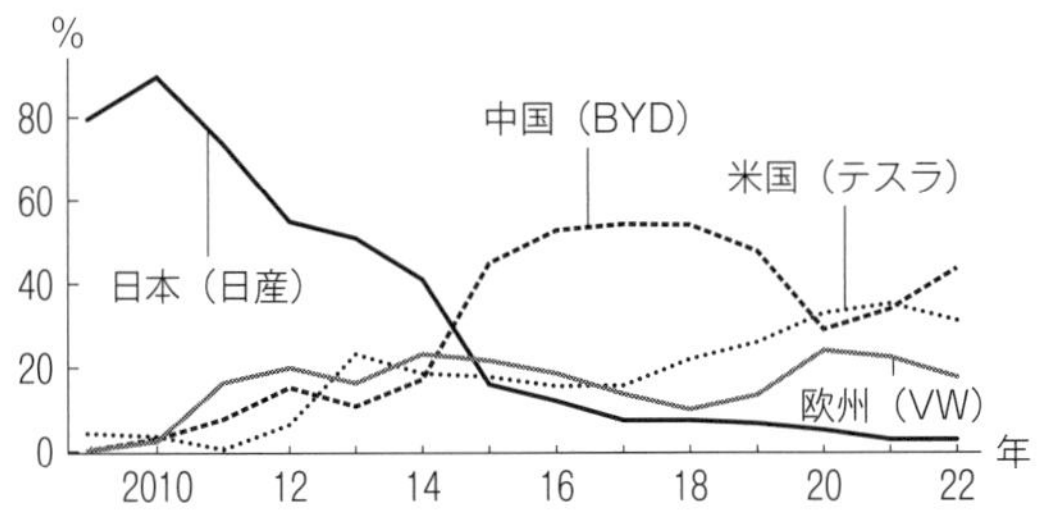

（注）22年は1～11月。各車種がどの国のメーカーに属するかは原則マークラインズに準ずる
（出所）マークラインズより試算

群雄割拠の中国市場で一頭地を抜きグローバルプレイヤーとなる意欲を見せるものの、米中対立のなかでアメリカ市場へのアクセスをもたないのが比亜迪（ＢＹＤ）だ。一方、アメリカ市場をベースとしながらも三大市場に生産拠点をもち、既存の自動車メーカーとは異なるＥＶメーカーとしてのビジネスモデルを築いたのがテスラだ。これに対し、ヨーロッパではフォルクスワーゲン（ＶＷ）のような既存の自動車メーカーが主として中国とヨーロッパ市場をベースとして懸命にＥＶ化の流れに乗ろうとしているといってよいだろう（図０－１）。

日本はＥＶ市場での先駆者ではなかったのか。三菱自動車が09年に世界初の量産ＥＶ〈アイ・ミーブ〉を発売し、日産自動車による初代〈リーフ〉の発売は10年だった。10年前後はＥＶ世界市場が数千～数万台規模だったとはいえ7～9割を占めていた日本勢のシェアが、その後に急速に落ち込んでいったのは、カルロス・ゴーン元日産自動車会長の不祥事をめぐる混乱などの各企業の個別事情というよりは、日本メーカーがＨＶを重視してきたことが主因だろう。ＥＶで先行していた日産自動車もエンジンは発電機を動かすことのみに使われ、モーターのみで走行するハイブリッド、e-POWERに賭けるところもあった。

確かに、電力のグリーン化が進まないなかで、現実的な解はHVだというのは正論だ。だが、世界の自動車業界がEV化へと大きく潮流を変えていくなかで、日本メーカーは取り残されてしまったのではないか。日本市場のシェアは22年には5%を割り、見る影もない。

日本の自動車メーカーは、日本に残された一本足の重要産業のかつぎ手として国民の輿望をになっている。日本メーカーが世界的なEV化の波に乗れていないとすれば、日本の雇用はどうなるのか。中国では3台に1台が、世界でみても10台に1台がEVになっている時に、売るべきEVがない、いわゆる「玉不足」に陥っている日本の自動車業界のチャンピオン、トヨタ自動車の事情をみることから始めよう。

0.2 「車屋」には最高のHVはつくれても最高のEVはつくれないのか

トヨタは、2022年の全米新車販売台数でGMにトップを取り戻されているが、21年には過去90年にわたり首位を守ってきたGMの牙城を崩し、全米販売台数でトップに立っている（図0－2）。この年、トヨタがトップに立てた背景には半導体不足を睨んだ巧みなサプライチェーン管理にあったことは間違いないが、トヨタの定義する「電動車」が20年比73%増の58万台と増えたことの寄与が大きかった。

トヨタはVWを抑えて3年連続世界一の販売実績を誇り、23年も前半をみる限りほぼ一位は確実だ。

図0－2　孜々と築き上げてきた北米でのトヨタの地位

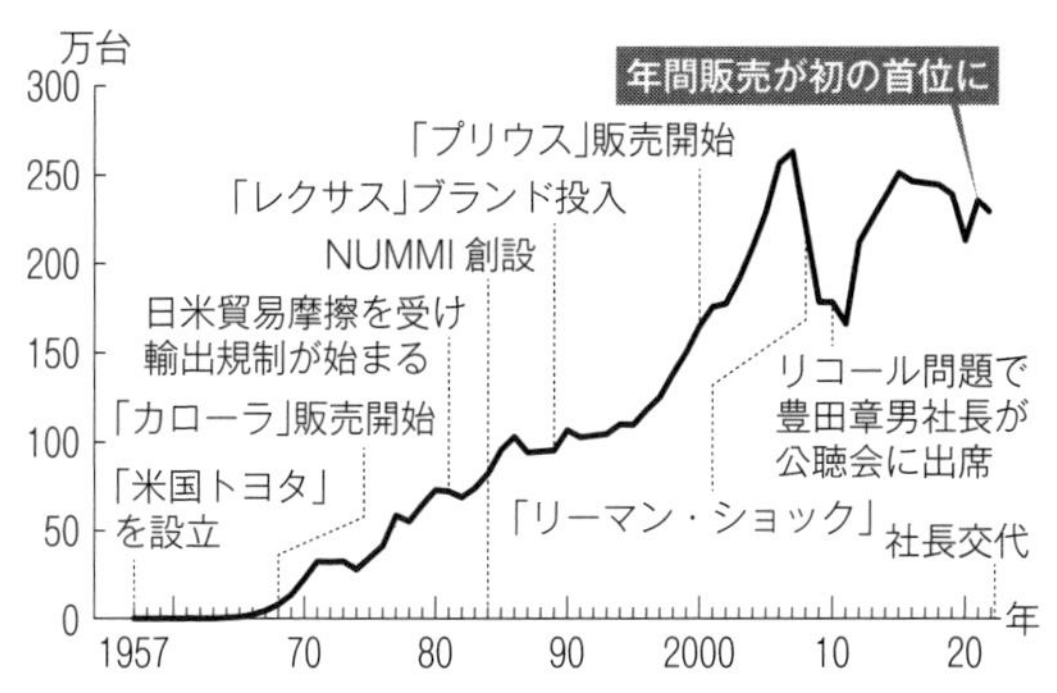

だがＶＷは欧中が主力で北米が手薄なのに対し、トヨタは北米への依存度が高い。それは自動車の本場であるアメリカで通用する車をつくらなくてはトヨタの明日はないとの思いで、ハイウェーの高速に耐えられない〈カローラ〉の輸出を開始して以来孜々たる努力を重ねるなかで築いた地位だともいえ、ＨＶによる貢献によるものだけではない。しかも、この間、豊田章男社長は２回にわたってトヨタの危機を救っている。

ＥＶ化の進展でトヨタは危機に直面しているとの見方もなくはない。現在の危機の性格を知るためにも、まずは過去の危機への対応を振り返っておきたい。

先の〈カローラ〉での品質問題を解決した後のトヨタは快進撃を続けたが、それは日米貿易摩擦の一因ともなった。自動車の日米貿易摩擦をどうするか。トヨタは、摩擦を緩和するには日本の車づくりの神髄を知ってもらう以外にないとＧＭへの技術移転のための合弁会社ＮＵＭＭＩの設立を１９８４年に持ちかけた。筆者も見学に訪れたことがあるが、とてつもなく大きな工場だ。

だが、ＧＭがＮＵＭＭＩを設立してトヨタ方式を学ぶには労働協約が問題となり、変則的なトヨタ方式の学びとなった。それは日本流が低価格で高品質の車を生み出しているという理解となって、JDパワー社の顧客調査では、購入直後の故障が少ない車をつくる北米の工場として、２００２～05年はトヨタやホンダを抑えてGMの工場が首位になるなど、品質・安全確保などでは確かに成果も出た。しかし、この工場でもつくる高級車〈キャデラック〉も売れ行きが悪かった。NUMMIの車も鳴かず飛ばずだった。つまり、トヨタ・カンバン方式の核心である的確な「開発」ターゲットの設定と開発スピードといった点は学べていなかったことを意味する。トヨタはGMを怒らせてはならないと御曹司、現会長の豊田章男をNUMMIに送り込んだ。これに対しGMは、合弁会社ではせっかく学んだことを自社内に取り込めないとして、自社内にトヨタ方式の開発を学び実践するサターン・プロジェクトを開始した。筆者が「出島方式」と呼んでいるものだ。[1]だが、GMは「出島方式」でも学びきれなかった。それだけ組織の硬直化が進んでいたのだ。

　その後リチャード・ワゴナー会長は「世間の認識と異なり、外国車メーカーがアメリカの自動車メーカーより生産性が高くもなければ品質が良いわけでもない」とウォン安、円安を問題にし、明らかに問題から目をそらした。しかし、SUVの開発でGMは息を吹き返し、日米摩擦の問題は和らいだかにみえた。だが、ずさんな経営が結局GMの死をもたらした。[2]

　さて、2回目の危機は、リーマン・ショック後の経済も自動車の生産も落ち込んでいたなかで起こった自動車事故がきっかけだった。豊田氏は、リーマン・ショックでそれまでの拡大戦略があだとなり、トヨタが営業赤字に陥った時に社長に就いていた。経営と商品戦略の改革から着手し、損益分岐点台数を引き下げる筋肉質な体制への移行を進めようとしていた矢先での事故であった。

09年8月、サンディエゴでディーラーが代車として提供した〈レクサスＥＳ３５０〉が、高速走行中に制御不能となり、土手に激突して炎上し、乗っていた非番の交通警察官の一家４人全員が亡くなった。代車を用意した販売員が違う車種のフロアマットを敷いたことが原因と事態を軽くみたこと、アメリカでは、メーカーが「欠陥がある」と知ってから５日以内に運輸省道路交通安全局に届けを出して、直ちにリコールを実施しなければならないのに、対応するための部品が揃ったタイミングで国土交通省にリコールを届け出る日本との手続きの違い等から、リコールの初期行動が遅れた。このことからアメリカでは「車が勝手に急加速する」「トヨタは重大な欠陥を隠している」といったエンジンの電子制御システムの欠陥を疑う報道が過熱、リコールの対象は全世界で延べ１０００万台以上に上った。対応を誤ればトヨタはつぶれるというのが社長の豊田をはじめ幹部の危機意識だった。

アメリカ連邦議会は真相究明のため公聴会を開き、北米トヨタの幹部を呼んで議会証言をさせたが議会の追及は止まず、10年2月、下院の公聴会に豊田章男社長が呼び出されることになった。豊田は「サンドバッグのように叩かれる」と覚悟しつつ、証言に自分なりのルールを決めて臨み、謝罪しながらも毅然とした態度で公聴会を乗り切った。そして議会の外で待ちわびていた従業員などの前で「公聴会で私は孤独ではなかった。アメリカそして世界中の仲間たちが私とともにいたからです」とのスピーチをした。

このスピーチが大々的にメディアで報道され、日本人、アメリカ人の心を動かし、マスコミの態度もがらりと変わって、トヨタは危機を乗り越えた。

それから10年余を経た21年8月、バイデン大統領が新車販売に占めるＥＶなど電動車比率を30年に

50%に引き上げる大統領令に署名したがHVは電動車とは認めていなかった。トヨタは消費者の支持があるからHVで行くという戦略をとりづらくなったのだ。

先の日米自動車摩擦の背景を考えてみると1970年代に排ガス規制によってアメリカの大型車が姿を消し、小型の日本車がアメリカ市場を軸足として世界的に伸びたが、今は、世界各国でのEV促進策によって日系以外の自動車メーカーのEVがグローバルに伸び始めている時代へと突入したとみることができよう。トヨタという企業にとっても、補助金政策などでEVが優遇されるといったことがあれば販売が大きくEVへとシフトしてしまい、営業利益の3割をになう北米市場での地位が大きく揺らぐ恐れがある。

トヨタは2022年2月末で自社の定義するハイブリッド車（HV+PHV）で世界累計販売台数が2000万台を超えたと発表した。HVを代表するのは〈HVプリウス〉だが、15年には4代目が新プラットフォームのTNGA（Toyota New Global Architecture）でつくられるようになり、走り味、ハンドリング性能が格段に上がったとされる。地域別の累計販売台数は日本が約800万台、北米が500万台、欧州が400万台、中国が170万台だった。これは、トヨタが気候変動問題に対処するにはハイブリッド車が現実解だと信じてきたからに外ならない。同社による試算では2000万台のハイブリッド車によってCO_2排出は約1億6000万t抑制され、ガソリン消費量は6500万kℓ抑制されたとしている。

このエピソードは、フォードがT型フォードのモデルチェンジをせず、同じモデルでの生産にこだわり続けたことと、どこか似ているところがある。フォードがT型、しかも黒一色の車の生産を続けるというこだわりを持ったことは、今日では愚行として語られることが多い。だが、それは大量生産によって自動車をサラリーマンでも持てるものにしたいというフォードの強い思いがあったからである。なんら非難の対象にはならない、一つの理想の追求であろう。1908年から27年に生産を中止するまでの足掛け20年弱での累積生産台数は1500万台となった。

HVの排除を豊田社長は危機と認識しているのだろうか。2021年12月14日、東京・お台場で開いた説明会で、豊田は30年にヨーロッパで販売する高級車ブランド〈レクサス〉をすべてEVにすると発表した。この席でトヨタは併せて世界で30年に年350万台のEVを販売する方針も示した。同年5月にEVとFCVで世界販売年間200万台を目標としていたが、予想を超えるフォードのEV販売の拡張ペースなどをみて、わずか7カ月で上方修正したことになる。EUがエコカーの定義からHVを排除したこともトヨタを突き動かしたことは間違いない。

それから1年足らず、EV市場への出遅れがトヨタでの社長交代を招いた。14年近く経営を率いてきた豊田章男社長が、10歳以上若い53歳の〈レクサス〉部門を率いる佐藤恒治氏にバトンを託す契機となったのは、〈HVプリウス〉の生みの親、内山田竹志会長が76歳の高齢を理由に退任を申し出たことだった。社長交代のオンライン会見を筆者も見たが、印象に残ったのは、記者の質問が会長になった豊田が財界活動に入るのではとの憶測に関連したものが多かった一方、会見で放映された映像資料では〈HVプリウス〉が地球環境問題で国際表彰を受けるなどの栄光を描いていたことだ。

折しも、22年はハリウッドのセレブらを中心にトヨタの主力〈HVプリウス〉の人気に火をつけたカリフォルニア州でテスラの主力EV〈モデルY〉が44％増の8万7257台で販売台数のトップとなり、初めてＨＶ超えを達成した年でもあった。春秋の筆法をもってすれば、ＮＵＭＭＩの設立が日米貿易摩擦を緩和させたが、10年の４２００万ドルという捨て値でのこの工場のテスラへの売却がテスラに自動車製法を学ばせるものとなり、テスラを蘇らせたのである。因縁のようなものを感じさせる。

社長交代の会見で、豊田は自身を「古い人間。『車屋』としての限界も感じている。新しい時代には私が引くことが必要だと思った」と語った。一方、〈レクサス〉ではすべてのモデルを25年までにＥＶ化することは既定路線だ。多様な価値に応える車づくりというトヨタの文化を引き継ぎながらも、世界の潮流がＥＶ化へと大きく動き出したなかで、トヨタの製品全体のＥＶ化を進め、トヨタ自動車をモビリティカンパニーに変貌させていくのが後継の佐藤社長の役割となった。

トヨタが初の量産ＥＶとして発売したのはスバルと共同開発したＳＵＶの〈ｂＺ４Ｘ〉だ。ＴＮＧＡがエンジン車の開発のためのプラットフォームであるのに対し、〈ｂＺ４Ｘ〉ではＥＶ専用の「ｅ－ＴＮＧＡ」を初適用して開発したとされる。(3) トヨタが「ｅ－ＴＮＧＡ」の開発に着手したのは18年とされており、開発されたものの、混載生産優先の政策の下、「Ｅ３」が優先され寝かされたままになっていたおそれがある。つまり、「Ｅ３」と呼ばれるプラットフォームというのは、つくり分けによってＥＶがガソリン車やＨＶと同じラインで生産できるようなプラットフォームになっており、ＥＶをＨＶやＦＣＶなど多様な車両を世界で供給するという基本姿勢には変わりがないというトヨタの立場を反映したものだ。ＥＶや充電インフラの普及の速度に応じて、柔軟に適切な車種を開発し生産していく狙いがあった。

「E3」はヨーロッパ専用とされるが、トヨタにEV生産に欠かせないギガプレスなどを取り入れたEV専用工場がない以上、日本などでもEV、PHVとHVを容易につくり分けられる「E3」の精神が浸透していることになる。そこで「e－TNGA」が自動運転をも視野に入れたVWの「SSP」に相当するプラットフォームにはなっていないのではないかとの疑義が出てくることになる。とすれば、生産されるEVのコストでは、EV専用のプラットフォームで生産したものとはコスト競争力も商品性も違うことになる。これはトヨタがエンジン車からEVへの移行にはしばらく時間がかかると想定して、HVで上げる利益でカバーしながらEVを売って行けば良いと考えてきたことの現れだ。

もちろんトヨタのことだ。VWの「SSP」に相当する「e－TNGA2」をすでに開発していた可能性もなくはなかった。だが、ジャストインタイムのトヨタにそれを期待することは無理があったのだ。

ではEV専用のプラットフォーム、仮称「e－TNGA2」の採用はいつになるのか。佐藤新社長は、新体制のお披露目記者会見で、EVでの取り組みはまったく新しい発想で行い生産性を2倍にしたものになる、具体的には高級車ブランド〈EVレクサス〉の26年版が最初になるとの見方を示した。先にみた「TNGA」の初適用が〈HVプリウス〉でHV時代のエースであったのに対し、EV時代には〈EVレクサス〉を切り札にするとの決意だ。

EVは単価の高い高級車としての需要が高まっており、〈モデルX〉がテスラの躍進を支えていることからみても、〈EVレクサス〉こそが、トヨタがEVでの巻き返しを図る際のカギとなろう。なかでも重要なのは高級車の主要市場たる北米市場だ。22年の北米市場ではテスラが推計52万台で台頭するが、メルセデスベンツ、ＢＭＷに次ぎ、〈レクサス〉は約29万台にとどまった。それでも好採算な高級車でこれだけの基盤があることは、ＥＶ化にあたってのアセットであり、〈ＥＶレクサス〉の事業基盤を築くことができれば、それが旗艦として役立ち、普及価格帯でＥＶの販売を拡大する上でも役立つであろう。

一方、30年までにＥＶ30車種をそろえるとしていた車の設計に関して、新体勢決定後わずか2カ月で佐藤は新たに10車種を追加しＥＶ生産の新たな目標を26年に１５０万台と設定した。このことの意味は、新社長の意気込みであると同時に「ｅ－ＴＮＧＡ２」に切り替え、工程数を半減し、無人搬送や自律走行検査などを導入して工場の景色をがらりと変えるには25年一杯までの時間を要することになるということだ。つまり、26年以降の「ｅ－ＴＮＧＡ２」の下では、当然、ＥＶ専用工場ではギガプレスを入れたものになり、自動車の設計も大幅に変わることになるが、それまで、つまり25年までのＥＶ展開では「ｅ－ＴＮＧＡ」の下でＥＶモデル「ｂＺ」シリーズの性能を強化して品ぞろえを拡大することで凌がなければならないということだ。北米市場にあっても25年にＥＶの３列シートＳＵＶの現地生産を開始する一方、ケンタッキー州の主力工場を改修することで26年にも20万台のＥＶ生産体制を構築するとみられる。

次世代ＥＶを起点とし、ＥＶファーストの発想で事業の在り方を大きく変えていくためにＥＶ専任組織を立ち上げると、開発から生産、事業まですべてを統括するプレジデントに加藤武郎を任命した。その際、ＥＶでの戦略部品経営を成し遂げたＢＹＤと合弁会社に出向して実際に共同開発に当たっていた人材を活用できよう。

さて、26年にEV生産150万台という目標設定はどのような意味をもつのか。この目標はおそらくトヨタとしては十分に達成可能な数字であろう。だが、EVの世界販売が、LMCオートモーティブが予測するように26年には2121万台と22年比2・7倍に増えているとすれば、トヨタのEVシェアは7%にとどまることになる。これは、トヨタがガソリン車でもつシェア10%を下回るもので、テスラやBYDにはEVの販売で今後4年では追いつけないだけでなく、自動車産業におけるトヨタの競争力の低下を意味することになる。つまり、現行でもトヨタには売るべきEVがないという「玉不足」によって中国市場でのシェアを落としているが、世界全体でみてもそうした状況は3年のうちには立て直せないことを意味する。

3年かけてもなぜキャッチアップできないのか。EUではドイツの横車でエンジン搭載車の販売が35年以降も条件付きで認められることになったが（第1章、30頁）、トヨタの場合はエンジン搭載車を維持することが暗黙の了解事項だったのだ。したがってEVで起こっている製品、製造の革新に対して追随しよう、乗り越えようというインセンティブが働かなかったのだ。

だが、佐藤新体制でのEVシフトは素早く、的確だったとの評価もできるのではないか。まず26年の「e－TNGA2」の開発と平仄を合わせる形でギガキャストを採用し、トヨタは次世代EVで前部、中央、後部の3つに分けた車体構造で、たとえば前部であれば、91部品・51工程から1部品・1工程へ減らせる見込みだというスケジュールは、早くからテスラを追いかける取り組みをしていたVWに並ぶものであり、ベルトコンベヤーを使わない「自走組み立てライン」を創り上げる製造プロセスの採用はテスラの現在進行形に追いつくものだ。元町工場では生産するＥＶに対して組み立て工程から検査工程までの間を無人運転で移動する技術が一部で実用化されているということは、３年後にはトラブルなく量産に移れることを示唆している。

戦略部品である電池に関しては、長年の悲願であった１回の充電で１２００km走ることができる全固体電池の実用化を27年にも実現するとの旗を立て、近い将来にはＥＶ市場での主流を形成できる体制をつくり得ることを示すことができたことには大きな価値がある（第３章、3.4節参照）。同じように、車体に搭載すれば通常の乗りまわしには充電の必要がないほどの発電ができるペロブスカイトの開発もまたゲームチェンジャーになり得る（第３章、3.2節参照）。

こうした少し先を睨みながら全方位への電池開発も的確だ。足元では従来とはまったく異なる「次世代バッテリーＥＶ」も26年に投入される。電池を極限まで効率良く使い、「ｅ－ＴＮＧＡ２」の開発を終え航続距離（１回の充電で走行可能な距離）は１０００kmと２倍、心揺さぶる走りとデザインを兼ね備えたモデルになるという。

ＥＶを普及させるためにも自社の電池の開発の方向性としてコスト削減に向けて、レアメタル（希少金属）のコバルトを使わないリン酸鉄リチウム（ＬＦＰ）やニッケルを大幅に削減した電池など低価格の部材活用をしていくのは正しいだろう。だが、ＬＦＰに関しては中国でＥＶの共同開発をしたＢＹＤが先駆者であり、ＣＡＴＬもシステマティックな装いをもったＬＦＰを23年に投入するなか、いかに早く開発を終えるかが課題だ。ただし、26～27年には競合に対抗できるものが開発できる見込みがあるとされる（第３章、3.4節参照）。また、車体に設置しやすい構造の開発では、先の「ｅ－Ｔ

NGA2」の開発とも平仄を合わせた形で取り組まなくてはない課題だ。

だが、2度にわたるEV化加速、それに伴う電池増産計画のアナウンスにもかかわらず、現実が計画を上回るペースで進んでいることを直視し、直ちに対応しなければならない。たとえばヨーロッパでEVやFCVなどいわゆるゼロエミッション車（ZEV）が新車販売に占める比率を25年に10％、30年に50％と高め、35年に100％にするとのトヨタの計画に対し、22年のEUにおけるEV化率は11％になり、旧計画のままではシェアを失っていく恐れが強いことになる。つまり、中国を筆頭に、欧州や北米などで想定以上にEVシフトが加速しているが、EV化の波がエンジン車からHVやPHVへの乗り換えを促進してトヨタが描いてきたシナリオの進み具合が速まっただけという可能性もあり、以前から準備している電池もEVのモデルも足りなくなっているということではないか。

先にみたように次世代の〈EVレクサス〉が登場するのは26年になるとすれば、それまでの繋ぎのモデルには、自社の電池にこだわらず外部からの電池を調達して新モデルのリリースを早めるといったことも視野に入れなくてはならないことになろう。だが、EV150万台の目標を達成し、できればそれを上回るような結果を得るためには、何よりも「e－TNGA2」に搭載するためにふさわしい戦略部品、電池の開発が終わっていなければならないことになる。それは、第3章で述べる全固体電池であれば、それはそれでよい。だがリチウム電池の改良でも成し遂げるべきだ。

0.3 明暗を分けた強いEV政策の有無

何が日本メーカーをしてEV化で後れをもたらすことになったのか。HVへの強いこだわり以外にあるのだろうか。

図0－1で、日本の山が大きく崩れるなかで中国の山が生まれた背景は何かと言えば、中国がEV化促進策をとったからに外ならない。中国はエンジン車で日韓欧のメーカーに追いつけなかったことを反省材料として、国を挙げてEV化を推進してきたのだ。また、EU勢もまたVWが起こした、ディーゼルエンジンの排ガス数値を不正に操作した「ディーゼルゲート」事件を奇貨として一気にEV化へと戦略の舵を切った。こうした挑戦にアメリカも受けて立ち、EVを戦略商品と位置づけて、その支援策をしてきたのだ。こうした点に関しては中国のEV政策を中心に置きながら改めて次章で論じる。

第2に挙げるべきは、EV主体の企業の経営者とエンジン車主体の企業の経営者のスピード感がまったく違うことではないか。中国では22年の年間新エネ乗用車販売台数が前年比93・4％増の688万7000台に到達したことを伝えている。この激増はエンジン車主体の企業経営者には実感がわかないのではなかろうか。

第3は、ロシアによるウクライナ侵攻の影響でエネルギー価格が高騰し、気候変動問題への対応も困難を極めるようになって、シンプルな回答としてのEVへの希求が高まったことが挙げられる。つまり、気候変動問題への対応としていずれ水素が重要な役割を果たすとしてもまずは電化だという社会全体としての動きに自動車業界も巻き込まれたのだ。

だが、決定的に重要なことは、ＥＶは「造ろうとすればいつでもできる」選択肢のひとつに過ぎないとの認識に浸っていたからではないか。つまり、ＨＶも、ＥＶも、バッテリーを搭載するという点で大差ないとの認識だ。

だが、ＥＶはガソリン車たるＨＶとはまったく違う製品なのだ。それは亡くなったクレイトン・クリステンセン教授が唱えた破壊的技術なのである。なぜ中国の企業が最先端に躍り出たのかを考えるには、クリステンセンに先駆けて筆者が提唱した「下からの攻め」というコンセプトを当てはめた方が良いかも知れない。ガソリン車との競合のなかで、新規参入のテスラが出てきてＥＶでのビジネスモデルを確立していく過程は、ドミナントデザインをめぐっての闘争であることは明らかだ。

ＥＶ化の流れを新たな眼でもって眺めてみる必要がある。そして、日本の自動車メーカーも自分たちが今やグローバルプレイヤーであることを忘れてはならない。すでに世界の５％程度にすぎない日本の自動車市場にこだわり過ぎて世界の潮流を読み間違えてはならない。

注

（１）高橋琢磨『戦略の経営学——日本を取り巻く環境変化への解』ダイヤモンド社、２０１２年。
（２）高橋琢磨『トランプ後のアメリカ社会が見えるか——資本主義・新自由主義・民主主義』信山社、２０１９年。

（3）長谷川優人「トヨタの『ＴＮＧＡ』『ｅ－ＴＮＧＡ』とは？ 採用車種と採用される理由」https://car-moby.jp/article/automobile/toyota/tnga/ （２０２３年7月24日最終閲覧）

第1章

EV化への潮流：CASE呪縛の下でのドミナントデザイン

ＥＶはガソリン車たるＨＶとはまったく違う製品であることを筆者は強調した。クリステンセンのいう破壊的技術だとの指摘である。そして自動車業界が１００年ぶりの大変化に直面していることとは、ドミナントデザインをめぐっての闘争で一つの決着をみた可能性があるということだ。ガソリン車との競合のなかで、新規参入のテスラがＥＶでのビジネスモデルを確立していく過程は、ＥＶという製品が目新しいだけではなく、自動車のつくり方も変わったことを明らかにした。以下、そのことを具体的にみていこう。

1.1 １００年を隔て再び起こったドミナントデザインをめぐる争い

潮流の原動力となっているのは、１００年前にドミナントデザイン（標準）となったガソリンを燃料とするエンジン車に限界が見え始めたことだ。ドミナントデザインとは、自動車産業の勃興を観察したＷ・Ｊ・アバナシーとＪ・Ｍ・アターバックによって唱えられたもので、産業の勃興期にはドミナントデザインをめぐる競争があり、やがて一つのドミナントデザインが生まれると論じた。[1] 彼らによれば産業勃興の初期には自動車産業でも蒸気自動車、電気自動車、ガソリンエンジン車などがドミナントデザインをめぐって競ったが、やがて競争の結果、自動車ではT型フォードの出現によってドミナントデザインがガソリン車になったと指摘する。それから１００年後の現在起こっていることは、エンジン車の後継をめぐるドミナントデザインの争いのなかから電気によってモーターを動かす

図1－1　技術・アーキテクチャーの進化進路

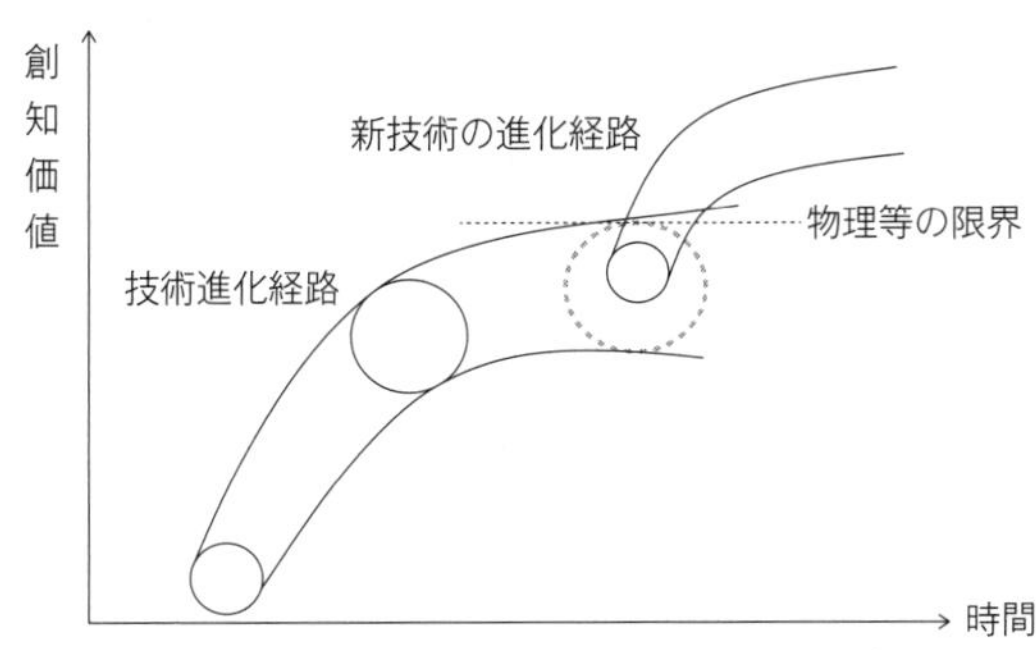

（出所）髙橋琢磨『「戦略部品」の経営――金融の時代から生産の時代へ』光文社、1991年

EVが勝利を収めつつあるということなのだ。

１００年という単位を人間が直ちに実感することは難しい。だが、ガソリン車とEVとでは製品それ自体も、製造方法もまったく新たになろうとしていることをみれば、１００年ぶりのイノベーションがもたらされていることが実感できるのではないか。

筆者は30年前に大きなイノベーションは部品一つをとれば明らかに分かる、そのような部品を戦略部品と呼ぶことを提唱した。たとえば、インテルのつくったCPUである。これ一つがパソコンや携帯端末などに活かされて新時代が生まれたことは今となれば誰にでも分かるだろう。したがって戦略部品の誕生とはブレークスルー・イノベーションに外ならない。そこで筆者は、ブレークスルー・イノベーションの誕生と、その後の改良技術であるフォローオン・イノベーションとを対比し、その差異を図１－１に示すようにグラフでビジュアル化した(2)。この図をエンジン車からEVなどエネルギー車への移行にも当てはめることができるのではないか。

グラフでは新しいコンセプトが打ち出された時には小さな

丸で示されているが、その後それを追随する形でそのまわりに小さな改良が加えられ価値が上昇する。それらは全体としてコンセプトを核にして付随している小さな粒のようなもので、その予想される軌跡は、幅をもった帯状の上昇カーブ、包路線（Ｓ字型カーブ）として描くことができる。

だが、やがてそうした改良も、物理的な限界、その他のあり得べき限界に近づいていくと行き詰まる。やがて、その包路線を横切るように新しい包路線を形成するような新コンセプト、つまりブレークスルー・イノベーションが現れ、２つの包路線が重なるような図で表すことが可能になる。図１－１の旧包路線の中にある小さな丸がＨＶであり、その電池をもって大型化し、旧包路線、つまりエンジン車から離れた存在がＥＶと解釈できる。図１－１の意味するところは、欧米のＨＶ排除は単に日本いじめだけではなく、退路を断つという決意ということになる。

さて本題の、何が新たなブレークスルー・イノベーションを要求しているかである。Ｒ・フォスターによれば、こうした行き詰まりが起こるのは、物理の限界によってであり、１つの包路が終わり、次の包路にとって代わるプロセスには、その間の物理、技術での交錯で重なりがあるので、２つのＳ字型の連鎖として描くべきことを強調する(3)。現在起こり始めたエンジン車からＥＶへの切り替わりにおいて、エンジン車の物理的限界とは気候変動問題が重要性をもつなかでCO_2などの排気ガスがカーボンニュートラル（ＣＮ）にできないことであろう。世界の自動車生産台数が２０１７年にピークを打ち22年には６２００万台に低迷したことの背景には、コロナ禍における半導体不足という直接の原因に加えて気候変動問題が厳としてあるということだ。逆に言えば、エンジン車の時代が１００年にわたって続いたのは人々が気候変動問題に長い間注意を払ってこなかったからだということになる。

こうして包路形式のパターンを描いてみると、図1－1自身がドミナントデザインの出現の様子を表しているともいえる。現在、再び気候変動問題対応をめぐってHV、EVやFCV（燃料電池車）などがドミナントデザインを競う状況は自動車業界が100年に1度の大変革期にあると言われるゆえんである。彼らはドミナントデザインが固まると、競争はデザインの競争から価格競争へ移るとした。

1.2 「スマホの10年」の次は「EVの10年」

EVの登場は、スマホの10年からEVの10年へと変わるスター商品の交代劇とみることもできる。2020年のデジタル技術見本市「CES」でのサプライズは、米中の対立を反映したアリババの出展とりやめなど中国勢の展示がわずかになったことよりも、ソニーが自動運転車を展示したことだった。社長の吉田憲一郎によれば過去10年で一番のユーザー体験を提供してきたのがスマホであったとすれば、今後10年はモビリティになるであろうというのだ。そしてスマホ半導体の雄、クアルコムもまた、〈スナップドラゴン・ライド〉と名づけた「レベル4」（148頁、表4－1参照）にも対応する自動運転車用に設計された新しい自動車用プラットフォームを発表した。

ソニーはセンサーや室内エンターメインメントをターゲットとしているが、クアルコムの場合には、MITのTR50ランキングでトップのエヌビディアやインテルの子会社モービルアイに殴り込みをかけたことを意味する。米中対立の煽りで、クアルコムは自動車向け半導体トップのNXPセミコンの買収が中国独禁当局によって認められず、重要な企業戦略が遂行できなかった。クアルコムのスティーブ・モレンコフCEOがこれもジオテクノロジー（技術の地政学）のせいだと嘆いたゆえんだ。

半導体メーカーが一斉にスマホからモビリティへと戦略分野の軸足を移したことで見えてきたのは、自動車産業が最早単に言説にとどまらず現実にも「ＭａａＳ（マース）」とＣＡＳＥが同時進行する新たなモビリティ（ＣＡＳＥ＋ＭａａＳ）の時代に入ったということだ。

ＭａａＳとは、自動車に代表される移動手段を所有という「モノ」で提供するのではなく、「サービス」として提供するという意味である。すでに世界の主要都市ではウーバーや滴滴出行（ディディ）のように、タクシーという車を持つことなく、ＳＮＳをインフラとして自家用車ドライバーと乗客を結びつける配車サービスが急速に普及し、点と点を結ぶサービスが普及し始めている。現にフィンランドでは月額料金を支払うことによって、バスや地下鉄などの公共交通機関とタクシーやレンタカーなどの継ぎ目がないサービスとしてＭａａＳが提供され始めている。いずれも「移動（モビリティ）」というコンセプトの誕生を意味し、これまでの自動車産業の姿を劇的に変えてしまう大きな圧力だ。

一方、先に取り上げたＣＡＳＥとは、ＭａａＳ進展での重要な要素を取り上げたとみてもよい。これを合わせて新モビリティ（ＣＡＳＥ＋ＭａａＳ）としたが、ＣＡＳＥという要素に「新しい結合」を生み出そうという動きだといってもよい。「新結合」とは、経済学の巨人、ジョセフ・シュンペーターが唱えたイノベーションの一つの形態に外ならない。この新結合が非連続的に現れる限り、発展に特有な現象が生ずる。(4)

この新結合を生み出すことはシュンペーターが生きた時代には困難な挑戦の一つだった。ところが、デジタル化時代は、標準化されたインターフェースさえあれば、第三者がソフトウェアとして開発したサービスをいとも簡単に結合することができる。それが、あるソフトウェアから別のソフトウェアの機能やデータを呼び出す手順や仕組み、規則たるAPIである。したがって、ウーバーがドライバーと乗客を結びつけるソフトウェアドリブンな事業を開始する場合、グーグルが提供するマップにAPIでつなげば配車サービスの提供が可能になり、支払いもクレジット会社にAPI接続すればできることになる。API時代になって、結合によって経済のどこを変えるのか、社会の何を変えたいのか、シュンペーターが求めたイノベーションの原点に立ち返ることが求められるようになった。

日本の自動車産業は、個別部品では世界標準になっているものが少なくない。しかし、ソフトウェアでは標準化されたインターフェースを持っていないケースが多い。トヨタ自動車は、そうしたハンデを意識しつつ、自らはドイツの「インダストリー4・0」を取り入れる一方、ソフトバンクと組みMaaS事業開発会社、モネ・テクノロジーズを立ち上げ、ライバル企業のホンダも呼び込みながら、小売や物流、不動産など幅広く国内約90社と手を組み、新しい移動サービスの提供に乗り出した。企業が連携する新組織が開発を目指すターゲットとしては、自動運転車を効率良くシェアする仕組みや自走する自動販売機などが考えられているが、むしろ想定していなかったような新しいアイデアが求められているというべきだろう。

1.3 走り出したEV化への動き、遅れ目立つ水素化への動き

先に、欧米各国が2030年代に販売禁止とするガソリン車のなかに、日本メーカーが得意とするHVを含めて日本メーカーを封じ込めようとしているとの視点を提示した。また、EVとFCV、HVを並べたのは総花的過ぎるとの示唆もした。大きな青写真のなかで見た時、これらはどう位置づけられるのだろうか。

SDGsとは複雑な現代社会をどう地球環境問題などのゴールに向かって変えていくのか、国連が17のサステナブルな開発目標群（その未達成問題）を提示したものだ。すなわち、20年代の産業人や政策決定者への課題として提示したのが、S（サステナビリティ＝持続可能性＝危機）、D（デジタル化）、G（グローバル化）の連動である。

カーボンニュートラル（CN）に向けて「S－D－G」連動を動かすとどうなるのか。世界を見渡すと、化石資源由来の電力よりも再生エネルギー由来の電力の方が安い地域が増えてきている。では、電力をすべて再生エネルギーに転換し、産業の各部門で電化を進めることで社会全体のCN化が達成できるかといえば、それは不可能だ。そこでCN化に向けて期待されるのが、電力部門と非電力部門の両方の脱炭素化の手段としての水素だ（図1－2）。すなわち、まずは手の付けやすい電化を進めるとともに、電化しにくい産業分野などでは、水素や水素を多く含む水素キャリア（媒体）、たとえばアンモニアを用いて脱炭素化を進めるというのが筋道ということになる。鉄鋼業界を例にとれば、

図1－2　脱炭素社会に向けて：電化体系 vs. 水素体系

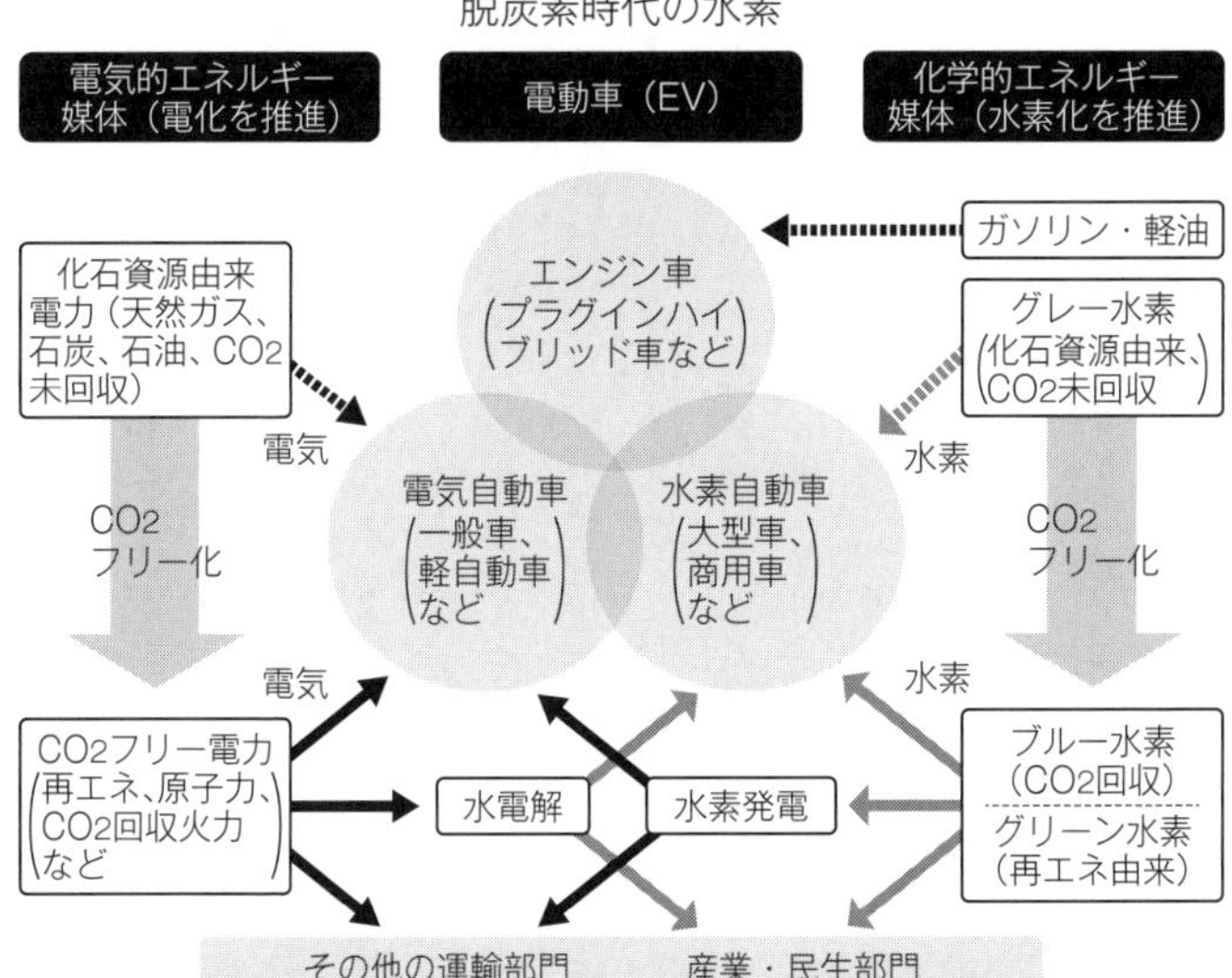

（出所）佐々木一成「EV時代の水素産（上）　電化と水素化は両立する」『日本経済新聞』、2021年9月29日

まずは電炉での転換を進め、30年までには水素還元による製鉄へと移行していくイメージだ。10年先には電化と水素化は並立しているとしても、まずは電化、そして水素化というのが世界の潮流だといえよう。

　では、自動車産業に当てはめると、どうなるのか。早稲田大学の藤本隆宏教授は、電力のグリーン化が進んでおらず、EVの本格普及に10年以上を要するのなら、（1）依然大半を占める内燃機関自動車の走行km当たりCO_2発生量削減のイノベーション（技術革新）継続、（2）市場が受け入れる魅力的電動車・EVの早期開発、

(3) 火力発電などのCO_2発生総量の削減の3つを同時に進めることが、過渡期としての20年代における「S－D－G」連動の解になると主張する。(5) 確かに、中国を例にとれば、習指導部は30年のカーボンピークアウト、60年のカーボンニュートラルとの目標を掲げるが、現状ではEVを動かす電源の約6割はなお石炭火力だ。現世代リチウムイオン電池のエネルギー密度の限界、発火・劣化・充電時間などの弱点をもち、発電・製造段階でCO_2を出すことも無視できない。EVは排出ガスこそないが、基幹部品の蓄電池の材料であるリチウムの採掘や精製で大量のCO_2を出し、生産段階のCO_2排出量はガソリン車の2倍との試算がある。中国やその他アジア各国で22年に起こったことはまさにEVの普及で発生した電力不足を石炭火力の増設でまかなうという時代に逆行する動きだった。

藤本の主張に従えば、火力発電比率の高い国や地域では、生産から廃棄までのCO_2排出量を評価するライフサイクルアセスメント（LCA）においてはHVがEVより環境に優しいともいえ、20年代にふさわしい役割が与えられてしかるべきだということになる。だが、LCAがなされるためには計測の技術が伴わなくてはならない。こうした条件の想定の下でゼロエミッション車（ZEV）が定義できる。CNを求める社会の全体像のなかでのEVの位置づけは第7章で試みる。

だが、現実は計測や検証の課題抜きに先に進んでしまっているように思われる。カリフォルニア州の環境当局は、26～35年にかけてHVを含むガソリン車の販売を段階的に禁止する新たな規制案を決定し、規制案ではまず、26年に各メーカーは新車販売台数の35％をEVやFCV、電池だけで約80㎞以上走れるPHVのいずれかにする必要があるとしている（表1－1）。その後も30年には68％、35年は100％にするという目標を掲げており、それに応じて自動車メーカー側では段階的にガソリン

表1-1　代表的な環境車の特徴

電気自動車（EV）	バッテリーに外部から充電して走行。モーターで駆動。
ハイブリッド車（HV）	エンジンとモーター、バッテリーを搭載。エンジンとモーターを使い分けて燃費を高める。
プラグインハイブリット車（PHV）	ガソリンと電気を併用。充電量が多いときはEVのように電気だけで走る。
燃料電池車（FCV）	水素と酸素の化学反応によってつくられる電気を利用してモーターで走る。

（出所）筆者作成

車の販売比率を引き下げなければならない。アメリカの国家レベルでもこれに準じた規制を導入しており、EUも35年に内燃機関（エンジン）車の新車販売をすべて禁じる方針を打ち出していた。

これに対し、日本では欧米諸国同様に30年代半ばまでに新車販売をすべてエコカーにする方針を打ち出したが、そこにHVを入れている点で大きな違いが存在する。先の藤本の指摘にある合理性をもつものであり、プリウスの発売以来蓄積してきた日本のHV技術を活かすという点でも経営戦略にもかなっている。

だが、これは、筆者が立正大学の吉川洋学長らとの共著『「エイジノミクス」で日本は蘇る』のなかで指摘したようにトヨタ自動車からの視点のみに終わっていることに問題が残る[6]。すなわち、トヨタの立場はHVの技術はEVにもつながるもので核となる技術は同じだ、電力のグリーン化やEVの充電インフラが手薄な環境では、HVを中心として全方位で電動化に臨むという姿勢である。EVは「造ろうとすればいつでもできる」選択肢のひとつに過ぎないとの認識に外ならない。それで良いのか。だが、先にみたようにＥＶはまったく違う製品なのだ。

ＥＵの場合、30年にＣＯ$_2$排出量を21年比で55％削減し、50年には実質ゼロにする目標を掲げ、世界のＣＮ化をリードするとしていた。そうしたなか、15年に発生した欧州自動車メーカーによる排ガス不正問題はＥＵにとって、自動車のＣＮ化へ舵を切る奇貨とすべき事件であった。露呈したディーゼルエンジンではＣＮ化は乗り切れない、ＥＶ以外にないという背水の陣を敷くなかでＥＶの開発で先行し、何とかして自動車産業をヨーロッパの中で維持したいという命運がかかっているのだ。その意味では、日本メーカーが強みをもつＨＶの役割はできるだけ抑え込む規制をかける必要があったのだ。35年にエンジン車の新車販売をすべて禁じる法の成立は既定路線のはずだった。

ところが法成立寸前にドイツが反旗を翻し、23年3月25日、欧州委員会とドイツ政府は35年以降のエンジン車の新車販売を「条件付き」で認めることで合意した。その条件とは、ＣＯ$_2$とグリーン水素から人工的に造る合成液体燃料「e-fuel」を使用することである。しかし、これでエンジン車が生き残り、雇用を確保できるのか。現行では１ℓ当たり５００円程度と、ガソリンや軽油の現在の価格と比べてもかなり高い価格をどれほど早くどれほど安くできるかにかかっている。ＥＵとしては、e-fuel車は一部にとどまり、全体としてのＥＶシフトは堅持でき政策のインパクトは保たれるというものであり、ドイツとしてはe-fuel車の活用で雇用確保への道筋ができたというもので、多少とも同床異夢の妥協だ。17年からサンファイアと連携してe-fuelの開発を進めているフォルクスワーゲン（ＶＷ）としては、ガソリンなどとの混合ができる性格を活かしてＨＶで過渡期を乗り切って行くなかで価格低下への目処を早く付けたいということであろう。

一方、中国の場合、ガソリン車やHVでの競争力を獲得したいと、後述する「市場と技術の交換」の政策を展開したが失敗に終わり、外資にリードされる「自動車大国」になるに終わった。そこで中国は製造が込み入っていないEVで優位を築くことによって日米欧韓に押さえられてきた自動車業界を激変させ、「自動車強国」になる政策を周到に準備してきたのだ。ドイツはEV化が簡単ではないとe-fuel車に活路を見出そうとしているが、中国もこれに先立ちCN化の過渡期策が必要との観点からHVをエコカーとして認定している。欧中ともに、規制の精神としてはゼロエミッションを目指している点で変わりがないというのだ。

実際EV化への動きは始まっている。ロイターの調査報道によると、世界の自動車メーカーのEV関連投資額は30年までに約1兆2000億ドルとなる計画だとされる。主要メーカーを網羅しているだろうが、一方でEVは製造が込み入っていないということから新興国でもモータリゼーションが早めに起こり自国でナショナルカーが持てるということにもなろう。だが、中国メーカーは自国の広大で多段階にわたる市場を梃子に既存の自動車メーカーと同等以上のグローバル展開の余地があるのではないか。

1.4 自動運転車が意味するオープン化、開発スピード感

EVが戦略的に選択対象となる背景には、CASEのEの次なる発展としてA（自動運転）との相性の良さがあるからでもある。とはいえ、一挙に自動運転の技術が完成するわけではない。過渡期に

おいて、エンジン技術と電動技術は併存することになり、現にアナログ半導体を用いてエンジンの出す熱や音などをデジタル信号に変換し、その信号をモニタリングしながらエンジンをコントロールするといったことが行われている。

一方、自動運転の技術体系では外部のさまざまな状況をセンシングして障害物や車の状況を認識し、それに基づいて車の適応行動を判断し、車本体の駆動系に対してハンドルやブレーキ、アクセルなどの制御指示を出すという一連の動作を高速で繰り返す。こうしてセンシング、認識、判断という一連の動作を行う自動運転技術体系と車本体を駆動させる技術体系との2つのユニット間で、正確で高速な信号のやり取りが必要になり、現行の自動車では1台に約1000個の半導体を使い、1台当たりの車載半導体の種類はスマートフォンの20倍以上あるとされる。

CASEのなかでも自動運転化が本格化していけばいくほど、車は半導体の塊になる。技術体系の転換過程をどのようにマネジメントするのかがいま問われることになるが、答えの一つがソフト更新のためにネット経由で自動車のソフトを更新する技術「オーバー・ジ・エア（OTA）」の採用だ。

このOTAについては第4章で再論することになるが、A（自動運転）はC（コネクテッド）とつながり、そこにGAFAMなどIT企業が侵入してくる窓口ができることを意味する。先にみたソニーやエヌビディアなどの関心がその例である。

それは既存自動車メーカー等にとって、自動運転や自動車とスマートフォンを連携する機能「カープレー」などの機能でもって、自動車の機能の大半をさらっていくという危機にもなりかねないのだ。攻め込まれていることを意識する世界第二位の部品メーカー、デンソーの中期計画を覗いてみると、自動運転関連部品は、25年度に21年度比5割増の5000億円の売上高を目指し、自動車メーカー14社での採用を目指すとしている。

だが、自動運転・コネクテッドが本格化してくるということは、自動車を制御するOSが持ち込まれるということである。それは自動車業界にIT業界のスピード感覚を要求することでもある。

ところで自動車の保有年数は、格差問題もあって、平均15年前後へと延びている。規制する側の論理としては、35年に新車をCO_2排出ゼロにしないと、50年に中古車を含めて排出ゼロにする目標を実現できないという計算になる。(7) しかし、自動車の製造部門で9割を占める部品会社にとっては、古いエンジン車の部品の供給を続けながら、EV化、自動運転化に応じた部品を開発し、製造していくことは至難の業だ。

この移行マネジメントは簡単ではない。一つの解決策は、安価なEVを開発して年限の長い中古エンジン車に代替させることだが、それには大衆車として売り出されるEVの原価の3～5割を占めるとされる電池コストを半減させるような技術的なブレークスルーが欠かせない。

1.5 EV普及のための補完財、充電設備

消費者にためらいなくEVを選択させるためには、EVの充電スタンド網が整備されていることが重要になる。もし充電インフラの整備が十分でなかったら消費者はEVの購入をためらうことになるからだ。その意味で、車本体とスタンドは互いに相手を必要とする補完的な関係があり、ガソリン車

を追い越すためにはガソリンスタンド以上に充電スタンドが必要ということになる。つまり、ある閾値を超えて充電設備が充実すれば、「技術の補完性」が生み出すダイナミクスが働き、ＥＶの一層の普及が促進されることになろう。

ＥＶ化の先頭を走るテスラは、２０１２年からスーパーチャージャーと呼ばれる充電設備を自社展開し、22年までに6万基設置している。中国では「２０２１年ＥＶ充電設備の運営状況」によると、21年末時点で、公共充電設備１１４・７万基、家庭用充電設備を含めた総保有台数は前年比7割増の２６２万台が設置されているとされる。テスラは、21年に年産1万基の能力をもつ充電器生産工場を上海に建設し、後述する日中の共同規格へプレッシャーをかけている。

ＥＵでは公共の充電インフラは21年半ば現在で28万基だが、その7割が独仏オランダの3カ国に集中している。欧州委は主要な道路の１００㎞ごとに急速充電設備の設置を義務づけることも考慮しながら30年までに官民で１５０億ユーロを投資する。

ところで、世界一のＥＶ先進国は、自国でＥＶ生産をしていないノルウェーである（図１－３）。同国では充電機器の充実、付加価値税の還付や通行料金割引などの優遇措置により、販売される3台のうち2台がＥＶという状況になっているが、これは自発的にＥＶ化を高めるレアなケースともいえる。だが、これは充電設備の充実を通じスカンジナビアでＥＶの超急速充電器を提供する最大の企業Evinyを生み出すといった産業政策とみることもできる。シンガポール政府はそのグリーンプランで、ＥＶ充電スタンドを30年までに6万カ所設置する目標を設定しノルウェーモデルを追求するが、同国の場合、あわよくばＥＶ製造工場の誘致も視野に入れている。

図１－３　人口１万人当たりの公共充電器数

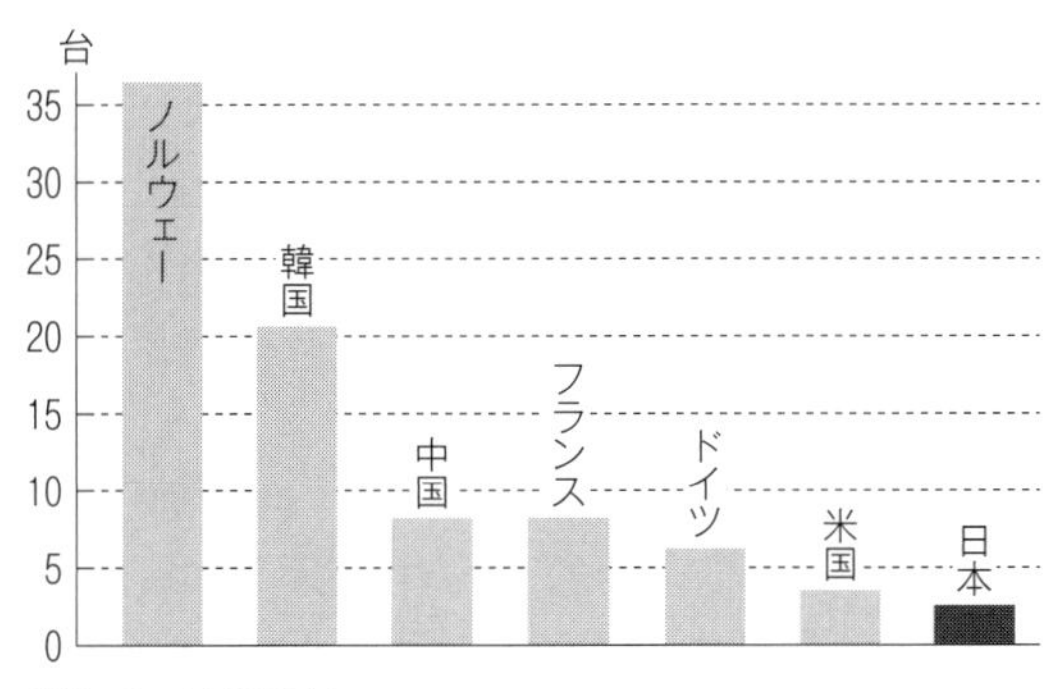

（注）データは2021年
（出所）充電器数はIEA、人口は世界銀行

一方、北米ではＥＶ充電機器の約70％はテスラとＧＭ、フォードが製造したものだが、急速充電ではテスラが６割を占める。23年にはフォードと日産がテスラの「Supercharger（スーパーチャージャー）」ネットワークを利用できるようにする契約を締結した。このため、24年にも誕生しかねないデファクトの標準に抗して、ＢＭＷ、ＧＭ、ホンダに加え、現代、メルセデスベンツなど７社が共同で充電設備を建設していくことを決めた。自前の充電網をもつ意味は、車載電池の消耗度合いなどの重要データを取得できることにある。これ以上、テスラに甘い汁は吸わせないということになる。

ＥＶの充電の規格に関して、日中が規格統一で合意していることにも注目したい。

中国の〈ＧＢ／Ｔ〉規格を推進してきた国有送電大手の国家電網が日本のCHAdeMO（チャデモ）協議会に統一規格を共同で開発する打診をしてきて、規格を統一することで合意したのは、20年のことだ。〈ＧＢ／Ｔ〉規格ですでに22万基を設置していた中国が実績を声高に叫ぶ一方、欧州も〈コンボ〉の優位を主張するなど規格争いへと進むかとみられた。

ところが、中国が急速充電や安全性で高い技術をもつ日本へ歩み寄り、現在では急速充電の〈チャジオ〉での共闘が始まっているが、テスラの攻勢に必ずしも抵抗しきれていない。

しかし、顧客の利便性を考えれば、互換性のあるアダプターを付けることになろう。では、費用のかさむ充電機器の設置を軽減しながらEVを普及させることはできないのか。航続距離を飛躍的に伸ばすことが期待できる全固体電池が普及するのは30年代だとすれば、それ以前にできることとして考えられるのは蓄電池の交換で充電の手間暇を削減したり、無線給電技術を開発したりすることであろう。

電池交換サービスでは、ＣＡＴＬの全額出資子会社、時代電服（ＣＡＥＳ）が、第一汽車集団の乗用車ブランド〈奔騰〉を対象に「ＥＶＯＧＯ」の名称でサービスを始め、サービス対象のＥＶの拡大をはかっている。交換方式は、ＥＶで乗り込むと、約1分でフル充電した電池に交換できるというもので、地域としては当初は10都市程度から始めるとしている。世界で最も多くステーションを設置しているのは、22年末時点で中国を中心に世界１３００カ所に設置している中国新興EVメーカーの上海蔚来汽車（ＮＩＯ）だろう。同社のＥＶは自動駐車システムを備えており、ステーションに駐車すると5分で電池を自動交換するという。日本でもＥＮＥＯＳがロボットを使い数分で交換する装置を開発し実証実験をしている。だが、ＥＮＥＯＳの場合に特に当てはまるように、交換装置が高価であり、いずれの企業にもメーカーを巻き込んで標準化された大きさの電池をつくらせるだけの訴求力はない。

一方、走行中充電の技術は、アメリカのモメンタム・ダイナミックスなどがタクシーを対象にノルウェーのオスロ市内の３カ所に充電パッドを設けて実験をするなど、研究や実証実験が進んでいる。

他にも、スウェーデンではＥＲＳ（電化道路システム）と銘打った大型のプロジェクトが強力に推進されている。イスラエルのエレクトリオンはアメリカのデトロイト市に充電設備を埋め込んだ道路を建設する工事の提案を行った結果、ミシガン州からの受注に成功した。(8) 50㎝～１ｍ程度の距離なら、伝送効率95％程度で送電可能なことから、道路をワイヤレス給電に対応した高規格なものにしようというもので、かつて考えられたセンサーやカメラなどを装備したＩＴＳ（知的交通基盤）とも似たインフラということになる。

ＩＴＳのコンセプトは、日本では岸田政権の目玉政策として24年度に新東名高速道路に設置される自動運転レーンで復活することになる。中国でも百度（バイドゥ）の自動運転事業の責任者を務めた王勁氏が18年に創業した中智行科技（オールライド・ＡＩ）が、普通道路をＩＴＳ化し、自動運転を実用化しようとしている。

こうした事例から逆に言えるのは、ＩＴＳコンセプトは現状では完結したものではなく、いずれも実験を前提とした提示であるということだ。ここで、充電の話題へ戻ろう。交差点の信号付近などに送電設備を設置することで、交差点での減速・停止の際にＥＶを充電することをめざす東京大学の藤本博史教授の研究がユニークなのは、タイヤで受電できるようにしたことだ。車体搭載型は路面と離れる上、揺れもあるため受電効率が悪くなる。藤本方式では、ＥＶが路面のコイルから送電された電力をタイヤ側の受電コイルで受け取る。シリコンカーバイト（ＳｉＣ）半導体が重量な役割を果たし、実証実験でもロームがブリヂストンなど数社と共同研究に入っている。23年にも公道で実証実験に入り、実用化の目途は30年代に入ってからとしている。

これは、後述するペロブスカイトと共に将来的には電池搭載EVを駆逐するものになりうる技術だ。数十秒足らずでフル充電でき、充放電を数百万回しても劣化しないとされるキャパシターへと変わっているといえよう。キャパシターは電極の表面に電子を直接吸着し電気を蓄える装置だ。中国やフランスなどでは、キャパシターだけで走るバスや路面電車が運行している。バス停や駅に充電設備があり数十秒でフル充電できるのだから、改まっての充電や蓄電池は必要ではないという。

さて、EVで先行したはずの日本がその後なぜ遅れをとるようになってきたかを、EVが一種のブレークスルー・イノベーションであることを指摘するとともに、それゆえに各国で提示されたEV政策での日本の「負け」として論を展開してきた。一方、雌伏期を経てのテスラの着実な伸びはOTAの導入や専用工場での製造など新モデルでの躍進と捉えられるが、これについては第4章で論じる。以下では「ディーゼルゲート」事件を奇貨として一気にEV化へと戦略の舵を切ったVWの苦悩に満ちた取り組みを通じて、EVがイノベーションであることを確認したい。

1.6 EV=破壊的イノベーション論とVWの対応

補完財の普及が閾値を超えたらば、EVの普及が加速するとしたが、それは必ずしも正しくない。やはりEV自身の魅力が重要だ。EVは、簡素だが有効な技術であり、クリステンセンのいう破壊的イノベーションという位置づけが可能だ。(9) すなわち、内燃機関（ガソリンエンジン、その類型としてのディーゼルエンジン）の改良という100年余の命脈を保ってきた持続的イノベーションに対し、

図1－4　クリステンセンの破壊的技術

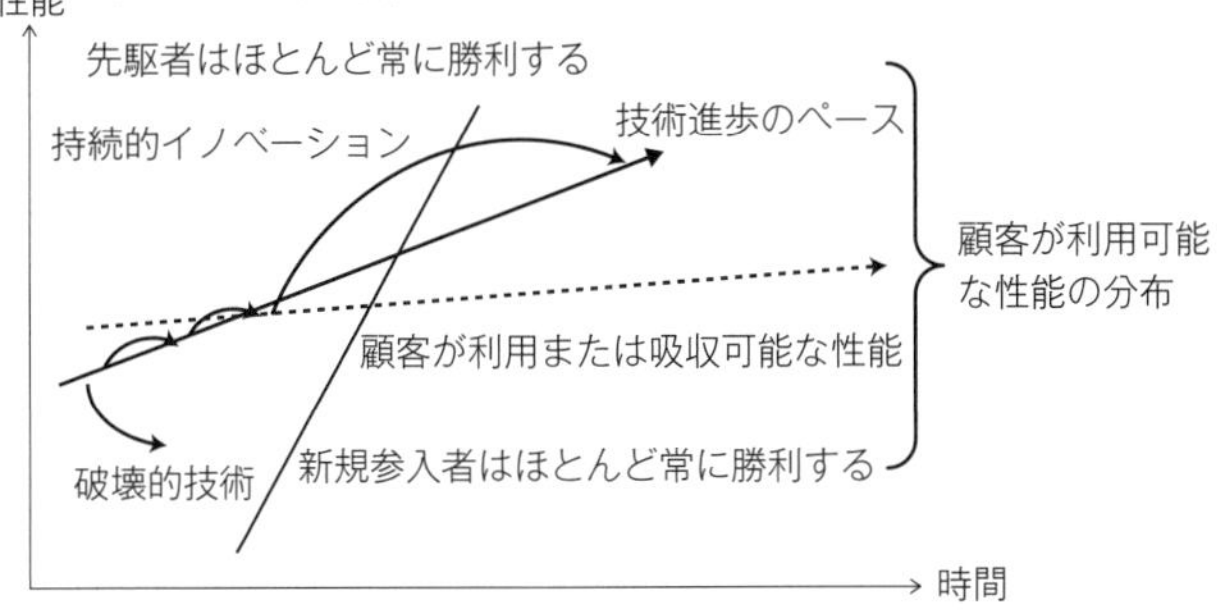

（出所）クレイトン・クリステンセン、マイケル・レイナー『イノベーションへの解』翔泳社、2003年の図を筆者が一部修正

ＥＶは、「＋ＡＩ」とも相性がよく、ＣＡＳＥの起点となる「破壊的イノベーション」となりうるのである。

筆者は、簡素だが有効な技術とほぼ同じコンセプトを「下からの攻め」として提示した。[10] しかし、筆者の提唱はフォロワーを得なかった。これに対し、クリステンセンは、破壊的イノベーションという命名とともに、新技術は、登場した時には既存技術の水準を下回っていても、たちまち一般消費者の要求水準を上回ってしまうとした。図１－４のように、破壊的イノベーションの進歩は、当初は緩やかな右上がりの線を描く一方、やがて消費者が利用または吸収できる性能の緩やかな上昇線を鋭く横切り、急上昇して持続的イノベーションを凌駕する構図として提示した。

新興国が先進国の技術を自国に取り入れる折に技術の有効な部分を巧みに簡素化し、それがグローバル市場にも通用することが頻繁に起こることから、クリステンセンの破壊的技術にはリバース・イノベーションという別名が与えられている。そして中国のＥＶ化政策もまた、次にみるように市場と技術を交換する自動車政策が必ずしも当初の期待通りに進まなかったことに対する逆転の一打という側面がある。ＶＷの懸命の対応を通じて、テスラのＥＶ技術が破壊的であることもみておきたい。

確かに21世紀がアジアの時代になるというのなら、アメリカの歴史の繰り返しではあり得ない。すなわち、地球環境問題を考えれば、自動車の中核であるガソリンエンジンを転換し、車を単なる移動手段ではなくしてしまうという発想が求められる。ベテラン自動車業界アナリストの中西孝樹氏は、コロナ禍で自動車産業のデジタル化が推進されＣＡＳＥ革命の実現を手繰り寄せており、ＥＶ化、ソフトウェア化は今や疾走しようとしていると指摘し、既存の自動車メーカーに警告を発した(11)。だが、ＥＶへの転換は、既存の自動車企業やエンジン車関連製品が敗退することを意味し、既存事業が大きすぎて動けない「イノベーションのジレンマ」に陥ることになるのだ。

自動車産業がグローバル化をしていく過程で車づくりにも多様なニーズが出てきて、多国籍企業型の対応も迫られ自動車の３万点の部品を組み合わせてそれぞれに最適のものを見つけるのは容易ではない(12)。そこで商品力の向上とスケールメリットを達成することに拠るコスト削減のトレードオフを求めてプラットフォームの共通化が目指されるようになったのだ。そうしたニーズに応え、ＶＷが今後数年を見渡しての共通プラットフォームづくりをモジュール化と組み合わせて２０１２年に開発したのがスケーラビリティの高いＭＱＢ（Modulare Quer Baukasten）だ。当時、最先端といわれ、その後トヨタを初め多くの追随を生んだ。

だがＥＶをつくるにあたり、ＭＱＢでは対応しきれないと新たな時代の到来を睨み15年にはＭＥＢ（Modulare Elektrifizierungs-Bunkasten）を開発した(13)。ＭＱＢでつくった〈ｅゴルフ〉では積むことができる電池の量に限界があることが分かったからだ。まったく新しい基本設計には膨大なコストがかかる。ヘルベルト・ディースＣＥＯ（当時）は一にも二にもＥＶしかないと決心し、同社は〈ＩＤ．3〉を〈ゴルフ〉に代わるＥＶの戦略車と位置づけ、25年に〈ＩＤ．4〉などＩＤファミリーを軸に世界販売の4分の1に当たる３００万台のＥＶを販売する計画を発表した。

既存の自動車メーカーが簡単にＥＶメーカーへと変身できない背景には、雇用の問題があるからだ。では、ディースは雇用の問題にどう向き合ったのか。ガソリン車が約3万点の部品を必要とするのに対し、エンジンの要らないＥＶはその半分になり、雇用問題が重くのしかかることになる。ＥＶ化で30年までに最悪の場合41万人、少なくとも21万人の関連雇用が失われる可能性があるとのドイツ自動車業界の将来像に衝撃が広がった。20年1月、ドイツで公表された公的研究機関が行った試算のうち「最も悲観的なシナリオ」では約80万人の自動車関連雇用が半減するというものだったからだ。

ディースは、15年に発覚したディーゼルエンジンの排出ガス不正、いわゆる「ディーゼルゲート事件」からの立て直しを図り、ＶＷグループのＥＶシフトやソフトウェア戦略を指揮してきた。世界に先行して開発したＥＶ車台ＭＥＢは雇用への影響を緩和すべくフォードへの供給も決まり、ＩＤシリーズのファミリーをそろえる前に収益化できたのだ。にもかかわらず、ＶＷでは22年9月にディースが退任を余儀なくされた。事実上の解任の直接の理由は、自ら立ち上げたソフト開発部門「カリアドの混乱」でポルシェのＳＵＶ〈マカン〉のＥＶモデルの発売が最大2年遅れる見通しとなったことだ。だが、真の理由には、後述するようにＥＶ化に伴う3万人の人員削減策への反発がある。

こうして、路線はそのままにトップが交代し、会社の運営手法を変えざるを得なくなったのである。

つまり、VWは、社内出身のオリバー・ブルーメ社長の下、社内融和、ソフトウェア開発での外部の活用といった微修正を行うにとどめつつ、ディースが敷いたEV化、ソフトウェアでの競争力増進という路線を踏襲していく以外にない。

ディース退任の21年12月期決算を見ると、売上高は前期比で12％増加し２５０２億ユーロ、営業利益は2倍になり２００億ユーロと、コロナ禍前の水準を上回っていた。EV販売台数も、前期比2倍の45万台に達し、欧州ではシェア25％とトップを維持した。何が悪かったのかといえば、EVへのシフトを急ぐため、アウディやポルシェなどグループ企業のソフトウェアの開発を一体化した新組織「カリアド」を立ち上げたが、その社内組織はテスラのようには機能しなかったことだ。車載ソフトウェア、自動運転、そして規格統一の電池をベースにした新たなプラットフォーム「SSP（スケーラブル・システム・プラットフォーム）」は、〈ゴルフ〉のEV版〈ID．3〉の生産が始まった19年3月にはまだ完成していなかった。OTAを搭載していなかったので、〈ID．3〉のソフトの不具合が見つかると販売店でソフトの交換をすることになった。

なぜ「SSP」の開発が遅れたのか。ブランドの自負が強い技術者を束ねるのが難しかったこともあるが、テスラに倣ったソフト自社開発率3分の2という目標が高すぎた可能性がある。結果として、24年にはテスラに追いつくという目論見は達成できなかった。

また、なぜ達成できなかったのか。一つの見方としてEV、自動運転への移行が単に筆者の言う戦略部品のイノベーション、クリステンセンの提唱する破壊的技術にとどまらず、ヘンダーソン＝クラークが図1－5で示した「全面的イノベーション」（radical innovation）と命名した領域である可能

図1－5　戦略部品とアーキテクチャー

戦略部品領域 ＼ アーキテクチャー領域	（微調整）	（シフト）
（フォローオン）	インクメンタル・イノベーション	アーキテクチャー・イノベーション*
（ブレークスルー）	モジュール・イノベーション	全面的イノベーション

（注）＊破壊型イノベーションはこのアーキテクチャー・イノベーションに似ている

（出所）Henderson, R. M., & Clark, K. B., "Architectural Innovation: The Reconfiguration of Existing Product Technologies and the Failure of Established Firms," *Administrative Science Quarterly*, 35(1), pp.9-30, 1990を一部修正

性が指摘できるのではないか(14)。

「全面的イノベーション」とは、図1－5に見るように戦略部品領域とアーキテクチャー領域の大変化と微小変化と掛け合わせたマトリックスにおいて、両領域における大変化が起こったボックスとして定義されている。その際、アーキテクチャー領域においてシフト（大変化）を要するアーキテクチャー・イノベーションは、クリステンセンの言う破壊型イノベーションに類似していることに留意すべきことになる。

VWが車の開発プラットフォームをMBEからSSPへとシフトさせたのは、戦略部品領域において単にEVへのシフトだけでなく自動運転・コネクテッドへの展開を視野に入れなくてはならなくなったからだ。そうなれば、ソフトの開発

から始まり、その後に車の形状を考えるという発想の転換が求められることになる。当然、ホンダに先を越されたOTAの組み込みをして、ソフトの更新で利益が確保できる態勢を築かなくてはならない。

VWグループでSSPをベースにした最初の車がコードネーム、トリニティで開発を進めるVW事業部のど真ん中の消費者をターゲットにした、スタート価格が3万5000ユーロで始まる車だ。26年に販売を予定する車をつくる上ではテスラが採用したギガプレスを全面的に取り入れ、工場に関してもテスラが試行錯誤してシンプルに配置を決めた上海工場の成果を反映させ、エンジン車をつくる時間の3分の1に削減する目標だ。そして高級車を販売するテスラと違う大衆車を意識して、低価格で消費者への浸透を狙い、T型フォードに倣い車体カラーを含め全体のバラエティを100種に収めた。

また戦略部品が、まったく新しい戦略部品に代替されると、つまりボールドウィン＝クラーク流のモジュール理論の文脈での戦略部品が進化することになる。ここでの文脈からいえば、自動運転、コネクテッドの文脈ではエレクトロニクス企業の参入を促し、同じアーキテクチャーでも、戦略部品分野でのブレークスルーが起こりうるのだ。

だが、ここで重要なポイントは、オープンアーキテクチャーでは、ルールがいったん決められると、個々のモジュールの設計や改良が自由に、しかも自律的に行われるようになることだ。このため、アイデアやコンセプトに貢献できる範囲は広がりを見せ、コストや機能の優劣を競う環境が生まれる。その結果、理屈の上では、最高のモジュールを組み合わせた、最適なシステムを実現することができる。そして何よりもクローズド・アーキテクチャーの場合と異なり、モジュールでの改良では時間をかけずに取り込むことができるので、同じ自動車の開発でもエンジン車の開発のスピードとはまったく異なるＩＴ企業のスピードが求められることになる。日本型といわれた改良、改善のモノづくりのスピードは時代に取り残されるおそれが出たのだ。

ＶＷのモジュール化は、１９２２年に始まったとされるフォードの流れ作業方式の枠組みのなかでのことだった。これに対し、テスラは２０２３年に始まる〈モデルＹ〉の製造でモジュール化を徹底し、それを組み立てるというプロセスに編成することで、フォードの流れ作業方式を１００年ぶりに変更した。ドミナントデザインの代替わりは製造プロセスの代替わりでもあると主張、設計と製造、自動化などの担当者が一堂に会し、設計も製造工程も一体として改変した結果であるとしている。

ＥＶのデザイン、製造プロセスの変更は自動車産業におけるモノづくりの時間節約、人力節約となった。ＥＶ化の進展はドイツでは雇用問題となった。それはどんな形となって現れたのか。先のディースの命運を決めたＶＷブランド事業部門のウォルフスブルクの本社工場で起こった政治経済学の課題を瞥見しよう。

ウォルフスブルク工場は、21年9月、世界的な半導体不足のしわ寄せを受け、稼働率は4割ほどに落ちていた。不足する半導体は当然のことながら収益の高いポルシェやアウディ部門に割り当てられ、ＶＷ部門には割り当てが少なかったためだ。不安を感じた従業員はＶＷ事業部門の社長であるディースとの対話を要求し、ＶＷ事業におけるＥＶ化を早く進め稼働率を上げるよう求めた。これに対し、ディースは古いウォルフスブルク工場の体制ではテスラに対抗できるＥＶはできない、ＥＶを推進するには構造改革によって最大3万人の従業員を削減する必要があるなどと答え、従業員の反発をくらった。そこで会社としては、VW事業の社長としてのディースを解任するなどで事態の収拾をはかった。

だが、VWグループのCEOとして残ったディースもポルシェの新車開発の遅れをもって解任されたことは前述の通りだ。

ウォルフスブルク工場では、エンジン車の製造をになってきた古い建屋の隣でトリニティ製造をになう新しい棟ができている。製造におけるスピード感覚の違い、文化の違いを考慮しまったく別々の二つの棟にすることでヘンダーソン＝クラークのいう「全面的イノベーション」のもたらした危機を乗り越えようというのであろう。だが、EV化が全面的になれば古い建屋は不要になる。それではやっていけない。「e-fuel」でEUの合意を覆し、エンジン車を残すためのシナリオが必要になったゆえんだ。

1.7 自動車産業のDX化

筆者は、デジタル時代の出現でモノづくりが容易になったことから、設計図と実物とは等価だと主張した。今日いうところのデジタルツインである。製造業でアイデアを具体化するコストが大幅に低下するといわれるようになった根幹にあるのは設計（デザイン）と現物が一致するようになったことに遡る。3Dの設計図を3Dプリンターで製品にできる、さらに粉末にしなくてもスマートマシンが

図1－6　デジタル革命がもたらす製造業へのインパクト

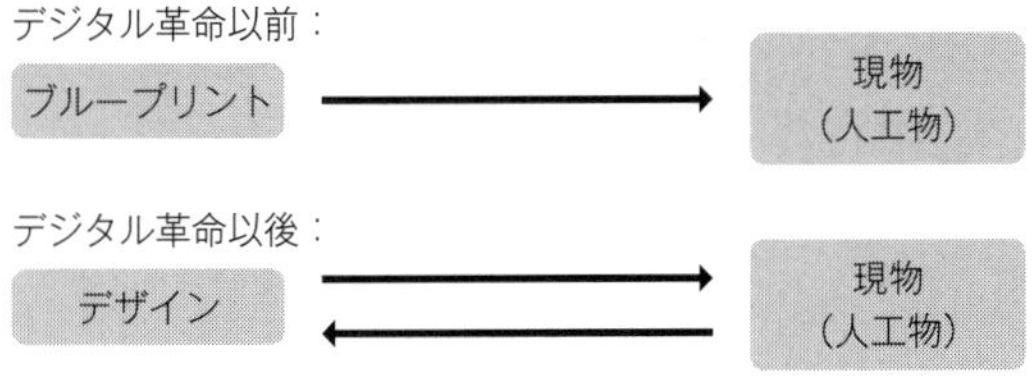

デジタル革命以前：

ブループリント → 現物（人工物）

デジタル革命以後：

デザイン ⇄ 現物（人工物）

（出所）Takuma Takahashi, "The Role of Knowledge and Organization in the Competitiveness of the Japanese High-Tech Industry", *International Journal of Technology Management,* 22（5－6）, pp.480-502, 2001

製造をするという形で、デザイン＝製品という世界が広がり、ある意味で知識の表示形態において「デザイン」が優位の体制になり、設計図の束が競争力の源泉となった[15]（図1－6）。

デザイン＝製品という世界とは何を意味するのか。スマホではアップルが鴻海精密工業に委託して製造していることは誰もが知るところだ。半導体製造の世界でも、このデジタルツインの法則を活かして、半導体メーカーは設計に注力し、製造を受託生産会社に任せるという分業が相当程度に行きわたって、アメリカではクアルコム、エヌビディア、ＡＭＤなどが自社では半導体チップを製造せず設計に特化する一方、製造を台湾のＴＳＭＣ（台湾積体電路製造）などに委託するというアレンジメントが進んできた。

ただ、半導体業界では効率化を求め過ぎたことが、米中対立が厳しさを増すなかで、ジオテクノロジーの要請から大きく巻き戻しを求められることになったことは拙著の『米中が競う技術覇権（仮）』で詳述した。これに対し自動車産業についていえば、３万点の部品を組み立てるという複雑な構造から、モック作成をデジタル化するといった部分的な採用はあったものの、デジタルツインというレベルまでは進まなかった。

しかしDX化の進展、モビリティ（CASE&MaaS）時代の到来で、自動車産業におけるデジタルツインは、製品のレベルから始まって工場におけるデジタルツイン、そしてスマートシティにおける駒としての自動車というところまで見渡せるようになった。工場におけるデジタルツインは、テスラの〈モデルY〉の製造プロセスが、先にも触れたように、DX、オートメーションによって分解され再編されて、フォード以来の流れ作用としての製造プロセスとまったく異なるものになったことに現れている。一方、駒とは、道路上の常時接続車は1台1台が搭載カメラなどの装備で刻々と変わる現実をリアルタイムにスキャンして、クラウドに送り込む「センサー」になっている一方、交通量に従って車の速度などが制限されるという意味だ。宇沢弘文は、道路という社会的共通資本の最適利用というレベルがあるはずだという議論を展開した。[16] スマートシティがそれを実現する手段ということになろう。

そうしたなか、スマホの10年がそろそろ終わりを告げ次の10年がEVの時代だとすれば、そこでも影の主役でありたいと名乗りを上げたのは鴻海だ。つまり、デジタルツインがEVにも適用できるようになった以上、製造委託という事業は成り立ち、そこで鴻海は10%のシェアを獲得したいというのである。同社のEV事業部門のトップ、鄭顕聡CEOが目指すのはEV業界での新たなビジネスモデル、「アンドロイドカー」の製造だ。アンドロイドカーとは何か。それは、グーグルのスマホ用基本OS〈アンドロイド〉のビジネスモデルを自動車業界に当てはめる試みだ。〈アンドロイド〉をつかって小米などがさまざまなユーザーエクスペリエンス（UX）が提供できるようになったように、自動車業界にあっても鴻海の提供する自動車OSを使えば自由に自動車UXが提供できるようにしたい

図1－7　台湾・鴻海が狙うEVビジネスモデル

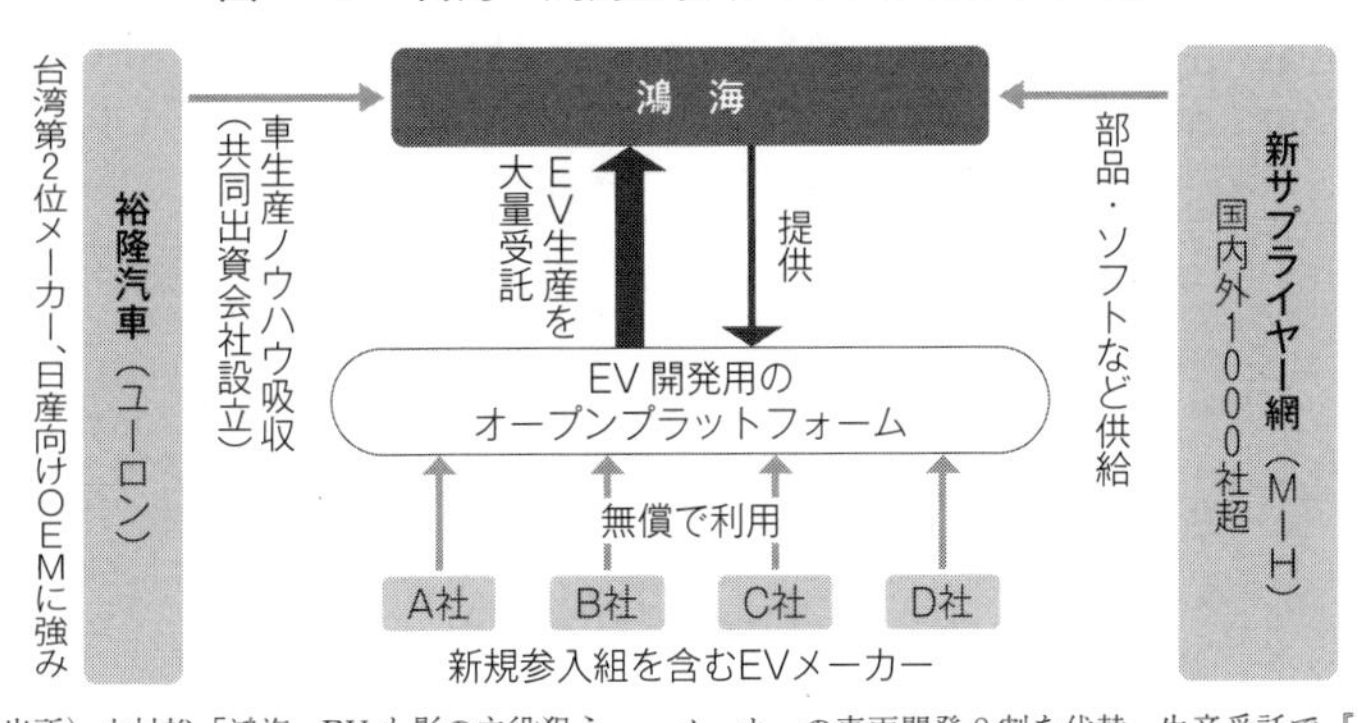

（出所）中村裕「鴻海、EVも影の主役狙う――メーカーの車両開発8割を代替、生産受託で『スマホ型』踏襲」『日本経済新聞』、2021年3月26日

というのである。鴻海がこうした構想を持ち始めたのは2014年のことだとされる。

摺り合わせ技術を肝とする緻密な自動車の組み立てにはケイレッツと呼ばれる垂直的な構造を持つ調達網があった。そうしたピラミッド構造を崩してみせようという挑戦が、鴻海が20年10月に打ち出した「開放的なEV同盟MIH」と呼ぶ取り組みだ（図1－7）。「モビリティ・イン・ハーモニー」を意味するMIHコンソーシアムは、業界標準を策定し、新車開発の時間と費用を大幅に削減できる〈MIHキット〉の開発を目指す。

〈MIHキット〉が「最も競争力のある自動車用ソリューション」になるためには、EVの効率を左右するSiC半導体まで組み込んだものにすべきという狙いから、鴻海は、23年5月にはパワー半導体世界最大手の独インフィニオンテクノロジーズとの協業に入った。

コンソーシアムにはクアルコム、マイクロソフト、世界最大の車載電池メーカーである中国の寧徳時代新能源科技（CATL）など22年3月上旬時点で約2200社が参加している。そのうち日本企業は約100社を数えるが、そこにはデンソーやジェイテクト、豊田通商など「ケイレツ」の権化であるトヨタ系部品会社も参加している。発足当初の21年4月に比べて全体の社数は7割増、日本企業は5倍に増えた。22年に自動車メーカーへのMIHキットの出荷を始め、まずは鴻海と裕隆汽車の合弁会社フォックストロンがMIHを台湾南部で走行する電動バスでの実践的設計と製造サービス（CDMS）に適用する。

CASEの登場によって自動車の設計がオープンアーキテクチャーになっていくことになる。「開放的なEV同盟MIH」の登場はその扉を開けたのであり、EVに関して言えば、「世界の巨大自動車会社はもはや必要でないかもしれない」と、コンソーシアムの主要メンバーである加藤真平氏は語る。だが、鴻海の顧客であるアメリカの新興EVメーカーはどの社もインフレ抑制法でのEV支援策から漏れるなど、苦戦している。ことに出資先でもあるローズタウン・モーターズは量産立ち上げに苦戦し、破産法の適用申請に踏み切った。その理由が鴻海からの追加出資受け入れの難航だというのだ。有力顧客であるフィスカーもEV販売が振るわず、受託生産が遅れる可能性がある。逆に言えば、テスラやBYDは特別で、出遅れた新興EVメーカーは既存メーカーの販売力を前に敗色が濃いといえそうだ。もちろん、スマホ時代のEMSが、EV時代にはCDMSとなって羽ばたくシナリオは消えていない。ただし当面となると、鴻海の出番が少なく、25年にEV生産の世界シェア5％、売上高1兆台湾ドル（約4兆4000億円）という野心的な目標は到底達成不可能といえるのではないか。

自動車のオープンアーキテクチャー化に関しては、世界の多くのコンサルティング・ファームやシンクタンクはパソコンの世界で見たスマイルカーブの世界を描いて見せる。たとえばアーサー・デイ・リトル・ジャパンの試算ではガソリン車やEVなどを合わせた車産業の付加価値（粗利＋人件費）は30年で360兆円と19年の209兆円から約150兆円上積みされる。ただ内訳をみると、モビリティサービスの61兆円に対し、部品は31兆円、組み立ては5兆円との配分だ。部品も需要が大きく伸びるのは電動関連など一部だ。同じように、ボストンコンサルティングは、従来モデルでは自動車関連事業の95％が自動車メーカーの取り分になったが、35年になると自動車メーカーの取り分は60％へと縮小し、残りの40％はEV、自動運転、シェアリングの三つの組み合わせが成長要因になると予測していた。[17] こうした環境下で、電池を戦略部品としつつ、EVメーカーとしてグローバルな展開を始めようというのがBYDである。第3章では電池がEV時代の戦略部品であることを論じつつBYDの「戦略部品の経営」を取り上げる。

1.8 EVは本格的な普及期に入るのか

いま世界の自動車産業が大きな転換点にあることを縷々述べてきたが、その転換点を以下で論じていくためには、多少とも未来を先取りしたかたちでその姿をみておく必要がある。

一つは図0－1で見たEV市場の拡大の行く末に関してである。そして、今一つは過去20年の自動車業界は拡大成長をたどってきたが、それは中国市場の拡大によって支えられてきたのだ。世界の自動車販売は2017年に7300万台でピークに達したが、それはある意味中国市場が成熟し18年にピークをつけたことをフォローするものなのだ。

そこで、23年に人口で中国を抜くインドの自動車市場のインパクトはどれほどのものかということが問われることになろう。それは小型ＥＶの普及が自動車市場の拡大にどれほど貢献するのか、その一方ＣＡＳＥのＳのシェアリング経済の拡大で訪れるかもしれない自動車生産の縮小がどれほどのものになるのかといった問題提起とともに重要だと考えられるからだ。

22年の世界でのＥＶ販売台数は、イギリスの調査会社ＬＭＣオートモーティブによると、７８９万台で自動車市場の10％を占めた。30年には３６８１万台となり35％を占める見通しだ。これは、25年に世界のＥＶ生産は１９５２万台と全体の21％を占め、30年には３９８０万台と40％にまで高まるとみるＳ＆Ｐグローバルの予測より控えめだ。

ＥＶ市場が30年に向かって拡大するなかで、ＬＭＣオートモーティブは、各社が多種多様な車を投入する世界を描く。すなわち、世界のＥＶ車種は22年に３７４種類で、ガソリン車などを含む全体の22％を占めたが、30年にはＥＶのモデル数は８７３種類になり、全体の38％に達する。

ＬＭＣオートモーティブは、図０－１で見た米欧中の３市場集中型の成長という傾向は今後とも続くとみており、中国は22年に２７１車種だったが、25年にかけて急拡大し30年には４６８車種へと増えるのに対し、欧州では１３８車種が比較的コンスタントに伸び30年に４００車種に達するとみる。アメリカの場合、ＥＶ化で中国、欧州を追うような形で30年には22年の5倍超の２９８車種になる。

中国は22年以降、中高度経済成長が終焉し、中長期の減速局面に入った。それを象徴するのがトヨタ自動車の中国での販売額が22年に初めて落ち込んだことだ。こうした現状を、深尾＝バリンジャーは、中国経済が中長期の減速局面に入る以前から中国を含め、世界の自動車市場は頭打ちの時代に移行しているのであり、それはモビリティ（ＣＡＳＥ＋ＭａａＳ）のためのＲ＆Ｄ費用を含め取引コストが高くなっているからだとの論を立てる[18]。

確かに中国市場では２８００万台あたりで、アメリカ市場も１８００万台あたりで天井を打っている。またＣＡＳＥのＳ（シェアリング）の進展は自動車需要を減らす要素だ。だが、ＥＶが登場し普及するなかで新たな需要が掘り起こされるのではないか。たとえば都市部では大気汚染の問題が解決されてくることで登録制限がなくなるとか、過疎の地方での足や高齢者の利便を小型ＥＶが掘り起こすといった視点である。こうした点に関しては、Ｓの問題の自動運転と絡めて第4章で触れる一方、中国に叢生したＥＶベンチャーが精いっぱい需要開拓に励む姿として第5章で述べることにしたい。

世界の自動車市場が頭打ち傾向になっているのは、世界一の人口を誇った中国が過去30年にわたるモータリゼーションの過程でまずはドイツを抜き06年には日本も抑えて2位に浮上し、09年にアメリカを追い抜き世界首位となり、ついに北米市場の２倍近い市場になっただけのインパクトをもつ新たな市場の出現がなくなったことにある。

こうしたなか、世界最大の人口をもつに至ったとされるインドの22年の新車販売が少なくとも４２５万台となり、日本の４２０万台を抜いて初めて世界3位となった。SIAMによると22年のインドでの生産台数は５４５万台で前年から24％増えた。輸出台数も73万台と2割ほど増えた。インドは、かつて中国市場がモータリゼーションによって世界の自動車市場にインパクトを与えるようになった時と同じスタートラインに立ったのだ。ただし、世界の自動車市場の規模が大きくなっているため、そのインパクトは大きくない。

1.9 ヴァーノンのプロダクト・ライフサイクル論でみるHV覇権国、EV覇権国

さて、ここでインドなど新興国でモータリゼーションが起こることのインパクト、自動車市場での新商品たるHV、そしてEVの国際的な展開をみるための理論的な枠組みを紹介したい。それは、企業の多国籍化を国際的な製品ライフサイクルのタイムラグから説明したレイモンド・ヴァーノンのプロダクト・ライフサイクル・モデルである。プロダクト・ライフサイクル論そのものは、一国におけるある産業の勃興、成長、成熟、衰退という変化をみる基本的な理論である。たとえば、カラーTVが導入されても当初は価格も高くものめずらしさから購買する人たちにとどまっていたが、普及率が15%あたりまでくると量産効果による価格低下と相まって急速に普及が進み、やがて普及が行きわたって成熟期になり、衰退期を迎えるというものである。

この一国モデルをそれに続く先進国なり途上国なりにずらして表示すると図1－8のようになる。

まず、出発点として高所得の先進国A（アメリカとしよう）で技術集約的企業が独創的な新製品を開発し、国内市場で販売したとしよう。そのような新製品は、この導入期では高価格であり、所得の高い国内の消費者がそのターゲットとなる。しかし、その製品が市場で受け入れられるにつれ、市場の魅力度が増すために類似製品による競争企業の参入が相次ぎ、企業間の競争も激しくなり、価格が低下し、国内市場は拡大するが、同時に供給能力も増大する。その後、国内と世界各地の所得格差を利用して生産拠点を変えていくという戦略が生まれる。現地企業による模倣製品の生産も開始される

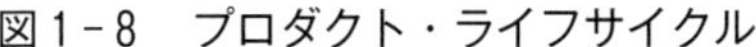

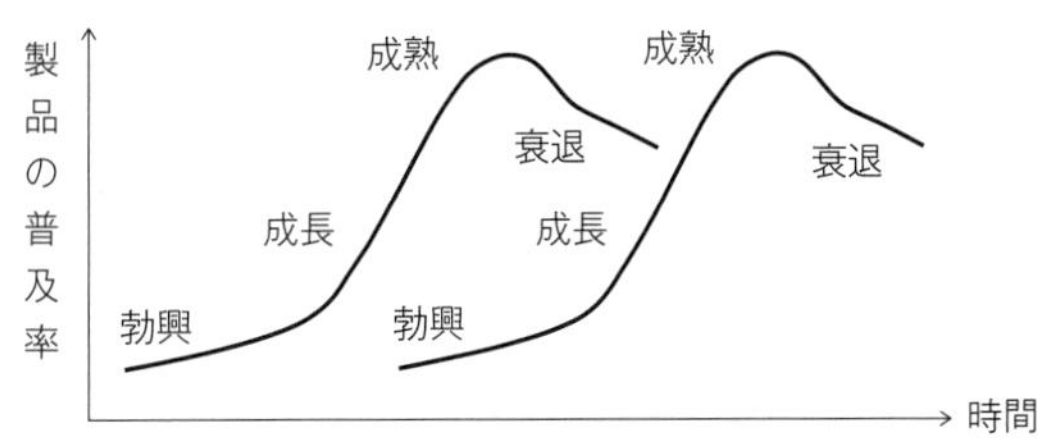

（出所）レイモンド・ヴァーノン『多国籍企業の新展開』ダイヤモンド社、1973年を参考に筆者作成

が、当初はアメリカ企業の技術優位性から当該製品の国際競争力は強いが、さらに一層技術の普及が進むと（標準下期）、生産諸要素の費用で優位性を持つ途上国での生産が本格化する。この「ずらし」によってプロダクト・ライフサイクルが延び、生産諸要素費用で劣位になった当初の発明国が当該製品の輸入国になる。

このモデルは、ヴァーノンが観察した１９５０年代から60年代のアメリカ企業の国際化をかなり有効に説明できた(19)。一方で、インターネットの発達などにより情報が瞬時にグローバル配信されるなどの環境変化によってプロダクト・ライフサイクルは短縮化し、他方で国際的な所得格差の縮小のため、モデルの安定性がなくなった。そうしたなかでも、モータリゼーションを軸とした自動車産業のグローバルな展開については、プロダクト・ライフサイクル・モデルが少なくとも中国のモータリゼーションまでは適用できたし、今日なお適用可能といえるのではないか。

こうした多国籍企業型の対応を求められるような市場を限界的に加えるためのコストは高くなっているとすれば、自動車産業が規模の経済において収穫逓減のポイントを超えているという深尾＝バリンジャー仮説が正しいことになる。だが、ＥＶの時代、つまり第４

次産業革命の時代になってヴァーノンのプロダクト・ライフサイクル論における先進国Aがアメリカではなく、中国に置き換わっていたとすればどうだろう。中国市場では世界で最初にEV化比率が20%に達しており、プロダクト・ライフサイクル論にいう15%の「クリティカルマス（臨界点）」を超えている。つまり、GMやトヨタはもちろんテスラでもなく、BYDに焦点を合わせて見直せということになる。中国がEVの最低コスト生産国となっており、深尾＝バリンジャー仮説は、せいぜいEV後進国の米日の視点での主張に過ぎないことが分かる。中国は世界輸出でも22年には年間330万台で2位ドイツを抜いており、23年にはほぼ間違いなく「世界一」になるだろう。現に23年1～3月に中国の自動車輸出は107万台で、長年世界一だった日本を上回っている。

こうした世界のスタンダードをもつようになった中国市場と比較すればインド・ASEAN市場は、自動車全体での伸びは高いとしても、重要性は低いことになる。しかも、インドの新車は現状、HVを含むガソリン車が大宗を占めEVはまだほとんどない。確かに、インドは原油輸入による貿易赤字に直面しており、政府が補助金制度などを通じてEVの普及にも力を入れ始めた。またインドのモディ政権は製造業振興策として「メーク・イン・インディア」を掲げており、基幹産業のインド国内での定着を図っている。とはいえ、EV需要がインドで爆発する兆しがないことも事実だ。だが、モータリゼーションとEV化が同時的に進みうるインドはみてみる価値がある。第6章では同じような状況にあるASEANの市場と併せて検討する。

上記のようにEV先進国、中国をヴァーノンのプロダクト・ライフサイクル・モデルで論じることができるなら、HV覇権国、日本という見方も可能であろう。図0－2でみたトヨタ自動車の北米市場での躍進ぶりはまさにＨＶでアメリカの牙城に立ち向かった姿に外ならない。こうした観点からすれば、ＥＶ化とはＨＶで築いた日本の自動車覇権を中国が引っくり返そうという試みということになる。それは次章でみるように相当に用意周到でかつ豪胆なものであることが分かる。

注

（1）W. J. Abernathy, and J. M. Utterback, "Patterns of Industrial Innovation," *Technology Review*, 80(7), pp.40-47, 1978.
（2）髙橋琢磨『「戦略部品」の経営——金融の時代から生産の時代へ』光文社、１９９１年。
（3）R. Foster, *Innovation: The Attacker's Advantage*, New York, Summit Books, 1986.
（4）ジョセフ・シュンペーター『経済発展の理論』（塩野谷祐一、中山伊知郎、東畑精一訳）岩波書店、１９７７年。
（5）藤本隆宏「山積課題の全体最適解探れ　危機克服への道筋」『日本経済新聞』２０２１年１月７日。
（6）吉川洋・八田達夫編『「エイジノミクス」で日本は蘇る——高齢社会の成長戦略』ＮＨＫ出版、２０１７年。
（7）深尾三四郎『モビリティ2・0——「スマホ化する自動車」の未来を読み解く』日本経済新聞出版社、２０１８年。
（8）津田建二「ＣＡＳＥ時代のクルマを支える道路交通技術」『TELESCOPE Magazine』２０２３年２月８日。
（9）クレイトン・クリステンセン『イノベーションのジレンマ——技術革新が巨大企業を滅ぼすとき』（玉田俊平太監修、伊豆原弓訳）翔泳社、２００１年。
（10）髙橋琢磨『「戦略部品」への挑戦——日本企業復活の条件』日本経済新聞社、１９９４年。
（11）中西孝樹『自動車　新常態（ニューノーマル）——ＣＡＳＥ／ＭａａＳの新たな覇者』日本経済新聞出版、２０２０年。

(12) John Paul MacDuffie and Takahiro Fujimoto, "Why Dinosaurs Will Keep Ruling the Auto Industry," *Harvard Business Review*, 88(6), 2010.

(13) 日代武史「モジュラー化第2の波――フォルクスワーゲンＭＱＢ」古川澄明編・JSPS科研費プロジェクト著『自動車メガ・プラットフォーム戦略の進化――「ものづくり」競争環境の変容』九州大学出版会、２０１８年。

(14) Rebecca Henderson, and Kim B. Clark "Architectural Innovation: The Reconfiguration of Existing Product Technologies and the Failure of Established Firms," *Administrative Science Quarterly*, pp.9-30, 1990.

(15) Takuma Takahashi, "The Role of Knowledge and Organization in the Competitiveness of the Japanese High-Tech Industry," *International Journal of Technology Management*, 22(5-6), pp.480-502, 2001

(16) 宇沢弘文『自動車の社会的費用』岩波書店、１９７４年。

(17) ボストンコンサルティンググループ「レベル４・５の自動運転車は２０３５年の世界新車販売台数（乗用車）の23%、電気自動車は30%を占めると予測～ＢＣＧ調査」２０１８年1月12日。

(18) 深尾三四郎、クリス・バリンジャー『モビリティ・エコノミクス――ブロックチェーンが拓く新たな経済圏』日本経済新聞出版、２０２０年。

(19) この意味で、イギリスの海外投資の多さをこのプロダクトサイクル論なり、発展段階格差で見なおしてみるという作業には一理ある。

第2章

「中国製造2025」でハイライトされたEVへのシフト

中国汽車技術センターは、「EV化の中心は中国であり、いち早くEV化へと舵を切ったのは中国政府だったことは明白で、それが世界一を続けている背景だ」とする。[1] 確かに、中国が2020年までに500万台のEV（PHV［プラグインハイブリッド車］を含む）の普及を目指すEV政策を表明したのは16年に発表した第13次計画の中でのことだ。計画策定の16年時点での世界の年間EV販売台数がおよそ75万台、普及台数がおよそ200万台であったことに鑑みれば野心的な計画であった。

2.1 中国EV運動の父、万鋼

では、そうしたEV黎明期に、誰が共産党幹部を動かしEV化への舵を切らせたのか。その人物とは、2007年、非共産党員ながら初めて中国科学技術部長（大臣に相当）に抜擢された万鋼（ばんこう）氏だとされる。万は自動車の電動化が経済成長の押し上げに寄与するだけでなく、石油の輸入依存や環境汚染の悪化にも対処できるとして、まだ熟していなかったEV技術の重要性を当時の指導部に説いた。中国が先行すれば、アメリカの第4次産業革命への参入を遅らせることができるという視点はすでに触れたところだ。政府の補助金を使って自動車メーカーや消費者に普及させるとの万の戦略によって、先にみたように世界のEV販売の40％を中国が占めるようになった。こうして中国のEV化への地ならしをしたことから、万は「中国EV運動の父」と呼ばれる。

米中の対立が激化するなかで、自動車産業の行方を左右するのは中国であることは間違いない。習近平政権は、全中では第14次5カ年計画（21～25年）策定と同時に35年までの長期目標を示すことも

表２－１　中国EV化のロードマップ（新車販売台数ベース）

	現状（19年）	25年	30年	35年
ガソリン車	95％	40％	15％	０％
HV		40％	45％	50％
EVなど新エネ車	５％	20％	40％	50％

（出所）中国エンジニア学会「省エネルギー・新エネルギー自動車技術ロードマップ2.0」より一部改変

言明していたが、自動車政策に関しては自動車強国への道をＥＶ化に求め、35年を目途に新車販売のすべてを環境対応車にする方針を打ち出した。中国自動車エンジニア学会が発表した「省エネルギー・新エネルギー（新エネ）車技術ロードマップ２・０」によれば、25年にＥＶを核とした新エネ車を20％前後、30年に40％前後、35年に50％超まで高める一方、残りの50％を占めるガソリン車はすべてＨＶにするというものだ（表２－１）。

今回の規制ロードマップで特徴的なことは、19年には５％だった新車販売に占めるＥＶ比率を35年には50％に引き上げるという目標もさることながら、これまで環境対応車に含まれていなかったＨＶが準環境対応車として表舞台に躍り出てきたことであろう。米欧が35年にＨＶを含むガソリン車の新車販売を禁止するという目標を掲げているのに対し、中国はＥＶ化のこれまでの道のりが厳しかったという反省に立っているように思われる。

なぜ中国はＥＶ化へ舵を切ったのか。ＡＲＴＣ（車両研究測試中心）の分析も参照しながら、筆者の見方を以下に示す。過去における産業革命は常にエネルギー革命であり、移動革命であった。現在の中国も石炭火力発電所や炭鉱など負のレガシー設備に悩まされているが、第4次産業革命の一環としてエネルギー革命が進展しているなかでEV化を中国のエネルギー事情、自動車産業での地位などを急速に好転させるチャンスと捉えたのだ。

エネルギー革命が中国にもたらす利点は三つに要約できよう。一つ目は、シェール革命によって「エネルギー支配」に動くアメリカの戦略を逆手にとって、エネルギーの次世代技術を押さえて第4次産業革命にアメリカが乗り遅れるよう誘導することが、中国にとって可能になることだ。第4次産業革命におけるエネルギー革新は、CO_2を出さず地球温暖化をもたらさない太陽光や風力など再生可能エネルギーの急速な発展であることに特色がある。(2) 中国は太陽光発電パネルの出荷では上位10社のうち9社を占めるまでになっており、風力発電でも世界的な規模になっている。

そして、二つ目はガソリン消費を減らす一方、石油輸入依存度が高いことによるハンデの克服だ。中国は、再生エネルギー生産の伸びによって石油・天然ガスが相対的に余剰になってきているという条件を活かすことができる。(3) 米中貿易摩擦を緩和するため16年にアメリカの天然ガスを購入することに合意したが、欧米がロシアに制裁を課したこともあって中国には米国産天然ガスの転売に加え、ロシアの石油を廉価で入手できる好機が提供されている。

第4次産業革命における移動手段の革新が中国を利する可能性が三つ目の利点で、EVでの覇権の帰趨は最も大きな産業である自動車産業を中国が支配する可能性を秘めている。

確かにアメリカ経済では、ウォルト・ロストウが指摘するように、そのテイクオフ過程で自動車産業が果たした役割は大きかった。(4) アメリカの時代は車に乗ってやってきたといわれるゆえんだ。そのアメリカを抜いて、中国は22年も販売台数が2686万台と今や世界で最大の自動車市場になり、現在では自動車生産でもアメリカの2倍近い「自動車大国」になっている。加えて中国は世界の4分の1近いエネルギーを消費する世界最大のエネルギー消費国である。中国は世界最大の自動車大国にしてCO^{2}の最大排出国だ。EV化の加速、技術革新や市場拡大を先導しているとのイメージは地球温暖化対策に前向きな印象を世界に与え、習近平国家主席が外交の理論的支柱に据える「人類運命共同体」論にも合致する。

もっとも、EVを動かす電源の約6割は今もなお石炭火力だ。風力や太陽光の比率も高まってはいるが、エネルギー消費量が過去20年で3・4倍に膨らみ、米国の非政府組織グローバル・エナジー・モニターによると、中国はその間に9億8322万kWh分の火力発電所を新たに稼働させた。全世界の石火発電増加の7割にあたる。

これらを梃子に中国がエネルギー転換を進めれば、それが世界の流れを決め、将来のエネルギー秩序を支配する力をもつことも十分に考えられる。エネルギー地政学のゲームのルールを資源の多寡でなく、技術の優位性へと転換するというのだ。事実、エネルギーは「中国製造2025」が掲げる産業戦略における重点分野であり、技術覇権の米中攻防の最前線だ。

では、こうした政策転換をもたらした従来の自動車政策とは何だったのか。「市場と技術の交換」を狙った自動車政策なるものをみておこう。

2.2 「自動車強国」をもたらさなかった「市場と技術の交換」政策

まずは、中国政府の近年における自動車産業政策が、一言で言えば、発展する中国市場へのアクセスと引き換えに、国内の自動車メーカーに外資のもつ技術・経営能力を獲得させるものだったことを確認しておこう。

合弁事業はいかにして形成されたのか。中国の自動車政策では、中国メーカー、外国企業はそれぞれ2つの腕を持ってよいとされていた[5]。たとえば、上海汽車工業総公司は、フォルクスワーゲン（VW）と組んで〈サンタナ〉の生産の合弁会社、上海大衆汽車有限公司を設立している。したがって、この1つの腕が成功を収めれば、もう1つの腕で他の外国メーカーとの合弁プロジェクトに入ってよいわけだ。一方、外国メーカーとしてのVWは上海汽車グループとの合弁の他に、第一汽車集団公司との間に〈ジェッダ〉、〈ゴルフ〉の生産のための合弁会社、一汽大衆汽車有限公司を設けており、2つの腕を使い切ったことになる。1994年から95年にかけて、VW、シトロエンなど欧州勢が合弁形成で先行した。

逆に言えば、当時の日米メーカーは中国市場の先行きに不安を覚え腰が重かった。日米メーカーが乗り遅れを心配しなければならなくなったのは、中国が94年に発表した自動車政策のなかで「95年末までは乗用車の新規プロジェクトを認可しない」と明言した時である。これは「三大三小二微」と呼ばれる既存の国内メーカーを保護・育成するための措置である。つまり、8つの自動車プロジェクトをまず軌道に乗せることに全力をあげる方針が確認されたことになる。50年代に、時計、ミシン、自転車の工場を一挙に100程度立ち上げて、いずれも失敗した経験から、従来プロジェクトの成功なしに、9、10番目の新たなプロジェクトに着手するにはリスクが大きいと考えられたのである。

確かに自動車政策で失敗すれば、影響は自転車での失敗どころではない。そこで、枠の狭隘を感じた日米の自動車大手は、「96年以降は新規事業が認められるはず」と考え、思いつめたように中国での合弁プロポーズ作戦を展開するようになった。合弁相手となる中国企業もまた、こうした外資の熱気を逆手にとって中国市場へのアクセスの価値を高く売りつけようとした。

たとえば、もう1つの腕を残していた上海汽車は世界の大手メーカーを相手に、当初は94年末にパートナーを決定するとしていたが、その後、次々に計画を延期して外資をじらし、より有利な条件を引き出そうとした。上海汽車との提携交渉をめぐっては、フォードとGMの米2社が熾烈な綱引きを繰り広げたが、最後にはトヨタ自動車も加えた世界のトップスリーを競わせる姿勢を鮮明にし、結局フォード以上の条件を出したGMを相手に選んだ。上海汽車にとってGMとの合弁は第2の腕となった。

では、日本メーカーの中国進出はいかなるタイミングで、どのように進展したのか。まずは日本メーカーでの中国市場1番乗り、ホンダを取り上げよう。

ホンダがプジョーのプロジェクトを肩代わりする形で中国市場へ参入したのは、GMと同じく99年のことである。プジョーの工場は荒れ果てていたが、ホンダはこれを参入のためのコストと割り切り、後発者としてVWのように古いモデルを持ち込むのでなく、米国ホンダの生産していた〈アコード〉

を生産することとした。この選択は適切であった。しかし、その後の中国市場の拡大テンポはホンダの予想を上回った。このため、2003年にはアジアにおける戦略車と位置づける〈フィット〉を、06年には東風ホンダで〈シビック〉を投入したものの、現在では、途中で日本車のボイコットがあったこともあり、同じ年に中国市場に参入したGMに大きく水をあけられている。

トヨタも遅れた。そして日産は最後発となった。日産を含めた日本のプレイヤーがほぼ出揃った時点での中国における外資との合弁の構図を図2－1によって見ることにしよう。

なぜトヨタは出遅れたのか。トヨタの場合、1980年代に時期尚早と判断し進出を断ったため風当たりが強かったのだ。そのため、先述のように8つのプロジェクト優先のもとでは「あて馬」にされるだけで、トヨタ側は二代にわたって社長を繰り出して中国に正面からアプローチしたにもかかわらず、新規プロジェクトは認められなかった。そこでトヨタは裏口から中国へと進出することにした。トヨタは、すでに天津汽車総公司と乗用車合弁、天津微型汽車場事業を立ち上げていたダイハツを子会社化する一方、2000年になってダイハツの合弁事業の相手方である天津汽車を中国最大手の第一汽車の傘下に収めさせ、これによって日中トップ同士の合弁事業という形にとりまとめたのである。

トヨタは出遅れたものの、部品のローカル調達比率をハイスピードで達成し、技術移転に関しては政府の意向に沿って動くとともに、多くのブランドを立ち上げるなど急速な事業展開をし、VW、GMに次ぐ地位を築いてきた。かくして、トヨタは国有企業トップの第一汽車との間で合弁をもったメリットをある程度発揮するところまできたが、その後に起こった日本車ボイコットでは、ホンダと同様、大きく傷ついた。

図2－1　中国の大手自動車メーカーと外資の提携関係

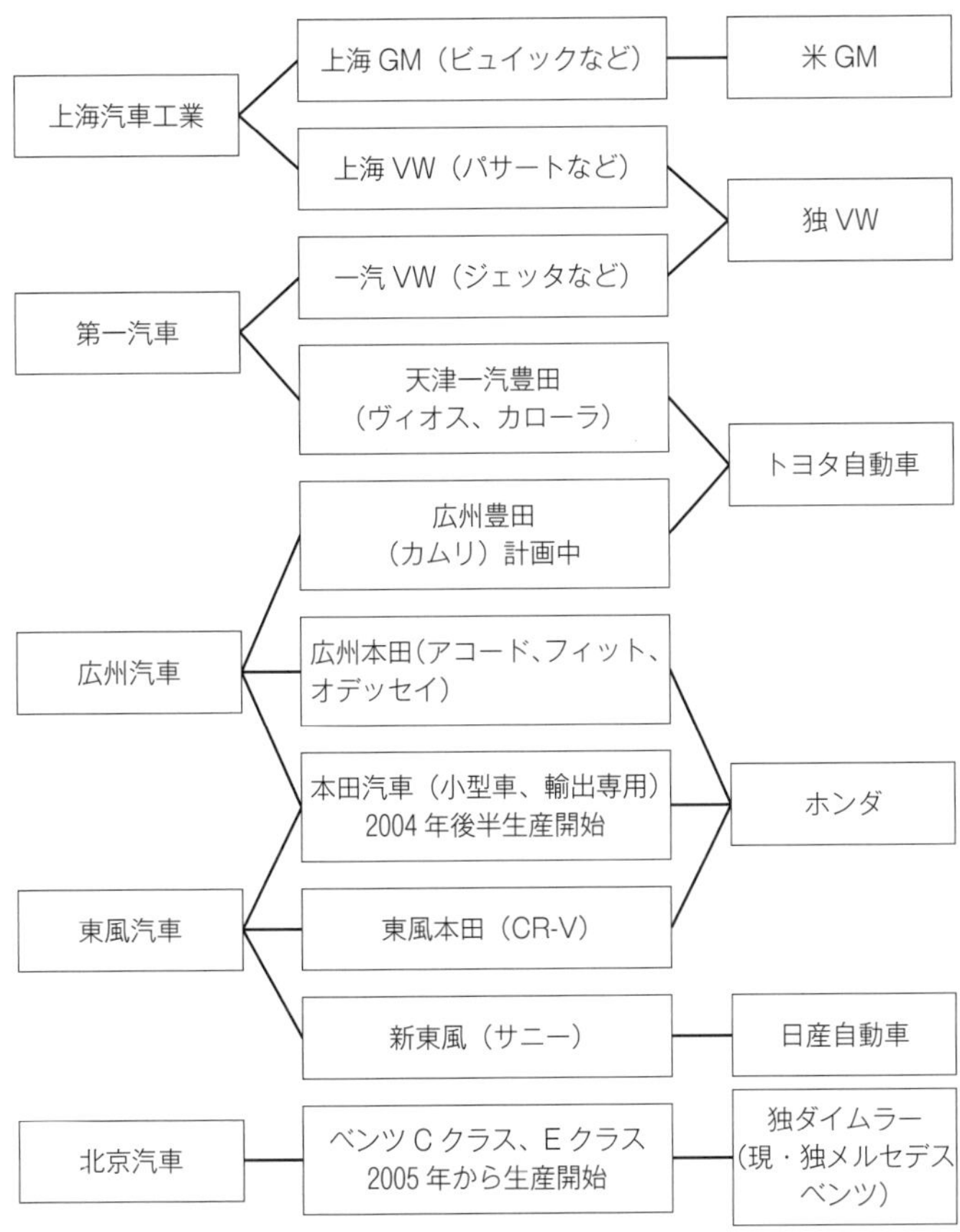

（注）SAIC-GM、北京汽車と現代自動車の提携などを欠いているが大手を網羅している
（出所）筆者作成

では、日産自動車はどのように参入を果たしたのか。30%を出資する鄭(てい)州日産汽車では小型トラックを生産してきたが、自身の業績低迷もあってカルロス・ゴーンによる再生を待たなくてはならな

かった。しかし再生なった日産に与えられた機会は、病める国有企業、東風汽車集団のもつ工場のマイナス1000億円という推定価値をプラス1000億円と「高い評価」をすることによって、合弁方の財務上の穴埋めをする一方、日産が1000億円の資金を投下して合弁を発足させ、さらに技術や経営ノウハウの移転によって経営を建て直すことを期待されて参入が認められたのである。

逆に言えば中国政府に貸しをつくっての参入である。政府もそれまで1合弁1車種としてすべてを認可制にしてきたものを、〈セフィーロ〉、〈サニー〉、〈マーチ〉、さらに小型トラックという4車種を一挙に認可し、市場の動向に合わせて生産が可能になるよう援助した。董事長（とうじちょう）の苗圩（ビョウウ）はその後工業情報化部長に転出した。日産が他の日本メーカーより内陸部、小型車への対応が上手かったのは、自動車政策のシフトなどインサイダー情報に接していた可能性がある。

その日産より成果をあげたのがGM、VWなど欧米系と地場メーカーである。エコカーから〈アウディ〉まで「設計図の束」を持ち販売も好調なVWは、生産拠点も全国展開できる余力をもっていた。13年には内陸部のウルムチの工場が〈サンタナ〉の生産を開始したのに続き、日系メーカーの牙城ともいえる広東省の仏山市に新工場を建設した。地場有力メーカー、浙江吉利控股集団の拠点である寧波でも新工場を建設し、23年初現在、合弁の工場を含め40工場を運営している。VWは台数ベースでみると37%を中国市場に依存しており、ことにVW部門では中国市場での利益で、赤字すれすれのドイツ国内での雇用を確保している側面がある。19年には404万台を販売し19%のシェアをもっていたが、22年のシェアは16%まで低下して23年に入ってBYDにトップの座を奪われている。

VWは、高級車〈アウディ〉が浸透していた中国高級車市場におけるシェアを往年の40%から22年には19％へと大きく低下させた。台数は伸びてはいるが、ＢＹＤなど国産車メーカーの伸びが著しいのだ。プレミアムカーに特化しているメルセデスベンツ（旧ダイムラー）もＢＭＷも、販売台数ベースでみた中国市場依存度はいずれも30％を超えており、とくにメルセデスベンツの場合、株式の19・7％が、中国の自動車メーカー2社に握られており、中国市場とは切り離せない関係にある。

これに対し、ホンダに限らず、他の日本メーカーが中国市場で大きくシェアを落としたのは、もちろん、反日デモの影響が大きかった。日系の自動車販売が一時的とはいえ半減するといった大きな打撃を受けたからである。合弁での相手の「腕」には、現地の当事者として、ローカルなニーズ、政府の政策の動向など色々と情報をもたらし、政府との関係を調整してくれるとの期待が当然あった。だが、12年の反日デモ、そして日本車叩きでも合弁相手による沈静化の期待は裏切られた。政府に貸しをつくっていた日産ですら例外ではなかった。つまり、尖閣諸島の国有化では日本政府の読み違いもあって、政権過渡期にあった中国での激烈な反発を呼び、共産党政府での高い地位を保つ企業がある程度の政治的リスクを抑えこめるような次元のものではなかったのである。習近平総書記への権力継承に向かって権力闘争が激しくなるなかでは、公安と宣伝という共産党独自の常務委員が国民の間にある「愛国無罪」を煽り、それを当時の国家主席、胡錦濤も止められない政治状況が生まれたのである。

とはいえ、日系企業がＶＷ、ＧＭに劣後した背景には、市場拡大テンポの速さを読み切れず、その拡大の中核をなした低価格車の提供能力が欠如していたことがあげられよう。ことに09年の小型車ブームの背景には政府のキャンペーンもあり農民が農業車を小型車に乗り換えたことがあった。政府の政策へのインサイダー情報がなくとも、中国市場を丹念にフォローしていれば対応できた可能性がある(6)。

一方、現代自動車のような韓国系のメーカーの躍進も特筆すべきである。ウォン安もあり、ミドルサイズながら8・98万元（1元＝約20円で約180万円）という小型車並の価格を提示した〈エントラ〉は、09年には41万台を売って北京現代の奇跡とされた。その後ガソリン車が不振に陥り工場閉鎖に見舞われたが、EVではシェアを拡大させ存在感をみせている。

中国国有大手3社（第一汽車、東風汽車、上海汽車）をみても、「市場と技術の交換」でも成果を上げたといえない状況だった。少し時間をさかのぼることになるが、習政権の2期目の後半には3社を大同合併することも視野に入れ、まずは①EVや自動運転などの新技術開発、②自動車の製造や部品調達、③海外進出、④シェアリングエコノミー時代の新しい販売手法の四分野を対象に包括的な戦略提携を進めることを3社に合意させた。3社は「国家チーム」として中国ブランド車の国際競争力を引き上げる使命を負った。政府は3社の経営トップを互いに入れ替わらせる人事を行っており、3社統合への一歩をしるした格好だった。

だが、習政権3期目となった現在では様相が変わってきた。EV化の進展により国有企業の行動も積極的になってきたこともあり、かつて外資が圧倒的であった中国自動車市場に画期が訪れた。22年10月に欧州自動車大手ステランティスが、広州汽車集団と設立した〈ジープ〉ブランド車を生産する合弁会社の破産申請を発表、ホンダと広州汽車が共同生産する高級ブランド〈アキュラ〉も中国から撤退した。これらに象徴されるように、22年には、中国国産ブランド車のシェアが50・7％と初めて

表2－2　企業別の乗用車販売シェア（2022年工場出荷台数）

順位	企業グループ	台数（万台）
1（1）	独VW	339
2（2）	中国・上海汽車	263
3（3）	トヨタ	204
4（13）	中国・BYD	186
5（6）	中国・長安汽車	169
6（5）	中国・吉利	167
7（4）	ホンダ	140
8（10）	中国・奇瑞汽車	119
9（7）	米GM	119
10（8）	中国・長城汽車	106

（注）順位のカッコ内は21年の順位
（出所）LMCオートモーティブ

半数を超えるまでになり、その反面ドイツ系が18・9％、日系が18・3％にまで後退した。個別企業でみても、国有の上海汽車が自社ブランドでトップに迫り、ＥＶのＢＹＤが大きく順位を上げている（表２－２）。

中国自動車メーカーの躍進は国内市場ばかりではない。自動車をめぐる日中の50年は、日本企業が中国で車を売るため現地企業に技術を与える歴史だった。その構図がＥＶという新しい産業の登場で変わろうとしている。ＥＶの戦略部品であるＥＶ用電池では日本メーカーがＣＡＴＬなど中国メーカーに依存し、中国ＥＶの日本市場への参入は数年前からバスやトラックで相次ぎ、23年からはＥＶのトップ企業のＢＹＤや国有企業のトップ第一汽車がＳＵＶを発売して日本上陸を果たした。

第一汽車の合弁を含めた総売上に対し自社ブランド比率が50％を超えたのは21年のことだが、23年に入って中国の新車市場全体が振るわないなかで、ＥＶのＢＹＤが存在感を高めているのは、最大市場を誇る「自動車大国」から、企業競争力でも世界をリードする「自動車強国」への転換を中国が果たしつつあることを象徴している。

2.3 禁じ手も辞さない中国のEVシフト政策

先に述べたように、EV化によって、中国の自動車企業は蘇った。なぜ中国ではEV化が推進されることになったのだろうか。

EV化の推進という戦略を選択することで、中国にはどのような勝算があり、具体的にどんなメリットがあるのだろうか。EV化戦略選択の前提には、電力もグリーンになっているという条件が必要になる。つまり、EVの普及にはグリーンな電力の供給体制とその電気をチャージできるステーション網が必要になるということだ。ところが、新興国である中国では、そうした条件をすぐに実現できる可能性は低い。そこで日本のトヨタやホンダは、電力のグリーン化、EV用電池の技術革新がそれほど急速には進まないとすれば、CO_2削減、省ガソリンの中核には当面HVが居座ることができるだろうとみていた。

ところが、中国の対応は違っていた。まず、当面の最適技術と考えられたHVでも中国側の合弁相手には技術移転を系統的にできなかったことが認識されなくてはならない。日本の車づくりは摺り合わせ方式で、中国の得意とするオープンアーキテクチャーではなかったからだ。

その一方、太陽光発電についてトランプ元米大統領が制裁対象に指定するなど、大きな国際摩擦が発生はしたが、中国企業には、1977年には1kWhの電力を生み出すコストが76ドルだったものを2010年代のうちに55セントにまで引き下げたという実績がある。太陽光発電では中国メーカーが軒並み圧倒的な量産体制を敷き世界のトップ5社中4社までが中国企業であることが認識されるべきだ。2005年時点では逆の立場にあった日本勢の見る影は今やない。

同じことがEV用電池、さらにはEVでも達成可能だと筆者は読んでいる。つまり、中国は、EV化の狙いの中心をEV用の電池で主導権をとることと位置づけたのだ。それは筆者のいう戦略部品の考え方に外ならない。戦略部品とは、パソコンにおけるインテルのCPUのように、その部品がすなわち製品というほどに重要な役割を果たす部品ということである。(7) EVにおいても、電池は全コストの3割を占めるだけでなく、その性能が中核的に重要である。そして、車づくりは中国の得意とするトラックの仕様でよい。

そこで、この太陽光発電のシリコン量産化がもたらしたメリットにあやかり、EV用電池で技術的に先行するパナソニックなどにキャッチアップしつつ量産化を進めれば突破口が開けるとの思惑が中国に出てきた。中国にとっての手がかりは、BYDをはじめ、中国の電池メーカー各社がEV用のリン酸鉄リチウム系電池の開発・製造で世界的に先行していることだ。

問題はいかにEVを世界の自動車産業におけるスタンダードにするかだった。今一つ契機となる出来事がなかったところに、中国市場で最大のシェアを誇るVWがディーゼルエンジンにおいて不正をしていたことが発覚した。この「ディーゼルゲート」事件によりEUが支持していたディーゼルエンジンで環境問題を乗り切るという施策は機能しないことが明らかになった。ハイブリッド技術でも、FCV技術でも出遅れていたVW、そしてEUの自動車メーカーにとって活路を見出すとすればEV

しかなかった。(8)

つまり、中国にとって好機が到来したのだ。自国の自動車メーカーが国内市場ですら十分な力を発揮していない現状から考えると、一挙にEVによるカーシェアの普及へと舵を切るという政策を打ち出せば、デメリットよりもメリットの方が格段に大きい。

メリットの一つは、対アメリカでの優位が獲得できることだ。アメリカの世紀は、自動車に乗ってやってきた。ところが、現在のアメリカは自動車市場における世界一という地位から転落している。世紀の逆転劇は09年に起き、中国が取って代わったのだ。

ところが、その縮小したアメリカ市場で販売された新車の63％までが「ライトトラック」と呼ばれるガソリンをがぶ飲みする大型車である。一方、中国がどの国よりも早くガソリン車禁止に踏み切った背景としては、中国がガソリンの62％を輸入に依存している現状を早く脱したいという国家の安全上の配慮があった。

どちらの国が戦略的なのか。パリ協定に復帰したとはいえ、自動車メーカーにギャスラーを量産させて産業の転換ができるのだろうか。

そしてもう一つのメリットは対日本での優位獲得だ。現状の摺り合わせ技術で日本の自動車メーカーが君臨している自動車産業も、EV化によってオープンアーキテクチャーになれば今は競争力のない中国の自動車メーカーに先進国のメーカーを出し抜くチャンスが与えられることになる。またEVへのシフトは、自動車の自動運転とも相性が良く、CASEの起点になるのがEVだともいえる。自動車は製造・販売するものから、移動手段としてのサービスを提供するというコンセプトに変わり、所有する時代から一台の車を多人数でシェアする時代に移行すれば、中国の台頭はさらに進むとみられる。なぜなら、先進国では、自動車産業がもたらしている雇用の恩恵が大きく、簡単にはＥＶへのシフト、カーシェア、シェア経済の推進には取り組めないからだ。

中国は自動車産業におけるパラダイムシフトを仕掛けたことになろう。これまでの外資頼みを放棄し、自らの手でＥＶの戦略部品である電池で主導権を握り、それをもって自動車産業の天下を取りにいくという政策に切り替えたのだ。

露骨なまでに電池で天下を取りにいくという中国の政策展開の意図が表れたのが、18年に導入した「ＮＥＶ規制」である。ＮＥＶ（New Energy Vehicle：新エネ車）規制とは、中国でガソリン車を販売するメーカーに対し、販売量に応じて一定量の新エネ車販売を義務づけるものだが、くせものなのが、新エネ車の基準、そして定義なのだ。中国政府は、約60社の国産電池メーカーを指定し、そのメーカーの電池を使用したＥＶにのみ補助金を支給するという形で、ほぼ自国メーカーに市場を独占させた。つまり、「規範条件登録制」で品質の順位で指定されたとされるメーカーは、1位のＣＡＴＬ（寧徳時代新能源科技）、2位のＢＹＤをはじめ25社のすべてが中国企業で、「指定」されたＮＥＶの補助金は車体価格の30～50％に達し、補助金の対象にはならないＥＶメーカーは価格競争力を失うことを意味する。すなわち、ＮＥＶの販売義務が加わったことで、海外メーカーをして中国での生産に向かわせ18年には中国の電池メーカーの躍進をもたらした。補助金が大幅に減少した19年には新エネ車の販売はわずかに減少したが、ＮＥＶ規制は後述するようにＣＡＴＬという世界チャンピオンを生み出した。逆に言えば、先行していた日本のパナソニックや韓国のＬＧ化学などは、この間中国市場から締め出され、大きな機会コストを支払わされることになったのだ。

ＮＥＶ規制の成功で中国の自動車産業が自立する目途が立った。それまでの50％の対等合弁に誘導し技術移転を図るという「市場と技術の交換」政策を22年に撤廃するとしたのは、米中貿易摩擦を緩和するためという側面もあるが、自動車産業における外資依存をやめるという宣言だったのだ。ＢＭＷが最初に認可され、相手方の華晨汽車集団と協議の結果、持ち株比率を75％まで引き上げている。

2.4 ＣＡＴＬ：トップに躍り出た中国のＥＶ向け電池メーカー

ＮＥＶ規制によってＣＡＴＬがナショナルチャンピオンになったことは間違いない。しかし、ＣＡＴＬが世界一の座を獲得できたのは、テスラへの電池の納入をめぐって、ライバルのパナソニックを突き放すことができたからだ。

躍進するテスラにＥＶ用電池を共同開発しながら供給してきたのはパナソニックである。ところが、テスラはパナソニックとの電池開発を踏み台にして飛躍しながらアメリカ工場からの輸出のみでは十分ではないとして、中国市場ではＣＡＴＬや韓国のＬＧ化学からも電池の供給を受ける決定をした。つまり、パナソニックがネバダ州でテスラと共同運営する巨大電池工場「ギガファクトリー１」に２０００億円以上の巨額を投じた事業は改善傾向にはあったものの依然赤字のままにあった。

共同開発ということで赤字も容認しテスラの事業が黒字化するまでは安値で頑張ってきたパナソニックに対して、テスラは電池の値上げを認めず、それどころか値下げを要求していたのだ。

『中国のＣＡＳＥ革命』を出版した湯進氏は、イーロン・マスク氏がＣＡＴＬのＣＥＯ曾毓群（ロビンゼン）氏に掛け合い実に市価の4割引きでの2年契約をしたとする。(9) 戦略部品にあっては、その開発においてかなりのサンク・コスト（埋没費用）が発生するとはいえ、生産および販売の段階では追加コストがほとんどいらない。そのため、生産量の増加とともに限界費用が逓減し、利潤が逓増していく特徴がある。曾は、ここで量産を一気に進め、競合に対し優位に立とうと勝負に出たことになる。つまり、赤字事業部門の赤字をさらに拡大することをさけるため、先に量産化を進め「先行者のメリット」をとったとみることもできる。

だが、市価から4割の値引きをしたのは決して冒険ではなかったと湯はいう。背景には部品点数を4割削減する一方、電池を構成する単電池（セル）の間隔を最小限にすることで電池パックの統合度を75％から90％に引き上げたＣＴＰ（cell to pack）と呼ぶ技術があったとの指摘である。これによりセル単体の1kg当たりの密度が２０１７年時点の１５０Ｗｈから20年には２００Ｗｈまで向上するなど性能も上がっただけでなく、同じ能力を得る生産性が5割上昇したというのである。充分利益が出る見込みがあったことになる。テスラに採用されたということは、17年まで質・量ともに世界のトップにあったパナソニックの技術に中国勢の実力が少なくとも追いついていたことを意味する。

値上げができないこと、テスラから独立してノースボルトがヨーロッパで設立されたことなどから、パナソニックは、厳しい立場に立たされることになった。

ところで品質を見る一つの視点は火災事故の発生頻度であろう。中国ではＥＶの火災事故が相次いでいる。(10) テスラのＥＶや、韓国製電池を搭載する現代自動車とＧＭのＥＶ、フォードとＢＭＷのプラグインハイブリッド車（ＰＨＶ）でも火災や大規模リコールが頻発している。現代自動車のＥＶの大規模リコール（回収・無償修理）では、電池を納入したＬＧエネルギー（ＬＧ化学内で独立）が日本円にして７００億円規模の特別損失を計上していることが注目されている。

これに対して、サムスンＳＤＩの元常務で現在は名古屋大学客員教授を務める佐藤登氏は、日系企業の電池を搭載した日系自動車メーカーのＥＶは、長年にわたって公道での火災事故を起こしていないことを強調する。日本勢の特異性は、独自の評価法と基準を持ち、かつ厳格な「限界試験」を適用していることにあり、品質基準の高さが製品競争力の原点となっているという。ＣＡＴＬも生産の段階で「品質」を確保するという日本企業の手法を現代的に適用し、ＩｏＴによって３６００カ所を超えるモニターからリアルタイムで品質管理をしている。また発火のリスクに関しては、発火を抑え込むＮＰ（non-propagation）技術を開発した。

ＣＡＴＬの場合は例外なのか、それとも中国勢の躍進を促進するものがあったのだろうか。競争が、そして量産が品質を改善するという観点から中国の政策を再点検してみよう。

米中ハイテク摩擦のなかでの中国自動車市場の拡大という観点でみると、政府がＥＶ化推進策をとってきたことに加え、前述のＮＥＶ規制が効いたことになろう。事実、中国のＥＶのほとんどが中国製のＥＶ用電池を搭載しており、22年の実績では中国製の世界シェアは6割以上を占めた。だが、17年に１３５社、18年には90社に減った車載電池メーカーは、22年で終了する予定だった補助金政策が1年延長になったとはいえ、いずれにせよ補助金が打ち切りになるだろう。その段階ではおそらく20社以下に淘汰されていくことになろう。

図2−2　パナソニック・LGエネを突き放したCATL

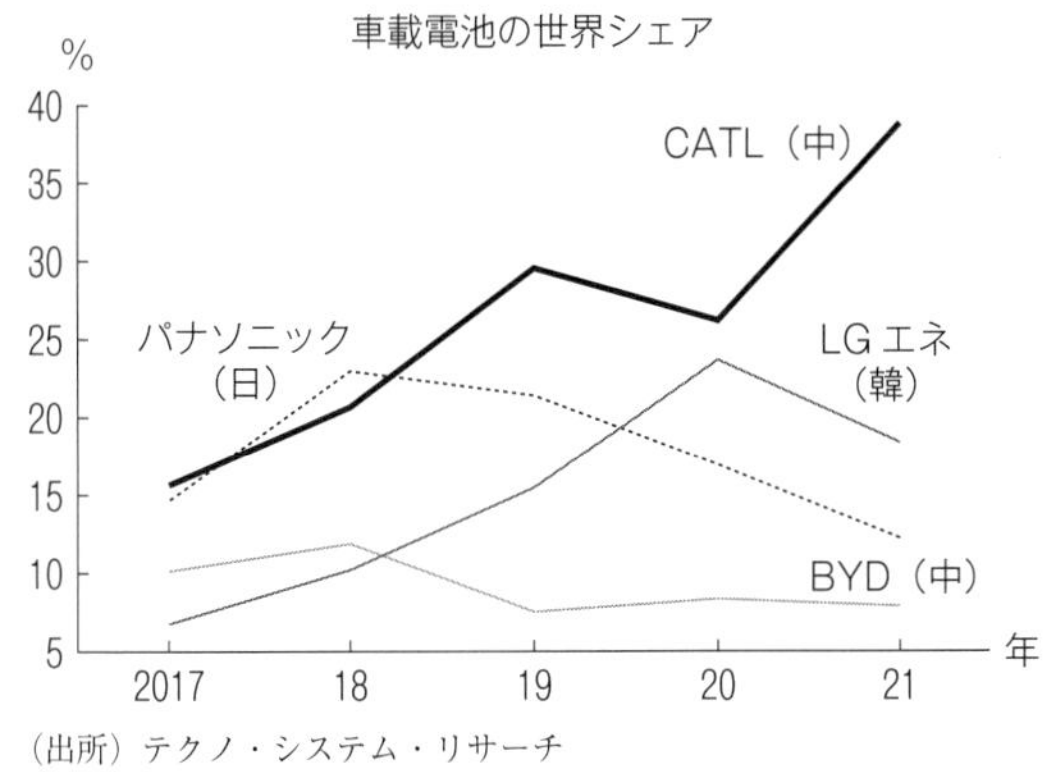

（出所）テクノ・システム・リサーチ

その一方、ＣＡＴＬやＢＹＤ、国軒高科など上位の数社は「ＮＥＶ規制」を梃子として顧客獲得への攻勢をかけ、日欧自動車メーカーを取り込み、成長軌道を維持していくとみられる。とくに、18年にパナソニックをトップの座から引きずり下ろしたＣＡＴＬは積極的な投資をしていった一方、パナソニックは投資を躊躇し、両者の差は大きくなっていった。中国市場を締め出され出遅れて投資を開始したＬＧエネルギーも21年には息切れし、シェアを前年比12・７ポイント伸ばし38・６％となったＣＡＴＬに対し、ＬＧエネの21年のシェアは前年比５・３ポイント低下の18・２％に終わった（図２−２）。

ＢＹＤはダイムラー（現メルセデスベンツ）と組んだＥＶ生産などで知られ、王伝福董事長も民間でのＥＶ化の旗振り役として知られた存在だった。これに対してＣＡＴＬは中国国内でもあまり知られていなかった。政府の技術評価でトップに立ち、そのまま世界一へと躍り出たＣＡＴＬとは何者なのか。董事長の曾毓群とは、どんな人物なのか。

創業者の曾毓群は中国福建省の奥地の山村で生まれた。

上海交通大学で船舶工学を学び、広東省東莞市の「新科磁電」で10年間エンジニアとして働いた後、1999年に香港でリチウムイオン電池を手掛ける「新能源科技（アンペレックス・テクノロジー：ATL）」に移った。主に携帯端末向けの電池をつくっていた同社はコストパフォーマンスの高さを武器に2003年以降、中国メーカーはもちろん、アップル、サムスンといった大手メーカーに納入するほどになった。その実力にほれ込んで、05年にTDKが主力の携帯向けの小型電池の事業だけを買収した。残されたのが、駆動用の大型電池の事業である。

大型電池の事業をどう発展させていくのか。曾は、11年に数人の仲間を誘って香港の事業を換骨奪胎し、生まれ故郷へ事業を移すことを決意した。というのは、当時、外資企業による駆動用バッテリーの完全生産は規制されていたため、香港をベースに事業を拡大するのは難しいと判断したのである。ATLの駆動用バッテリー事業を切り離し、福建省寧徳市に設立されたのが寧徳時代新能源科技有限公司（CATL）である。香港のATLはTDKの子会社として残った。

CATLは、世界最大のEV市場である中国を足場に急成長を果たし、車載用リチウムイオン電池の出荷量で38・6％のシェアをもって世界の頂点に立った。日本のTDKの電池がスマホやドローン向けでトップ企業になったのと同様に中国のCATLの電池もまた自動車向けでトップに立ったのだ。だが、22年にはスマホ向けに全固体電池を生産するTDKが香港子会社ATLとCATLとの合弁会社を発足させた。スマホの時代が終わりつつあることから、電動バイク向けなど産業用電池を開発・生産しようというのである。

CATLは、コロナ禍後の中国でいち早く最大260億元を投じ、設備能力を一挙に4倍に増やす計画を発表し、俄然注目されている。活発な需要に対応するため中国や欧州の10拠点超で工場の新増設を進め、25年の生産能力は21年比で約4倍となる見通しだ。

これは、世界の自動車大手が供給能力を高めるＣＡＴＬに接近して電池の「供給枠」を奪い合う構図にもみえる（図２－３）。つまり、自動車メーカーを頂点に部品メーカーが連なる構図が長く続いてきた自動車産業の在り方が変わって行く兆しもみえるのだ。電池の場合、いったんパートナリングが決まると長期的な関係になる。というのは、電池はＥＶの基幹部品であり、サイズ、電気容量、冷却性能に合わせてモーターもインバーターも設計されているため半導体のように簡単に他社のパーツで代替できないからである。

ＣＡＴＬの納入先には世界16工場でＥＶ生産を計画するＶＷやＢＭＷも含まれるが、今後はテスラ向けの納入を増やすという。中国でのトップ２社であるＢＹＤ、ＣＡＴＬは、補助金なしで日韓のメーカーに対抗していくために前者は華為技術との戦略提携に踏み切り、後者はホンダとの合弁を足掛かりに、両社ともにトヨタ自動車への納入を勝ち取っている。

ホンダとＣＡＴＬとの契約は、ＥＶ〈ｅ：Ｎ（イーエヌ）シリーズ〉用バッテリーを安定的に供給するもので24年から30年までの7年間で合計１２３ＧＷｈ分になる。このバッテリーは、ＣＡＴＬの宜春工場にて集中生産される。先に見たＮＥＶ政策が施行された折、中国の電池メーカーから調達しなければ車が売れないという状況になったため、ホンダは、ＣＡＴＬとの間で包括的戦略アライアンス契約を締結し、バッテリーの共同開発、安定供給、リサイクル・リユースといった幅広い領域を対象に協業してきた経緯がある。

図2－3　戦略部品での頂点に立った観のCATL

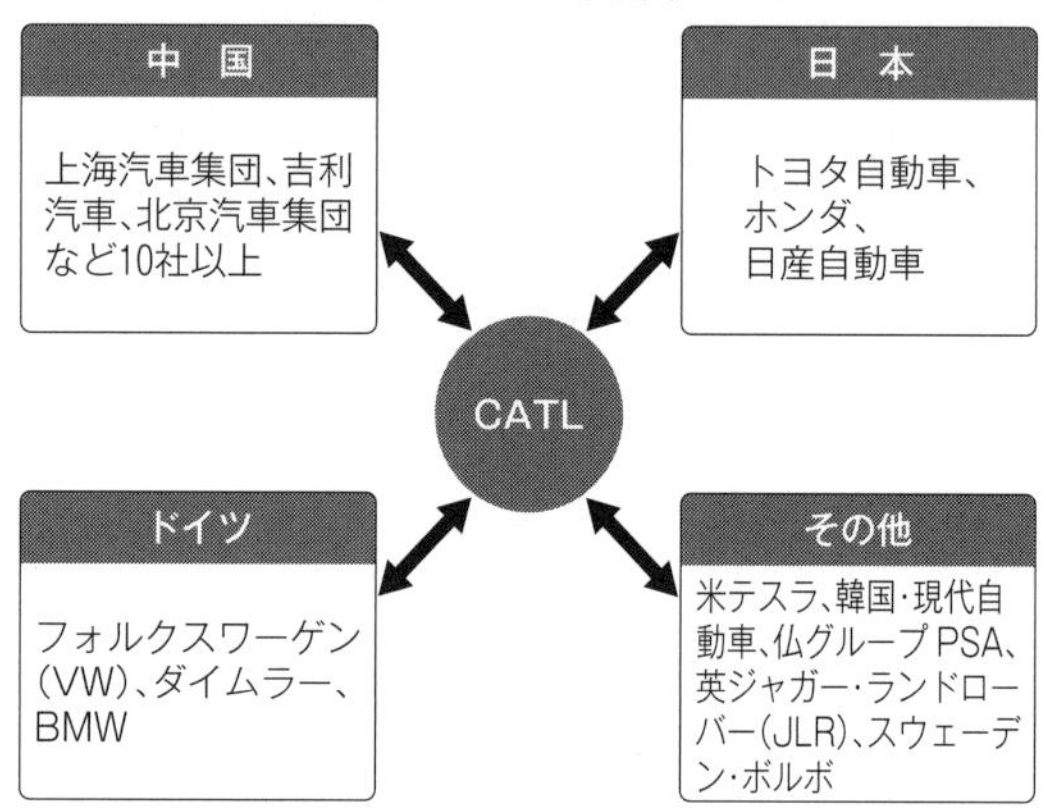

一方、ホンダはEV専用ブランド〈e：Nシリーズ〉では、まず2車種を発売し、27年までに計10車種を投入する計画だ。EV専用の工場も広東省広州市と湖北省武漢市に建設中で、それぞれ24年の稼働開始を目指している。

これに対し、トヨタは19年7月、CATLと電池の包括提携を発表し最初の量産EV〈bZ4X〉の電池でもCATLから調達をしているものの、CATLとは距離を取り始めたように見える。組み立てメーカーとしては図2－3のような部品メーカーに自動車メーカーが擢り寄るような構図はみせられないということかも知れない。

だが、多くの自動車メーカーが、強大になったCATLとの関係をどう再構築していくかを必死に考え、そして他の電池競合がいかにしてCATLに追いつくかに必死になっていることは間違いない。

注

（1）中国汽車技術研究中心・日産（中国）投資有限公司・編『新能源汽車産業発展報告（２０１９）』社会科学文献出版社、２０１９年。

（2）ジェレミー・リフキン『限界費用ゼロ社会――〈モノのインターネット〉と共有型経済の台頭』（柴田裕之訳）ＮＨＫ出版、２０１５年。

（3）松尾博文『「石油」の終わり――エネルギー大転換』日本経済新聞出版社、２０１８年。

（4）Ｗ・Ｗ・ロストウ『増補・経済発展の諸段階――一つの非共産主義宣言』（木村健康・久保まち子・村上泰亮訳）ダイヤモンド社、１９７４年。

（5）陳正澄「中国自動車産業の産業政策と国産化政策――ＳＶＷ社を例として」『東京大学社会科学研究所紀要』東京大学社会科学研究所編46（２）１０３-１７３頁、１９９４年。

（6）２００４年に筆者が広州地区の日系自動車メーカー各社の責任者にインタビューした際に盛時には年間２５０万台の出荷のあった農業車マーケットの存在を認知していなかった。

（7）髙橋琢磨『「戦略部品」の経営――金融の時代から生産の時代へ』光文社、１９９１年。

（8）佐藤登『電池の覇者――ＥＶの命運を決する戦い』日本経済新聞出版、２０２０年。

（9）湯進『中国のＣＡＳＥ革命――２０３５年のモビリティ未来図』日本経済新聞出版、２０２１年。

（10）Roberts, G. “Vehicle fire data suggests higher incident rate for EVs,” FleetNews, 2020 Available online：https://www.fleetnews.co.uk/news/manufacturer-news/2020/11/27/vehicle-fire-data-suggests-higher-incident-rate-for-evs.

第3章
戦略部品「EV電池」での経営:BYD

3.1 EVの真の戦略部品は電池である

ＥＶ1台当たりの車両コストの3～4割を占める電池は21世紀の戦略部品の一つだ。本来、エンジン車からＥＶへの転換の意味は電気でモーターを動かすことにある。そのためＥＶ時代の戦略部品はモーターだという主張もあろう。確かに無線などで充電ができるならば、走行中充電を論じた際に触れたように蓄電器（キャパシター）はきわめて小さなもので済まされ（第1章、37‐38頁）、モーターの役割がハイライトされるべきことになる。

だが、現在の技術ではコストの3～4割を占める電池を搭載したＢＥＶ（Battery Electric Vehicle）の普及が、無線充電が実用化され普及するのに先立って始まってしまった。そして、ＥＶが普及するなかでモーターは相当程度コモディティ化すると見込まれ、真のＥＶの戦略部品は電池であるという見方が現れる。

では、エンジンからモーターで動かすＥＶへという変化はどのように描かれるのか。1万点もの複雑な部品からなるガソリンエンジンには、高度な技術が集積する。自動車メーカー大手はエンジンを中心とした独自の調達網「ケイレツ」を構築してきた。それが自動車業界における競争力の源泉となり、異業種からの参入を困難にし、自動車メーカーはそれを内製化することで自動車製造での利益を確保し、自動車の安全を消費者に提供する役割を果たしてきた。

ではエンジンに代わるＥＶの動力源は何かといえば、モーターとインバーターに、ギアなどを一体化したものであるeアクスル（e-Axle）ということになろう。テスラを初め多くの自動車メーカーでの内製で始まったeアクスルは、今後も内製のまま続き、メーカーはそこで利益を確保できるのだろうか。その一つの見方として2030年にEVの心臓部分、eアクスルでシェア4割超を狙うというニデック（旧日本電産）の永守重信会長の見解に触れておきたい。

ニデックが、eアクスル事業に参入したのは19年4月のことだが、以降苦節3年余、黒字転換を果たせなかった。それが大きな理由の一つとなって、前社長である関潤氏の〝解任〟騒動もあった。そして、22年末には、採用車種の販売台数がようやく累計約55万台に達し、コストを35％削減させた第二世代の製品の投入もあり23年度には黒字転換を果たせる見通しが立った。「eアクスルの部品はすべて社内でそろう」体制も整えた。eアクスルへの3000億円の投資を表明している永守は、これにより数量を増やしていけばコストダウンが可能になるという見通しが立ち、〈E-Axle〉と名づけたシステムの生産台数では、23年度に約95万台、25年度に約400万台の実現が可能としている。

だが、ニデックは関の〝解任〟で社内が動揺していると伝えられ、3期ぶりに22年度決算が減益になる苦しい状況にあった。広州汽車、吉利汽車などへの電池の導入が始まっているとはいえ23年度に前年比倍増の95万台の量産をするという増産計画は極めて野心的だった。しかし23年4～6月期決算では過去最高の利益を更新した。これを技術革新の賜物であるとする永守の25年における予想、つまり永守の言う「需要を待ち伏せする」戦略はもっと大胆になった。現在は導入主体が異業種からの参入者しかいないeアクスルの採用規模は、EV市場が爆発的に増え始める25年が分水嶺となり、競争力維持のために内製化をやめる企業が一挙に増えるというのである。それは現行すべてを内製しているＢＹＤやテスラも例外ではないというのだ。ニデック自身が製品の「量と質の改善」に加えコスト面でも中国の競合に打ち勝つだけの態勢を整えているのでそれらに対応できるというのである。

ニデックの重要市場である中国での対応からみることにしたい。顧客の要望に応えるべく、ニデックは２５０人のソフトウェアエンジニアを擁して江蘇省蘇州市に駆動モーターの開発拠点を設立し態勢を整えた。社内では「家系図方式」と呼ばれ最も高い技術が求められる基本型の「マザー（母親）」は滋賀県の拠点で開発する一方で、形や出力など各メーカーの仕様に合わせた調整は顧客に近い蘇州で進めるというわけだ。さらに、大連市にある同社のモーター工場は、25年までに２０００人体制とする計画だ。ＥＶ用モーター以外も生産する既存工場も合わせた大連全体の人員を約３５００人から５０００人規模に増やすなかで、会社全体ではｅアクスル８００万台の生産能力をもたせるという。先にみたようにラフな生産計画では約４００万台であることから、外部依存率が現在想定しているよりも高くなることに期待を寄せていることになる。

競合に先駆けて量産体制を整え、コストダウンと品質の改良で勝ちをおさめるニデックの「需要を待ち伏せする」戦略の成否が「水平分業」のゆくえも決めることになる。だが、エンジン自動車でケイレツにあった部品メーカーのＥＶ化への対応のいかんにもよる。ニデックの場合は新規参入のため人員のミスマッチなり削減の問題はないが、既存の自動車部品メーカーではその点が大きな課題だ。それを含め既存メーカーの対応をみておこう。

世界第2位の自動車部品メーカー、デンソーではエンジン関連が売上高の3割を占めるが、ＥＶ化に対応し、電池からモーターに流れる電気の周波数を制御するインバーターでは世界のトップ企業になった。トヨタのケイレッツでは乗用車用オートマチックトランスミッションを主力製品としてきた部品メーカー第5位のアイシンの社長には、トヨタ自動車で電動化、自動化といった自動車業界の最先端技術を率いてきた伊勢清貴氏が送り込まれた。エンジン回りの部品の製造を多くになってきたアイシンを新たな目で変身させようというのであろう。アイシンはHVのモーター製造なども手掛けてきた。アイシン自身も、デンソーとの合弁会社をつくりニデックなどの競合に対抗し急速に進むEVシフトに対応していくために「eアクスル」の開発を急ピッチで進め、次世代を25年に、第三世代を27年に投入する。合弁会社設立は、デンソーにとって大幅縮小が予想されるエンジン関連部品の収入を補う意味もある。

部品ポートフォリオの組み換えを要求されるのは売上・技術ともに世界第1位とされる自動車部品メーカー、ボッシュでも同じだ。ボッシュはEVシフトが起こる前の16年、EV、ソフトウェア、データ分析などの技術者を育てるため、世界7カ所にIT（情報技術）教育機関を設けた。これによりエンジン車の部品づくりをしてきた従業員をEVモーターの設計や組み立てやプログラミングに取り組めるように態勢を整えている。具体的には、ボッシュは11年頃から減速機メーカーと組んで、モーターと減速機を一体化して製品を供給してきたが、19年にはインバーターも一体になったeアクスルを市場投入した。そして20年に中国でeアクスルの量産を始め、それが中国政府の推進したNEV政策の開始に間にあったことから急な対応を迫られた自動車メーカーに採用された。

ボッシュが中国市場へのアクセス確保のため1995年に設立したのが中聯汽車電子有限公司との合弁、聯合汽車電子だ。ボッシュ本社と同じく、当初はガソリンエンジンマネジメントシステム、トランスミッションコントロールシステムなどが主力だったが、次第に電動ドライブコントロールシステムの研究開発、生産、販売へと軸足を移してきた。生産拠点をドイツ系自動車メーカーの生産拠点がある地域に限定せず、ＧＭ系の上汽通用五菱の拠点がある広西チワン族自治区柳州市などにも置くなど全国的なネットワークをもつ。

テスラの上海工場では、使う部品の９割以上が国内調達とされているとの推測がある（第８章、２７０頁参照）。テスラの中国進出にともないローカルなＥＶ部品の調達網が急速に形成され、その中から、冷却部品メーカーの浙江三花智能控制といった地場サプライヤーがテスラとの取引を契機として急成長を遂げたといった報道もある。だが、筆者が注目したいのは、このような地元の部品会社が戦略的に動いていることだ。

たとえば、もともとは家電用モーターなどをつくっていた中山大洋電機が買収を重ねることによって「モーター＋電気制御システム＋燃料電池システム及び主要部品」をカバーする大洋電機車両事業グループ（ＥＶＢＧ）を構築し、中国版ニデックを目指して手を打ってきたことだ。今では北京汽車、奇瑞などの部品子会社との合弁会社とし、新エネルギー車用主要部品の共同開発、製造、販売を行う体制になっている。

一方、日本では全国の中堅・中小の自動車部品メーカーを対象に、ＥＶ化に詳しい大手メーカー出身者を派遣してエンジン関連の部品ケイレツをＥＶ対応のものに転換させる支援事業を経済産業省が21年度から始めている。23年度は前年比１・５倍の６億円を予算計上し前年の倍である２５０社を支援していくとしているが、上記のような海外の動きをみると、遅播きの対応という感じがする。もっとも部品大手のジヤトコが、eアクスルを日産など国内外のEVメーカー向けに販売するために25年までに量産を始めるとしており、旧カルソニックカンセイとイタリア企業とが経営統合したマレリも25年に年100万基の供給をめざすとしていることから暗黙のうちにEV化を遅らせてきた「日本タイム」というものがあったといえるのかもしれない。

こうした遅れ気味の日本タイムを速めるべく動いているのがニデックだ。同社は、大連に建設した新工場の近隣に駆動用モーター関連の部品に加え、ブレーキやパワーステアリング関連など20社ほどの部品工場を誘致し、大連をEV関連部品の集積地とする「サプライヤータウン」構想を描いている。つまり、日本の部品メーカーをEV化が急速に進む中国市場へと飛び込ませることで、開発を急ぐEVメーカーからの一括受注を受け入れる態勢を整えようというのである。

そこでニデックがやろうとしていることを現代の自動車づくりの枠組みの中に位置づけてみる。先に図1－6の発展型として自動車業界におけるDX化によってデジタルツインが誕生したことに触れた。現物ができる前に完成した自動車のイメージがあたかも本物のように3次元で巨大スクリーンに映し出され、それを前にして世界中にちらばる自動車設計者が対話できるグローバルなバーチャル・エンジニアリング会議を行うことは当たり前になっている。従来はモックをつくり、それをベースにいろいろな部品など細部をつくっていくという意味で時間差があったが、多くの工程が同時にできるようになった。後にやらなくてはならないことが同時に進められることから業界では「前だし」が可能になったと表現してきたが、今や死語になった。こうしたことができるようになったことによって、自動車組立におけるシステム化、モジュール化が自在になった（図3－1）。

図３－１　システム化と戦略部品のせめぎ合う自動車産業の現状

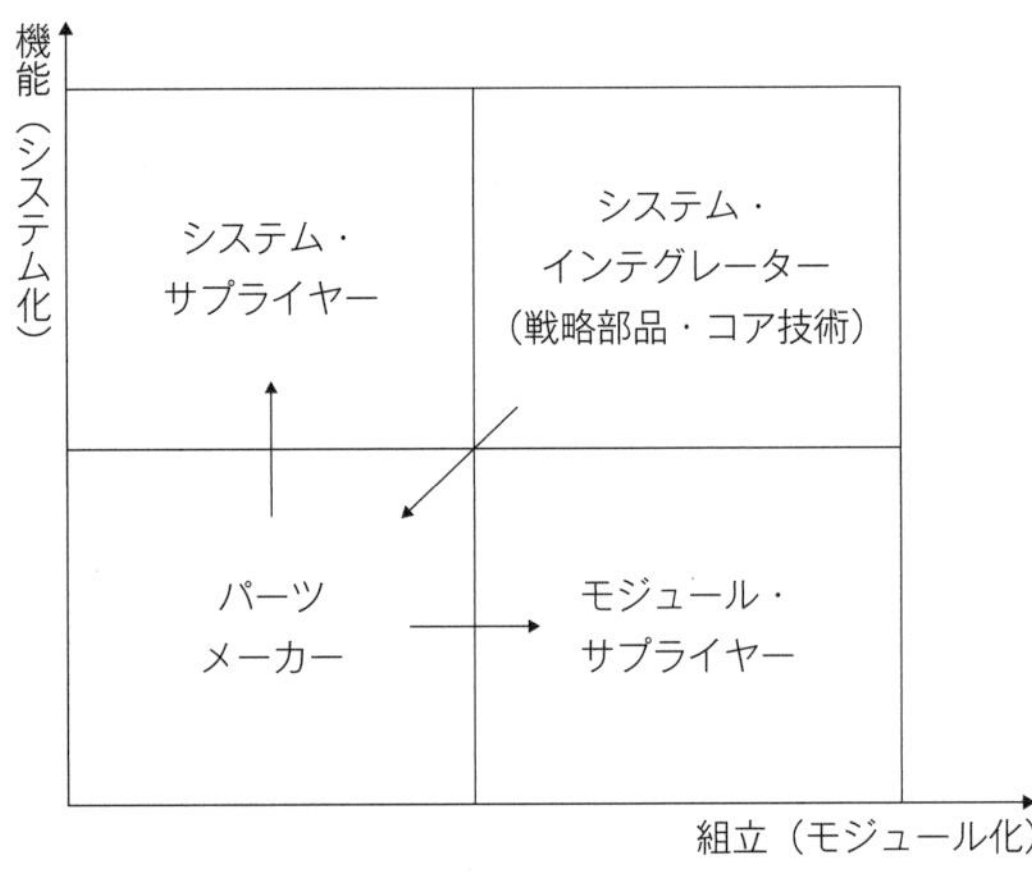

（出所）筆者作成

しかし、ＥＶ化、自動運転の登場によって、様相が変わった。オープン化が進めばモジュール・サプライヤー志向のニデックにも参入が可能になるのである。だが、ＥＶ化によって一層のオープン化が進むとの掛け声にもかかわらず、ＥＶ市場でのトップを走るテスラは、車体と電池の一体化を目指すギガプレスの導入やソフトの内製化などインテグレータ ー志向が非常に強いことが注目される。

テスラは単にインテグレーターであるだけでなく、モジュール化、システム化を再構築してＴ型フォード以来の流れ作業を一変させた大変なイノベーターでもあるのだ。組立中の車がベルトコンベヤーで運ばれるのではなく、自走するという製造工程は文字通りパラダイムチェンジだ。だが、ここでは、アメリカに代わって技術覇権国になろうとする中国がレアアースを使った高性能磁石の製造技術を禁輸しようとしていることと絡めて、その意義をみておきたい。

ニデックなどモジュール・サプライヤーは、ＥＶメーカーがある程度車体構造に関しても標準化することを前提としているようにみえる。テスラは全体としての製造と組立がスムーズに運ぶように設計エンジニアと製造エンジニアが協働作業を通じパワー半導体やモーターを社内で設計していることは知られており、新たな取り組みごとにモジュールが動いていることになる。

現行の〈モデルＹ〉の後輪駆動用モーターではＮｄ－Ｆｅ－Ｂ（ネオジム－鉄－ホウ素）磁石を使った永久磁石式同期モーターが搭載され、そこではレアアース1が５００ｇ以下、同2が10ｇ以下、同3が10ｇ以下使用されている。だが、テスラは次世代ＥＶとしての〈モデルＹ〉に用いるパワートレインの後継磁石では三つのレアアースの使用をゼロにすると宣言している。

中国の商務部と科学技術部は22年末に発表した「中国輸出禁止・輸出制限技術リスト」の改訂案で、43項目を追加・修正したが、レアアースを使う高性能磁石に必要な合金の製造などにも禁止や制限事項を加えている。これは、高性能の半導体技術へのアクセスを制限している欧米への中国なりの対抗措置や交渉カードなのだ。テスラの新技術がレアアースを使わない永久磁石式モーターになるのか、はたまた別の工夫をしたモーターになるのかは見当もつかないが、いずれにせよテスラの新技術は、中国のカードを無力化するものになることは間違いない。

さて、ＶＷは、モジュール・サプライヤーの取り込みを活かしていくという方向性を維持しながらも、ディースＣＥＯの時代にはインテグレーターへの志向もかなりあったように見受けられる。恐らくテスラを追うという目標を置いたからであろう。そしてＥＶ時代になってマグナも子会社のマグナ・シュタイヤーがホンダ・ソニーのＥＶの試作車を受託したり、アメリカのＥＶベンチャー、フィスカーの受託量産をしたりするなど、ＥＶ時代の鴻海を狙っている可能性がある。

3.2 ＨＶかＥＶか：トヨタの慧眼と死角

ＥＵのフォンデアライエン委員長は温暖化ガスの域内排出量を２０３０年までに１９９０年比で55％削減することを目標に掲げた。これは40％削減するとした「パリ協定」を上回るものだ。果たしてＥＵだけが突出した削減案は採択されるのか。ＥＵが根拠とするのは、１０００万ドルの政府支出が生み出す雇用は化石燃料では27人、省エネで77人なのに対し、再生エネルギー分野で75人というマッキンゼーによる分析であり、「グリーンリカバリー」の要諦だ。[1] ＥＵではすでに自動車のCO_2排出削減において高めの規制が敷かれてきたことから、もしこの目標が採択されれば21年比50％減もあり得ることになる。

しかし、ＥＵでは21年、乗用車新車の走行１km当たりのCO_2排出量を域内平均95ｇ以下とすることを義務づけた。これは、30年には21年基準より37・５％削減するという次の規制を課す方針を19年に採択したばかりの出来事であった。これには、１台当たり超過１ｇにつき95ユーロの罰金が課せられている。ところがＶＷの新車の平均CO_2排出量は、18年の実績では走行１km当たり１２１ｇであり、現状のままだと、ＶＷは21年以降、毎年５０００億円～１兆円ほどの罰金を払わなくてはならない可能性がある。

自動車メーカーにとっての負の側面はそれだけにとどまらない。ＶＷは19年からＥＶの新車攻勢をかけ、25年に新車販売の25％をＥＶに、30年には半分近くにすることを目指しているが、こうした急激なシフトを実行すれば、10年で少なくとも4分の1の人員を削減しなければならない。ドイツが製造業で、日本の16％、アメリカの10％などと比較し、雇用の21％と高いシェアを占めるのは仮想マルクがユーロに対して1割近く割安になっているためだ。ＶＷ自身も19年も中国で４０４万台を販売しながらＶＷ部門の収益をとんとんにして国内雇用を守っているが、エンジン車と比べて部品点数が少ないＥＶ化が進めば現行の人員が必要なくなるだけでなく、競争も激しくなることから、こうした隠し芸もできなくなる。ＥＶ化を進めなければ巨額の罰金が待ち受け、進めれば雇用問題が深刻化するというジレンマに直面することになろう。

にもかかわらず、ディースＶＷグループＣＥＯ（当時）は技術の多様性を議論する時期は終わったとし、新エネルギー車生産はＣＯ２排出ゼロのＥＶに集中させ一点突破する賭けに出たのだ。テスラの快進撃に刺激され、ＧＭもホンダとの分業で近い将来にはＥＶ専業へ転じるべく舵を切った。量産が進むに従ってＥＶ用電池の価格は低下するのではないかとの見方が少なくない。事実、１ｋＷｈ当たりの価格は２０１０年には１０００ドルであったものが15年には３５０ドル、19年には１５０ドルと大方の予想を上回るペースで低下してきた。ブルームバーグ・ニューエナジーは、この低下傾向は今後も続きＥＶ販売価格に占める電池価格は２０１５年には57％を占めていたのが19年には33％にまで低下してきたが、25年には25％にまで低下し、ガソリンエンジンの車と対等な競争ができるようになっていると予測する（図３－２）。

これに対して、ＭＩＴテクノロジーレビューなどは１００ドルにまで低下するというのは、材料価

図３－２　急激に低下し続けるEV全体に占める電池の割合：アメリカで販売される中型EVの小売価格と電池コストの比較

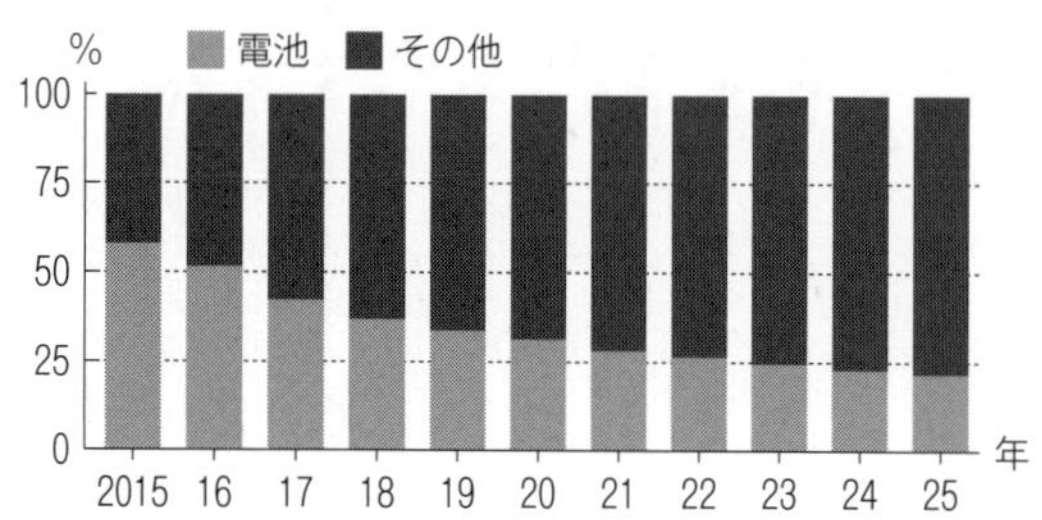

（注）直接製造のコストを除き利潤におけるマージンやコストを含む
（出所）BloombergNEF

格の硬直性を考えれば不可能だとの異議を挟む。先に紹介した中西孝樹などは、コロナ禍でＥＶ化、ソフト化が加速していると主張し、ＥＶの進展はゆるやかとみる代表的な論客の一人だった(2)。

しかし、技術進化は材料の節約・転換も含むものだという再反論も出ている。図１－４で見たようにＥＶが破壊型技術だとすれば、遅かれ早かれガソリンエンジン車を凌駕することになろう。イギリスの調査会社、ＬＭＣオートモーティブは、22年のＥＶの世界販売台数は７８７万台だったが、30年には22年比４・７倍の３６８１万台まで拡大するとの見方をしている。

一方、ＥＶ化の仕掛け人中国では、補助金政策がフェードアウトするに従い需要が弱含みになっているように、ＥＶへの転換も一挙に起こるわけではないとの認識が高まっているようにみえる。つまり23年の前半には補助金政策をいつまでも続けられるわけがないという諦観ともあいまって、今のうちに売り切ってしまおうと猛烈な過当競争に陥り、一時は政府が介入するほどだったのだ。

では欧米はどうなるのか。ＥＶ化を加速する上で、消費者の補助金支給や生産者への支援などさまざまなインセンティブ制度がどの程度有効かを調べた研究では、消費者への補助はそれほど役立っていない可能性が指摘されている。(3) 欧米にあっても補助金疲れが出てくる可能性も否定できない。自動車の環境規制の主流は今後自動車メーカー別に燃費の平均値を規制する「ＣＡＦＥ」と呼ばれる方式へと誘導され、ＥＶの市場もこの規制に沿って拡大していくというのが基本的な見方になるというのだ。中国のＮＥＶも「ＣＡＦＥ」の一種でアメリカやＥＵでは導入済みである。日本でも20年から適用されている。

ウォールストリートジャーナルの社説（22年6月4日）が、補助金などをつけて遮二無二ＥＶ化を推進するのは果たして正しい選択だったのかと、トヨタのＰＨＶの先進性を引き合いに出していたことが注目される。その意味で、中国政府がガソリン車の中に「低燃費車」を新たに設定し、段階的に通常のガソリン車の０・５～０・２台分と見なす措置を21年からとるようになったことは示唆に富む。ＨＶ1台を製造した場合に必要となる新エネルギー車の台数は、ガソリン車を製造した場合の２～５割で済む計算になる。一方、ＮＥＶの範囲内にあったＦＣＶに関して、中国政府は、これまでの販売補助金制度を撤廃し、中核技術の開発企業に奨励金を与える制度を導入するとも発表している。

ＨＶをＮＥＶの枠組みに入れたことは即効性をもつ政策だ。トヨタ自動車は、１９９７年に世界初の量産ＨＶ〈プリウス〉を発売して以来、欧州や中国でも販売台数を伸ばし、２０２２年3月までの累計は２０００万台を突破した。この25年の間にＨＶ技術を磨きあげコスト競争力もつけてきている。

一方、ＰＨＶはＨＶの10倍ほどの電池を搭載し、普段の通勤や買い物といった短い距離の移動なら電気のみでの走行が可能であり、家庭などで外部から充電できることに特徴がある。図１－１でいえば、ＨＶはエンジン車の中に収まる円として描けるとすれば、ＰＨＶはＥＶへの移行期のものという意味でＥＶの範疇に加えることもできる。事実、多くの国で、ＰＨＶはエコカーにカウントされている。

先に指摘したように、電力でグリーン化が進んでいない中国はＨＶの狙い目の市場だった。そこで、トヨタは15年に中国国有企業トップの第一汽車と合弁で研究開発拠点を建設し、そこに電池を含むトヨタのハイブリッド技術を移転し、これをベースに中国市場でのＨＶの普及を目指した。だが、ＮＥＶ規制では、エコカーリストからＨＶは排除されたのだ。トヨタがＨＶの特許2万3０００件余の実施権を無償開放した背景には、これまでＨＶを手掛けてこなかったメーカーに参入を促してＨＶを電動車の「当面の本命」に育てようという狙いがあった。

次に述べるマイルドＨＶの技術をもつヴァレオ中国法人との間でのかけ引きもあったが、広州汽車がトヨタのもつフルＨＶ導入を決めたことで確かな進捗もあった。具体的にはトヨタとデンソーがＨＶ、ＥＶ普及のためにつくった新会社ブルーイーネクサスが広州汽車へＨＶシステムを供給することで合意した。広汽乗用車は、ＨＶ基幹部品の供給を受ける形で21年からの優遇策に対応するＨＶ〈GS8HEV〉を21年12月に国内むけに発売した。

なぜ19年というタイミングで中国政府はＨＶをＮＥＶ指定の車種にする決定をしたのか。米中対立が激化するなか、エネルギー安保のためには石油の輸入を減らす必要があり、ＥＶの販売低迷を受けて、省エネ・環境対策の推進を加速させるためにはＨＶの普及が必要だと判断したとみられる。つまり、低燃費車を優遇すべきだとの意見が政府内で強まるためＮＥＶ規制の目標はＥＶや燃料電池車だけでは達成できず、いずれＨＶが過渡期における一時的措置という位置づけで省エネ車に選ばれるはずという日本企業の読みは当たったことになる。トヨタの場合、エコカー指定を受けたことから20年代にはトヨタブランド全体でＨＶ比率を約３割まで高める計画だ。

では、米欧がＨＶをエコカーの枠組みから締め出すなかで、ＨＶの販売を伸ばすことはできるのだろうか。イギリスの調査会社のＬＭＣオートモーティブは、世界の新車市場におけるＨＶの割合は20年の７％から30年には20％に拡大し、２５００万台の市場になっているとみる。ＨＶが中国でエコカー認定されたとして、自動車メーカーはトヨタやホンダのようなフルＨＶを採用するのか、それともヴァレオのようなマイルドＨＶを選ぶのか。多くの企業がマイルドＨＶを採用するだろうと考え、それに見合ってＬＭＣオートモーティブなどが予測するほどにはＥＶの販売台数は伸びないとみるのが、ＩＨＳマークイットだ（図３－３）。

マイルドＨＶとは、コンチネンタル、ヴァレオなどのサプライヤー主導で共通規格をつくってコストを引き下げ、日本勢の得意とするフルＨＶほど劇的ではないものの、現実的な燃費向上を狙うというコンセプトで開発されたものだ。何と言っても標準品をＯＥＭで利用して大きな設計変更なく既存車種を電動化でき、日本勢が得意とする本格ＨＶよりも手軽に使えることがマイルドＨＶの魅力であることから多くの企業が採用するという見方は広くあった。(4) 先にドイツのごり押しとして紹介した（第1章、30頁）「e-fuel」の登場によって、その傾向は強められよう。つまり、マイルドＨＶのエコでないところを「e-fuel」で補うという選択肢があるからだ。

ＩＨＳマークイットの予測もそうした考え方に沿ったものだ。たとえば、典型的なフルＨＶである

図３－３　HVの伸びをみるIHSマークイット予測

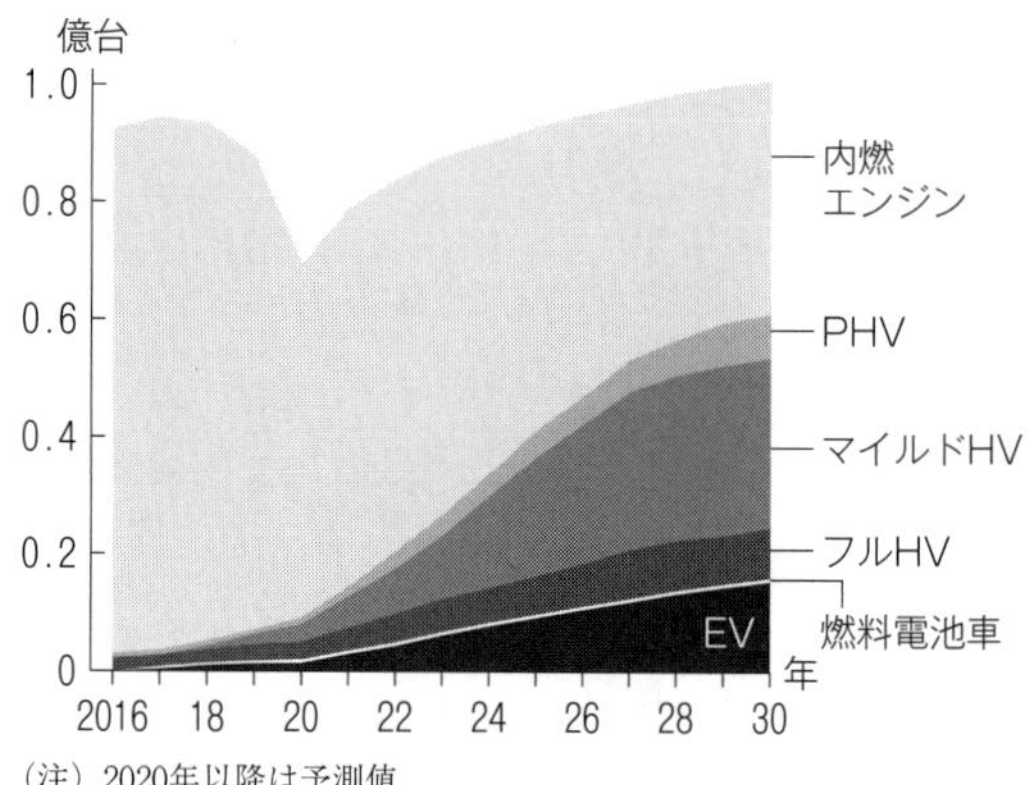

（注）2020年以降は予測値
（出所）IHSマークイット

〈プリウス〉では２００Ｖ電池を６５０Ｖまで昇圧してモーターを駆動しているが、４８ＶマイルドＨＶ採用の例を最新の〈メルセデスベンツＳ４５０〉にとると、新設計の直流６エンジン（Ｍ２５６）に対応する形だ。ＥＶ一本で行くとしていたＶＷも、実は主力小型車〈ゴルフ〉の次期モデルでマイルドＨＶを採用している。

ＧＭはホンダとの提携で、ＢＭＷはトヨタとの提携でフルＨＶを製造し、他の多くの企業がマイルドＨＶという簡易型を選択するなか、日和見をしていた吉利はルノーとＨＶの合弁会社設立で合意した。取り残された中国の他の自動車メーカーはマイルドＨＶを標準とみなしてくるのではないかとの見方から、ヴァレオは中国市場でＨＶが23年には市場の23%を占めると予測している。

たしかに４８ＶマイルドＨＶは、使用する電池の電圧が低いため安全装置なども簡単になりハードＨＶの搭載に比べコストが４分の１程度と安くなるが、

CO_2削減効果なども4分の1程度と少ない。そうした場合、特許の支払いが回避されたとしても、果たしてＣＡＦＥ対応のための費用対効果という点で十分な答えになっていないのではないか。ブルーイーネクサスの山口幸蔵社長（21年当時）はＨＶシフトが起こるとすればトヨタ方式が選択されると期待する。そして、日本がエコ車認定で高性能のＨＶとうたっているのはこのマイルドを排除するということだ。

電力のグリーン化の進展ができていない新興国では、モータリゼーションと共にＨＶが伸びるという見方も根強い。このため先進国でＥＶ化が進むとしてもＨＶは過渡期における本命であると、ブルーイーネクサスやトヨタなどの関係者は期待を抱く。ＥＶへの過渡期における措置ということであれば、マイルドＨＶではCO_2削減効果が低すぎるという指摘は妥当なものだろう。だが、「e-fuel」によってその弱点を補えば様相が変わってくる。

さらに、ＥＶとＨＶの間で「e-fuel」と同じような働きが期待されるのが可塑性に優れるペロブスカイト太陽電池である。宮坂力教授の発明であるペロブスカイト太陽電池は開発途上で、湿気に弱いことから製品化が遅れている。しかし、トヨタは京大発のベンチャー、エネコート・テクノロジーズと共同開発し30年までにＥＶの屋根などに搭載できるようにするとしている。ＥＶの外装に最大限搭載すれば、計算上年間３６００㎞走行できる分の発電が可能になり、近距離だけで車を使う人ならほぼ充電不要になる。前に論じた走行充電などの開発プロジェクトなどを無効にするようなゲームチェンジャーになる技術であり、ＥＶそのものが不要（つまり蓄電キャパシターだけで済む）というものなのだ。現行ではシリコン太陽電池の3倍ほどのコストだが、30年ころには蓄電効率はシリコンの

1・5倍、コストも半分以下になるとみられる。

とは言え、現状で世界のEV化の動きの先頭を走っているのは中国なのだ。まずは近い将来のことに目を向けよう。インドや東南アジアをみても他の新興国でのEVへの肩入れには力強いものがある。各国のEV政策の行方を決めるには、気候変動問題に敏感なNPOやそれに共鳴する消費者の声も無視できないのではないか。トヨタが「新興国は収益力の上がったHVで対応」し、EV化の初期投資の原資を稼ぐと皮算用しても、途上国向けのEV開発を進めるテスラのような競合に足元をすくわれることはないのか。新興国では旧型の携帯電話で十分儲かると構えていてスマホの進展に乗り遅れたノキアの二の舞となるリスクと隣り合わせの選択であるおそれはなきにしもあらずなのだ。

先にノルウェーが税、通行料金での優遇策によって自主的にEVを主流にするための運動をし、EV先進国になっていることに触れた（第1章、34頁）。カリフォルニア州や、中国に続く成長マーケットと期待されるインドやタイでも大気汚染が深刻化しており、電力事情が悪いなかでも政府は早急なEVへのシフトを求め、HVを排除している。数年前の中国政府の立場と似ている。

こうしたEV化に急速に向かう世界の潮流とトヨタのスタンスとの間には、いつの間にかギャップが生じていた。それはトヨタがHVを主軸に置く戦略を奉じてきたからに外ならない。

3.3 全固体電池の開発はいつになるのか

中国は、現行のリチウム電池メーカーの覇権を調達面から支えるための手を打っている。それは、

EVの重要原料、リチウム、コバルトの独占供給体制をつくり中国電池メーカーを後押しすることである。このアイデアがEV向け電池を生産する中国企業のみで構成される独自サプライチェーン「紅色供応鏈（赤いサプライチェーン）」の構築の基となっている。

実際、リチウム最大手の天斉鋰業のトップは政治協商の代表に選ばれている。天斉鋰業は、チリのSQMやオーストラリアのタリン・リチウムといった企業に出資するなど権利確保に奔走している。コバルトの調達では、2017年にパナソニックを抜き世界のトップメーカーに躍り出たCATLへ納入している格林美（GEM）が18年初にスイスの資源商社グレンコアと大規模な3年間の調達契約を交わし、世界のコバルト市場に対する支配を強めた。電池用部材の生産事業に3年間で5万t超のコバルト供給を受け、洛陽欒川モリブデン集団の分を含めると世界全体の8割超を押さえたことになる。

中国はまた国有資産監督管理委員会がハイテク製品に不可欠なレアアース（希土類）の国有企業3社を21年に再編し、中国稀土集団を設立している。中・重希土類の中国内での生産枠シェアで7割近くを占めることになった新会社は、米中対立を睨みながら資源開発や加工技術などの開発を加速していく。

先に充電設備の競争を論じた際（第1章、35頁）にみた電気接続におけるCHAdeMO（チャデモ）の世界標準の確立といい、サプライチェーンの抑えこみといい、中国がリチウム電池で天下を取り、それを維持していくという姿勢には強い意気込みが感じられる。また、パワフルな走りを確保するためには高出力の電池が必要となり、テスラなどでは、パワー密度の高いリチウムイオン電池を搭載し、その高性能化に取り組んでいる。

そもそもリチウムイオン電池はノーベル賞を受賞した旭化成の吉野彰氏らが１９８３年にその原型を確立し、91年にソニーが世界初の製品化を実現したものである。こうした経緯から、前出の佐藤登はリチウム電池ではかつては日本の独壇場だったと振り返る。[5]その改良品も日本のメーカーから続々と出始めており、欧州特許庁・国際エネルギー機関の共同調査によれば電池技術に関する世界特許出願数で、２０１８年には日本が全体の3分の1以上を占めており、圧倒的に世界ナンバー１だったと発表している。

だが、同レポートはリチウムイオン電池の特許における日本の国際的なリードが国内ＥＶ市場の規模拡大につながっていないとも指摘している。[6]事実、リチウムイオン電池での世界最大手は今では中国の寧徳時代新能源科技（ＣＡＴＬ）であり、絶縁材でもシェアで世界トップだった旭化成が19年に中国の上海エナジーに抜かれるなど、生産体制が中国に移っている傾向がみられる。

とはいえ、ＥＶ化が本格化するにつれて、果たして現在のポジションが維持できるかに関して中国のメディアは懸念を示している。いわく、ＶＷ、ＧＭ、トヨタなど大手メーカーがＥＶ用電池の中核技術であるセルの内製化を進めており、彼らが本領を発揮すれば専業企業は買い叩きにあう恐れがある。いわく、韓国のＬＧとＣＡＴＬでは前者のコストが10％ほど低く、工場の生産が本格化する23年以降の競争は厳しくなるのではないか、等々が20年から21年にかけての論調だった。[7]

これまで戦略部品の内燃エンジンを自社内にもつことで自動車産業のヒエラルキーの頂点にあった組立メーカーが、ＥＶ時代になって戦略部品の電池を外部購入することへ大きな恐怖を感じるようになり、それが自社でのセル開発へと駆り立てた結果、一定の成果を上げていることは確かだ。しかし、電池は重量もかさみ、設備投資も大きい。さらに各地でＩＲＡのような現地化を促す施策がとられていることから現地生産という枠組みが変わることはないと思われ、安定供給することを考えれば外部調達と自社生産は併存していくとみられる。それは、トヨタのような巨大企業でも、先にみたように、単独でＣＡＳＥに対応するすべての技術テーマに投資するのは荷が重く、パートナーとの負担の分担が不可欠だからでもある。

リチウムイオン電池の供給能力の向上において先行した中国勢の大きなリードを覆す上で、日本メーカーが力不足にみえるのは確かである。欧州や中国はリチウムイオン電池の生産をそれぞれ年間１０００万台相当分（約7億ｋＷｈ）以上に増やす計画を打ち出しており、アメリカでもバイデン政権が大規模な補助金制度を創設したことから韓国のメーカーが自動車メーカーとの合弁事業をスタートさせている。投資の対象はすべて現行のリチウムイオン電池だ。

こうした各国のガード固めが進むリチウム電池市場での中国勢のリードを覆すには、日本企業に技術の転換が求められるが、おそらくは次世代の全固体電池での先行開発以外にないだろう。

ゲームチェンジャーとなる電池という話題で想起されるのが１９２５年に豊田佐吉が発明した無停止杼換式豊田自動織機（Ｇ型）の特許売却で得た資金を使い、懸賞金１００万円で、小型かつ大容量の蓄電池の開発を公募したことだ。公募した電池の性能は「１００馬力で36時間持続運転でき、重さ60貫（２２５kg）、容積10立方尺（２８０ℓ）以内」というもので、今日でも達成できていない高性能なものだった。すでに自動車のドミナントデザインをめぐる争いではＥＶは実は敗者だったのだ[8]。

長男の自動車事業プロジェクトに向けての父親の最終チェックであり、はなむけだったのだろう。

では、ゲームチェンジャーとなることが期待される「全固体電池」とはどんなものなのか。電極間のイオン移動をになう電解質が液体ではなく固体の電池であり、原理的にはリチウムイオン電池と同じである。固体にすることで、電解質の蒸発による発火リスクや性能の低下はなくなる。電極と電解質を交互に並べて積層化することが容易なため、重量当たりのエネルギー密度を高められる。すなわち、電池が同じ大きさでもＥＶの航続距離を延ばすことができる。

これだけ有利な特徴を備えていながら、なぜこれまで大型の全固体電池は実現しなかったのか。最大の理由は、イオン伝導率の高い固体電解質がこれまで見つかっていなかったからであった。だが、２０１１年に東京工業大学の菅野了次教授とトヨタなどのメーカーが電解液よりもリチウムイオンが約2倍通りやすいシリコンを用いて実験した結果、出力が3倍以上に高まった。これで、原理的な問題は解決されたとされる。

エネルギー密度からして液体リチウム電池での走行距離は４００㎞からせいぜい５００㎞で、全固体電池になると８００㎞に引き上げられるとみられた。しかし、原料をリチウムに依存する限り、電池の理想とされる1回の充電で東京から福岡までの１０００㎞を走るＥＶの実現はエネルギー密度からして不可能と考えられていた。

そこで注目されたのが、電池の重さ当たりでリチウムイオン電池の7倍にあたるエネルギー密度をもつとされるフッ化物だ。18年にホンダ・リサーチ・インスティチュートなどが、フッ化物イオン電池を室温で動かす手応えをつかんだと*Science*に発表し注目された。フッ化物は高温でしか動かず、電極が膨らむ問題があった。だが、トヨタは20年に発表した京都大学の内本喜晴教授らとの共同研究において、コバルトにニッケルと銅を加えた合金を電極に使って体積の変化を抑え、「全固体」と「フッ化物イオン電池」が相乗効果を発揮すれば、１０００kmの走行に手が届くとの見通しを示した。原理では全固体電池が誕生したことになる。そこで、全固体電池は「技術の世代交代におけるゲームチェンジャーになる」と期待されるようになった。

では、どの企業が全固体電池の量産化に一番乗りするのか。日本は全固体電池の技術蓄積が厚いが、その中でも全固体電池の特許保有数で１５００件を超えるトヨタは期待の星であった。この電解質を固体にする技術では３００人体制をとるトヨタの研究が世界で最も進んでいるとされてきた。実用化段階には達していなかった19年時点で開かれたセミナー「ＥＶの普及を目指して」には筆者も出席したが、そこに現れたトヨタの海田啓司電池事業領域長（当時）は、20年代前半という目標を早めるという期待に応えるためにも20年には製品化にこぎつけ、何らかの現物を提示できるようしたいとの意思表示をした。これの意味するところは、一人乗りの超小型ＥＶ〈ＣＯＭＳ〉に全固体電池を搭載して走行実験で成功させ、20年冬には全固体電池を搭載した〈ＣＯＭＳ〉を登場させるということだったと思われる。

だが、21年にも検討をしていたとされる試作車の発表はなかった。どこに課題があったのか。全固体電池の開発における原理は解明されたので、あとはどう量産化していくかだけが問題と考えられていた。しかし、いざ量産化を目指そうとしてみると、使用によって性能が劣化するなど次から次に課題が出てきたのだ。

大きく分ければ課題は二つだ。一つは、全固体電池が電解層と電極との組み合わせを何層にも重ねる構造であることに由来する問題だ。充放電によりリチウム電極が膨張収縮すると、固体電解質との界面が離れ、性能が低下するという課題があった。伸縮しない新材料への転換や固体に拘らず粘着性の物質を使うなどの改善が期待される。

今一つは、固体の電解質は液体と異なり電極に密着させるのが難しく、イオンの活動が活発化しないという問題である。先にみたようにシリコンへの材料の変更で解決できると思われた問題は、実は材料だけでなくその組み合わせの問題だったのだ。そこで、解決策の一つとして、電極内の物質を炭素材料（カーボン）で包むことで抵抗や放熱を減らし容量を高められるという、日本ケミコンが開発した全固体電池の電極向けの導電材料を用いることが提案されている。この導電材料は、今のところいくつかの全固体電池開発でサンプル採用されているという段階にある。

全固体電池の固体電解質内部では電気を運ぶイオンが動きにくいという課題に対するもう一つの解決策は、次の節で述べる日産などが取り上げている硫黄系材料への転換だ。ただ、硫黄系の材料はイオンが比較的動きやすいと期待されているが、電池の製造時や故障時に有害な硫化水素を発生する恐れがあるとされ、この点をどう克服していくかが焦点となろう。

これらの課題の存在が、全固体電池をＥＶで実用化するとしても30年以降になってしまうのではないかと佐藤教授が悲観的な見方をしたゆえんだ。

3.4 トヨタ、全固体電池27年にもEVに投入

では全固体電池元年となるのはいつか。トヨタ自動車は硫化物系で実用化した製品をEVではなく、HVに2020年代前半には搭載するとしていたが、佐藤新体制に入った23年にEVへの搭載時期の目標を27〜28年と定めたと発表した。

トヨタが全固体電池の（HVではなく）EVへの搭載に挑むことを決めたのは、電池の耐久性を克服する技術的なブレークスルーとなる新素材を発見したためだ。全固体電池では、充放電によって固体電解質が膨張・収縮を繰り返すがそれによって亀裂が生じ、電荷を伝えるイオンが正極と負極の間を通りにくくなることがあったが、CTO（最高技術責任者）を務める中嶋裕樹副社長は「いい材料が見つかった。世の中に後れを取らず、必ず実用化する」と述べ、新材料がこの課題の解消の鍵となったことを明らかにした。

では、中嶋が明言しなかった新材料とは何か。一つのヒントは、共同研究をしたこともある、先の菅野が*Science*（23年7月6日号）に発表した論文にある。その論文によれば構成する元素が4種類から7種類になったとするが、中核をなすのはリチウムイオン伝導体を高エントロピー化した超リチウムイオン伝導体がそれであると推定できる。これを正極にすることで容量が電極の面積当たり1・8倍になり、イオンの伝導効率は最大3・8倍になったという。

ちなみに、会場となった裾野市のトヨタ技術センターでは試作品も過去のバッテリーなどとならべ

図3－4　トヨタ自動車の全固体電池

（出所）トヨタ自動車「トヨタ、クルマの未来を変える新技術を公開：バッテリーEVの革新技術、水素事業の確立を柱に、技術の力で未来を切り拓く」、https://global.toyota/jp/newsroom/corporate/39288466.html（2023年6月24日最終アクセス）

て展示されていたが、10分以下の充電で約１２００㎞を走行でき、航続距離は現在の〈ｂＺ４Ｘ〉搭載のＥＶの２・４倍に伸びることになる（図３－４）。弱点だった電池の寿命を伸ばし、量産化の技術開発に成功すれば、ＥＶ市場の勢力図を塗り替えるゲームチェンジャーになる可能性がある。

トヨタは全固体電池の実用化でＥＶの加速に弾みをつけようとしているわけだが、26年にも投入する次世代品では、すでにみたように、既存の液化リチウムイオン電池の性能も高め、20分間の充電で現行のＥＶ〈ｂＺ４Ｘ〉の２倍に当たる約１０００㎞を走行できるようにする。すなわち、26年までに年間１５０万台では並存型ＥＶ、30年までに３５０万台のうち１７０万台が次世代型になっている見込みだ。

トヨタは全固体電池の第一段階での開発の次には航続距離１５００㎞、10分以下での充電が可能なモデルが開発途上にあるという。だが、全固体電池は、性能は良くとも製造コストが高い。すなわち、全固体電池の普及にあたって製造コストを下げる技術開発が欠かせない。科学技術振興機構の試算では、全固体電池（硫化物系）の製造コストは1kWh当たり6万～35万円で、既存のリチウムイオン電池（同1万4000円）に比べて4～25倍高い。これは量産化へ相当厳しい見方だ。これに対し、もしトヨタが、（可能性は低いだろうが）既存品とも遜色ないコストでの生産が出来るとすれば、同社の年間350万台という生産量を考えると、一つのラインで電池を構築するという仮定の下で十数秒に1個の電池を生産しなければならないという試算になる。今日、トヨタはこれまでEV市場では「出遅れ組」とみられてきたが、超リチウムイオン電池の実用化で先陣を切ることができればトップに立てることを意味する。つまり、100年の時を経て佐吉の夢はかなえられることになる。

佐藤教授の懸念したように全固体電池の実用化は30年以降になるという事態は免れたとはいえ、実用化が遅れたことは間違いない。それまでの間にそれなりの性能を持つ半固体電池が登場しているが、これを全固体電池と比較してどう評価すべきなのだろうか。

そうしたなか、新興EVメーカー、NIO（上海蔚来汽車）が先陣を切ってゲル状にした電解質で界面抵抗低減電極に密着しやすくする一方、ニッケルをリッチにした正極を使うことでエネルギー密度を上げた半固体電池を搭載したEVを22年末に販売開始した。発表をそのまま信じるべきではないという意見もあったが、供給元とされる北京衛藍新能源の創業者がシリコン系の負極材料とニッケル系の正極材料を用いて重量エネルギー密度で360Wh／kg（容量エネルギー密度は推定700Wh／ℓ）を実現したと明言した。[9] さらに23年には、同社は、セル単体のエネルギー密度は500Wh／

kg（容量エネルギー密度は推定1000Wh／ℓ）だというCATLが発表した「凝聚態電池（Condensed Battery）」と銘打つ半固体電池と同等の新製品の量産化に取り組んでいる。量産後にはNIOの製品に搭載するとしている。発表したいずれの電池も三元系リチウムイオン電池のエネルギー密度のほぼ2倍となっていることになる。

NIOの電池でも、その性能は、次に述べるクアンタムスケープの全固体電池の性能をわずかながらも上回り、凝聚態電池はNEDOが開発目標に設定している全固体電池の性能に匹敵するものだ。これはトヨタの全固体電池の航続距離1200kmに及ばないものの1回の充電で1000kmの航続が可能だ。

NIOやCATLが半固体電池で採用したゲル電解質は、ある意味液体電解質の発展形である。あくまで推定だが、固体に拘ってきた全固体電池の場合よりも界面での接触が良好な結果をもたらし、界面抵抗を低減できたことになる。また、無機セラミックと柔らかいポリマーで構成される複合電解質は、優れた界面接触を提供し、充放電の膨張の影響を低減できたといえる。

NIOの主張が正しいとすれば、エネルギー密度と航続距離との関係はNEDOの固体電池の開発実績と開発目標に示された関係とほぼ一致する。一方、トヨタの全固体電池ではおそらく同じエネルギー密度でも半固体のものよりも航続距離が長くなっているとみられる。つまり、トヨタの全固体電池の航続距離が長いのは、本体の設計などで航空力学技術が駆使され、その貢献によって距離が伸びていると推測される。言い換えれば、安全性はともかく、同じエネルギー密度なら全固体と半固体との間に大きな差異はなく、あとはいかに安定した量産技術を確立できるか、コスト勝負ということになる。

　こうした筆者の推測がどこまで正しいのかは、トヨタの全固体電池を初め、各社が技術の全貌を明らかにするまで分からない。そこで視点を変えて、航続距離１２００km、充電時間20分のトヨタの全固体電池の量産化のスケジュールとして描きこまれた27～28年と比較して、クアンタムスケープを初めとするベンチャーの開発状況をみておこう。

　ニューヨーク証券取引所への上場を果たしているクアンタムスケープにはＶＷが出資し、24～25年を目途に共同開発した全固体電池の量産に入る予定だ。クアンタムスケープの全固体電池は金属リチウムを負極に使うなどして重量エネルギー密度では３５０Ｗｈ／kgを達成し、航続距離をリチウムイオン電池より１・８倍長い７３０kmに伸ばせるという。15分あれば全体の80％まで充電ができる。

　全固体電池の生産開発を新興企業に頼る点では、ＢＭＷとフォードも同じだ。両社は21年にＮＡＳＤＡＱ上場のソリッドパワーへの出資を拡大したが、ＢＭＷをとると25年までに同社から得た全固体電池を積んだ車両の路上試験を始め30年までに発売するとしている。

　では、〈リーフ〉でＥＶ時代への先鞭をつけた日産は、電池開発での持続性を維持できているのだろうか。日産は全固体電池の実用化も可能な限り他社に先駆けたいと電池材料として21年冬、ＥＶ向け全固体電池の試験設備を追浜工場内の研究所に設けた。24年には横浜工場にも試作ラインを設ける予定だ。日産の場合、一般的なニッケルやマンガン、コバルトを使わない「硫黄系」の原料採用に向けて研究を進め28年度までには量産の目途を立てたいとしている。日産の場合、ルノーとの間で持ち合いの資本・組織の再編が行われ、双方が15％ずつ出資する対等な関係にもっていき、今後の協調関係をスムーズに進めようとしている。一方、ルノーが吉利と設立したＨＶ・エンジン車の合弁会社に対し、日産はルノーと共同保有しているＨＶやＥＶなどの知的財産の利用を制限している。すなわち、日産は自社のもつＨＶやＥＶの知財価値は高いとする一方、グーグル・ウェイモの技術を取り入れるために設立するルノーの新会社には15％以下の出資をしてコネクテッドや自動運転での協調の一端とする決定をしたことになる。

これに対し、日本企業の中では最も電動化、自動化に力を入れているとされるホンダは23年4月には電動事業開発本部を発足させ、そこにＢＥＶ開発センターを置いた。車載ソフトウェアも重要だが、ＥＶにＢ（バッテリー）を冠したことから分かるように電池の開発も最重要な任務だ。栃木県さくら市の研究施設に４３０億円を投じ、24年春に全固体電池の実証ラインを稼働させ、性能や量産に向けた技術的な課題を検証する。自社でコスト構造を把握しながら、量産できる体制を構築し自社開発の全固体電池を20年代後半に発売するＥＶへ搭載することを目指している。ＨＶや二輪車などにも使うことを想定しており、全固体電池によって電動化戦略を加速させるという目論見だ。

全固体電池はＥＶのゲームチェンジャーと言われ、経済産業省も電池開発では、これ一本にかけてきた。しかし20年代の早い段階で実現するという当初の目論見が大きく外れた現在、全固体電池の開発にかける日本の一本足打法での次世代電池開発は大きなリスクになっているのではないかとの問題提起がされている。実際、経済産業省は22年3月に実施した官民協議会[10]で、この点を大いに反省している。中韓の企業が従来の電池の技術や競争力で日本を逆転したことで「全固体電池の実用化に至る前に、日本企業は疲弊し、市場から撤退する可能性」があると日本企業が直面しているリスクを明らかにした。だが、全固体電池ではトヨタが27～28年の実用化を宣言したことからも分かるように日本がわずかかもしれないがリードしているといって良い。とは言え、リチウムイオン電池の技術の進歩は緩やかながら続いており、量産と改善によってコストも航続距離も安全性も上昇してきたが、この改善傾向は少なくとも今後10年は続いていく見込みだ。ＥＶへの電池搭載は過去の経緯に依存するものである一方、新たに登場する全固体電池は、この慣性と戦いながら採用を競いコストダウンの競争をしていくことになる。全固体電池研究の権威、菅野教授が勝負は実用化された後にも基礎研究の成果も踏まえながら不断に改良を加えていくことにあると言うゆえんだ[11]。

3.5 脱リチウム・脱コバルトか、それともそれらのリサイクルか

3.3節で、１９９１年にソニーが世界で初めてリチウム電池の製品化を実現したことに触れた。それは、エレクトロニクス製品への応用だったこともあって安さと安全性に優れたリン酸鉄系（ＬＦＰ）電池だった。ただ、その後リチウムイオン電池で主役に躍り出たのは三元系電池だった。ＬＦＰに比べ容量を増やしやすいことがその理由で、スマートフォンなど小型のデジタル機器でも重宝された。さらに大きな出力の必要なＥＶ向けでは、なおさら三元系が選択された。

三元系はリチウム電池の名称であるリチウムを相当量使うが、それ以外にもニッケル、コバルトなど希少金属を使う。中国はリチウムイオン電池の生産で約6割のシェアを占める。一方、リチウムは埋蔵量の約7割がチリなど南米に偏り、ニッケルはインドネシアなど東南アジアに偏在する。

電池の主流は従来のリチウムイオン電池にしろ、後継の全固体電池にしろ、供給に不安が持たれるリチウムが使われている。その不安定要因ゆえに、２０２２年のリチウムイオン電池パックの平均価格が21年比で７％上がったがコバルトに至っては価格の情報がとれるようになった16年末の約３倍の高値をつけた。23年に入ってリチウム・コバルトともに大幅に価値が下がったのは、リスクを考えての大幅増産が進んだからであり、中国での需要が緩んでいるからだ。だがＬＦＰ電池の採用が進んでいることの寄与も小さくない。ゴールドマン・サックスによれば、25年のＥＶ用電池のシェアでＬＦＰ電池は36％と、20年比で14ポイント高まるという。コバルトフリーのＬＦＰ電池に関して、日本勢ではパナソニックが開発を終えているが市場投入にはなお２～３年を要するとしているのに対し、トヨタは、この第一の波には遅れるが、「普及版ＥＶ」を世に出すには上質で安価なＬＦＰ電池の開発が欠かせないと26～27年の実用化を見据えて豊田自動織機と共同開発を進めている。つまり、ＬＦＰ電池はＥＶ化促進策のなかでも重要課題と位置づけているのだ。目玉となるのがバイポーラ型ＬＦＰ電池である。通常の電池に使われるニッケルやコバルトは高価な上、資源枯渇リスクも抱える。ＬＦＰは安価で調達しやすい鉄とリン酸を使用する。正極と負極を一つの集電体に備える「バイポーラ構造」とすることで、体積当たりの容量を向上させられる。既存の電池に比べて部品点数を８割近く、コストも４割減らすことが期待できる。普及版ＥＶにＬＦＰ電池は欠かせないのだ。

だが、よくよく見ればリチウムに限らず、レアアース（希土類）はＥＶや風力発電機に加え、ミサイルなど防衛装備品にも欠かせない重要物資だ。ところがアメリカは自国産レアアース鉱石までを中国に依頼して分離・精製してきたことから、８割程度を中国からの輸入に依存してきたのだ

図３－５　米国のレアアース製品などの輸入先

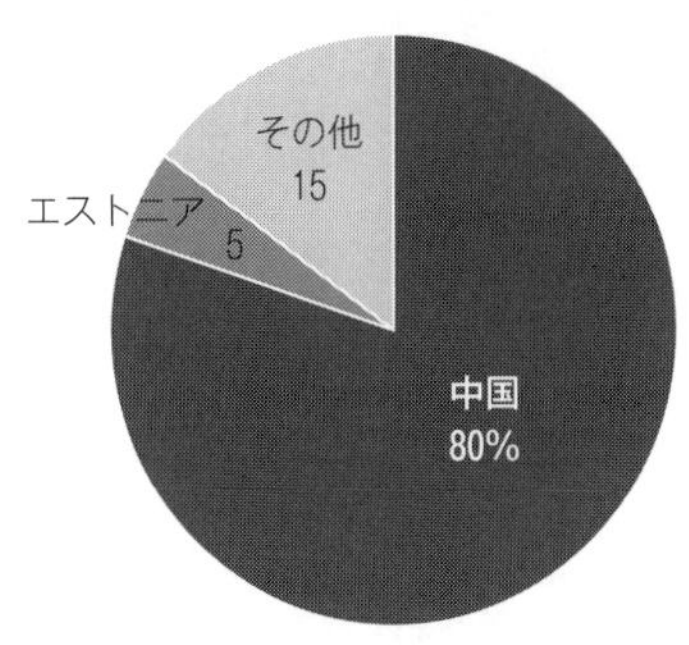

（出所）米地質調査所（USGS)、2016～19年

（図３－５）。

中国は、半導体を念頭にゲルマニウムなどを規制対象にしたが、これまでもしばしばレアアースを経済外交の武器として使ってきた。バイデン政権は大統領令で電池など重点4項目の供給網を見直すことにした。その結果、レアアースの最大生産国の中国に対抗すべく、オーストラリア企業と組んでアメリカ国内でレアアースを処理するほか、新たに欧州のエストニアで処理することが決められた[12]。先のＩＲＡにおける最大７５００ドルのＥＶ優遇策において車載電池に使う重要鉱物の40％をアメリカかアメリカが自由貿易協定（ＦＴＡ）を結ぶ国から調達できなければ、７５００ドルのうち３７５０ドル分の優遇を受けられない規定を設けたのも、中国への依存度低下を企図するものだ。

ＥＶ用電池の約5割を中国からの輸入に頼ってきたＥＵでも電池産業への補助金供与を認めてＥＵ域内での電池の生産を進めている。それと同時に、電池が廃棄される際は今後、リチウムを初めとするレアアースをＥＵ域外に流出させず、すべてを再利用する循環システムをつくって経済安全保障を徹底させようとしている。EUが21年12月に発表した「電池規則（案）」がそれだ。

このような電池廃棄に関する取り決めは、再利用の循環をつくること以外にも、CO_2総排出量の抑制に役立てるという目的がある。域内で使われる電池の一つ一つについて原材料の採掘から電池の廃棄まで供給網の全段階を対象にCO_2排出量や含まれる希少鉱物の情報を、QRコード経由でネット上に公表させ、トレースする。これにより、製造過程などで生じるCO_2が供給網のどこで、どう発生するのかを突きとめられる。

レアアースのリサイクルが必要なのは日本も同様だ。リサイクルの義務化は別の問題として、レアアースのリサイクルが事業として成立するには、（1）安定的に大量回収できる、（2）取り出す費用が安い技術を確立する、（3）資源価格がリサイクル費用より高く安定しているなどの条件が必要だ。住友金属鉱山では、（2）を切り口に、乾式製錬により電池の中の不純物とニッケル、コバルト、銅を分離して合金として回収し、その後湿式製錬で溶融・精製してニッケル、コバルトを取り出して再び電池として利用できる技術を確立した。一方、（1）の切り口でBYDの製品のリサイクルをターゲットとして深圳にあるパントパワーと提携関係に入ったのが伊藤忠商事だ。同社はすでにBYDの使用済み製品のリユース事業をしている。同様に、丸紅は北米で最大規模の電池リサイクル量を誇るリトリブ・テクノロジーと提携してノウハウを確立しながら、CATLの製品リサイクルの可能性を探っている。

一方、ヨーロッパでは最終消費者が電池を新たに購入しない場合でも、欧州委員会が無償回収するようメーカーに求めていることから、VWもメルセデスベンツもリサイクル率を100％にすることを明言している。ＶＷはノースボルトと提携して共同研究に入ったが、メルセデスベンツはサプライヤーなどと協議を続けている段階だとされる。いずれにせよ、ＥＵではＥＶ電池について27年１月から再利用した原材料の使用量を開示し、30年１月から再利用した原材料の使用割合に最低値を導入することなどが決められており、リサイクルは待ったなしだ。

3.6 ＥＶ電池で「戦略部品の経営」を展開するＢＹＤ

ＢＹＤ（比亜迪）は１９９５年に政府系研究機関に勤めていた王伝福氏がパソコンなど向けの電池事業で創業し、２００３年に今後は自動車にも電化が進むと睨み経営不振に陥っていた国有企業を買収する形で自動車事業に参入した。先の万鋼がＥＶ運動の父ならば、ＢＹＤの王伝福董事長は民間におけるＥＶ化推進の旗振り役として知られる。だが、ＢＹＤが一気に「脱ガソリン車」を進めたのは21年になってからだ。このＥＶ化の進展には、政府がＥＶに巨額の補助金を供与したことに支えられた。最も恩恵を受けたＢＹＤが受け取った販売補助金は21年に50億元（約１０００億円）、22年には１０４億元（約２１００億円）に達したとされる。一方、同社が正式にガソリン車の生産をやめて、ＥＶとＰＨＶに特化したのは22年３月だ。

では専業化した22年の結果はどうなったのか。ＥＶの世界販売台数ではテスラにトップを譲ったが、中国国内ではＥＶを含む新エネルギー車の販売台数でテスラを抜いて首位に立った。22年のＥＶ販売台数は前年の２・84倍の91万１０００台と、テスラの２・26倍だった。「新エネルギー乗用車」という範疇でみても、その販売台数は前年の59万4000台の3倍超となる185万7000台に急拡大したが、そのうちPHV（プラグインハイブリッド車）は同3・47倍の94万6000台に上った。地の利があるとはいえ、BYDの商品力の高さをうかがわせる結果だ。先述のLFP電池では独自の〈ブレードバッテリー〉を発売して先鞭をつけたが、これは他社の特許で多く引用されるという意味で同社の技術の核であり、BYDは筆者の言う「戦略部品の経営」をしているといえる。

EV電池の「戦略部品の経営」への足掛かりができたのを見届けるかのように、22年8月には著名投資家ウォーレン・バフェット氏率いるバークシャー・ハザウェイがBYDの株式を香港取引所で一部133万株を売却した。売却後のバークシャーの持株比率は0・57ポイント下がり19・92％となったとされる。

ではBYDは商品戦略でどんな布石を打ってきたのか。16年にアウディのデザイン部門でトップを務めたデザイナーを採用したが、その後も欧州メーカーで活躍していた有名デザイナーをリクルートし、19年には国内外に点在した約200人の人材を広東省深圳市の本社に新設した「デザインセンター」に集約した。現在は約600人まで増えたデザイナーがBYDのPHV、EVの躍進を支えた。関連人材の獲得にも意を用いてきたところからみることにしよう。

商品施策としては、テスラが30万元超の高価格帯で都市部の需要を開拓し、上汽通用五菱が約3万元からの低価格帯での販売を進め地方で定着するなか、BYDは、棲み分け策として、大きなボリュームゾーンをもつ中間層に狙いを定めた。それをになうのが手ごろな価格で幅広い品ぞろえをしている、〈宋PLUS DM－i〉に限らず、〈秦〉や〈元〉といった「王朝シリーズ」だ。価格帯としては10万～20万元までを中心にEVやPHVを数多くそろえる。

そこではデザインというよりも16年末に比べて2倍以上に増加した4万9000人の技術者によって開発された独自のLFP蓄電池〈ブレードバッテリー〉の機能に訴えることが中心だった。日本勢や韓国勢が得意とするニッケル、マンガン、コバルトを使う三元系リチウムイオン電池は、高いエネルギー密度で航続距離などの性能を高めやすい。一方BYDはLFP電池の形状を工夫し、平たくて細長い形状にして小型化を実現し、車台も専用のeプラットフォームで一体化を進め三元系のEVに対抗する戦略をとる。LFP電池は安全性でも優れる。

幅広い需要を取り込むべく、まずは若者向けにデザインにこだわった「海洋」シリーズなどで車種を増やしたのは、22年からだ。王朝シリーズの補完という位置づけになる。だが、富裕層をターゲットとする20万元を超える価格帯の車種は王朝シリーズの〈漢〉などわずかで、テスラや一部の新興EVメーカーが手掛ける30万元超の高価格帯はほぼ手つかずだった。

そこで、世界展開に当たってBYDはさらに上級種へとウイングを拡大した。23年に発売を開始した新しい高級車ブランド〈仰望（ヤンワン）〉がそれだ。正式な価格や発売時期などは公表されていないが、PHV仕様で登場するSUVの〈仰望U8〉の価格は80万～150万元になる。水に落ちても大丈夫というEVのスーパーカー〈仰望U9〉はそれ以上とみられている。いずれも4つの車輪をそれぞれ独立して制御する技術、すなわち車両の垂直方向の動きを効果的に制御し、横転リスクを低減する制御システム「雲輦」が搭載されており、走行中にタイヤの1つがパンクしても安全に停止できるというものだ。雲輦システムは、〈仰望〉ブランドの他にも、「王朝」シリーズや「海洋」シリーズの旗艦車種、〈騰勢（デンザ）〉ブランドなどの車種に搭載される。ＢＹＤの王伝福は発表会で「今後はブランドで当社グループの先進技術を率先して応用していく。顧客に最大限の安全、性能、体験を提供する」と説明した。

王伝福は、さらに3月下旬に香港で開いた投資家向け説明会の場で23年の販売目標を「なんとか頑張って前年比2倍の３６０万台」に置いていることを明かした。もし目標が達成できれば、22年の比率から推計するとＥＶの販売台数は１７５万台となる勘定で、テスラが掲げる23年目標の１８０万台前後とほぼ同等だ。果たして補助金なしに目標が達成可能なのか。3期目に入った習政権は経済低迷の打開策として補助金政策の延長を決定している。

ではＢＹＤ自身はどうみているのか。同社は補助金政策の延長はなくとも商品力で23年以降も行けるとみて電池原材料価格の値上りを転嫁する形で値上げし、増産効果に自信を見せる。現に23年1〜3月累計の新車販売台数が、乗用車は前年同期比92％増の54万７９１７台、商用車は２・６倍の４１５９台で、全体の売上高が8割増の１２０１億元、純利益は５・１倍の41億元（約８００億円）だった。強みは商品力であり、その品揃えだ。上述の〈仰望〉など高級車への溯上だけでなく、23年4月には〈海鴎（シーガル）〉の販売価格を7万３８００元（約１４０万円）からと発表し、格安ＥＶへもウイングを広げた（表３－１）。格安ＥＶといっても、上汽通用五菱の〈宏光ＭＩＮＩ ＥＶ〉の３万２８００元という破壊的な価格の車よりワンランク上の長城汽車の〈欧拉〉と同じ価格帯のモデルになる。これによりＢＹＤのラインアップは価格帯と車種構成が大幅に広がり、23年には販売台数を倍増するという目標への基礎固めになった。

表3-1　BYDのEVラインアップ：テスラとの比較で

	BYDモデル	競合他社モデル
高級：100万元前後	〈仰望〉でイメージアップ	テスラ〈モデルX〉
高価格帯：30万元超	〈騰勢〉	テスラ〈モデルY〉
中価格帯：20～30万元	〈漢〉などがヒット	テスラ〈モデル3〉
低価格帯：10～20万元	〈宋〉〈秦〉など車種多数	テスラ新モデルを計画
格安：7万元台以下	〈海鷗〉	上汽通用五菱〈宏光ミニ〉

（出所）報道、ホームページ等より著者作成

先に中国は自動車強国になりつつあると指摘したが、車種を増やしているのはBYDだけではない。国有企業も地場メーカーもだ。煽りを受けているのがこれまで中国の自動車市場を牛耳ってきた外資だ。EV化への備えがなかったトヨタが苦戦していることには触れたが、EV化へ舵を切ってきたはずのVWの販売も振るわない。中国では断トツの販売実績を誇るVWの23年1～3月の中国におけるグループ販売台数は前年同期比15％減の64万4500台にとどまったが、深刻なのは、市場が拡大しているEVでVWの販売が前年同期比25％減と大きく落ち込んだことだ。世界販売の4割弱を中国市場に依存するVWにとって中国での不振は経営を揺るがしかねない危機だ。VWは小鵬などEVベンチャーへの投資や合弁相手からの助力で「中国式」を学び、体制を立て直す。

だが、VW全社でみた23年1～3月期のEV販売は前年同期比42％増の14万1000台と、順調にガソリン車からの転換が進んでいるのだ。同じ時期のドイツの高級車グループのメルセデスのEV販売台数は89％増の5万1600台で全体の売上も8％増となっており、BMWのEV販売台数に至っては2・1倍の5万5979台、全体の売上も18％増だった。これからいえることは高級車においては順調にガソリン車からの転換が進んでいるばかりか、新たな需要も掘り起こしているということ

だろう。では、ドイツ車が軒並み中国市場でのＥＶの販売が不調だったことをどうみるのか。ＥＶ市場は現状、未だグローバル化しておらず、中欧米それぞれのローカルな市場に分断されている。そのなかでいち早くＥＶ市場拡大期になった中国市場では、激戦の中価格帯に限らず高価格帯でも消費者はつねに新しいものを求めており、ドイツ市場向けのサイクルで用意されたＥＶの商品性が競争の熾烈な中国では見劣りしたということになるのではないか。

では、ＢＹＤとテスラのＥＶでのトップ争いはどうなるのか。テスラもＢＹＤを最大のライバルとみており、新工場で生産する車種では、新たなプラットフォームを採用し、主要部品ごとに塗装や内装を施してから完成車に組み立てる方式へと転換した。車載電池や駆動装置など主要部品の生産でも自動化も推し進めてＥＶ1台当たりの製造コストを驚異ともいえる従来の半分以下に抑え対抗しようとしている。だが、テスラはＢＹＤが得意とする低価格帯の自動車市場への新モデル投入は計画途中であるメキシコ工場の稼働開始後のことと考えている。それまではＢＹＤは、23年第1四半期の増産効果が示すように、自社製品の競争力が高いとみているのだ。とはいえ、テスラは航続距離詐称問題を抱えてはいるものの、アメリカ市場でＩＲＡ補助金の恩恵をフルに受け機動的に価格設定をしてライバルの出鼻をくじく戦略で対抗しており、中国市場でのＢＹＤの立ち位置は揺るがないとしてもグローバル市場での両社のトップ争いは予断を許さないものになっている。

ＢＹＤの期待は現行3％の海外販売の伸長だ。とはいえ、グローバル展開ではＢＹＤはテスラに大きく出遅れていることも確かだ。そこでＢＹＤは、高級車のカテゴリーの〈仰望〉でイメージアップを図りつつ、テスラに勝る商品性を引っ提げて市場に浸透していくことを視野に入れている。21年8

月にはノルウェーで同社にとって欧州初の一般向けＥＶ乗用車となったＳＵＶ〈唐〉を発売した。これを皮切りに、欧州自動車ディーラー大手のヘディン・モビリティ・グループと提携し、ＥＶ化が進展しているヨーロッパ市場での浸透をはかる。日本市場には23年の本格参入を表明し3車種を順次投入していくとしている。アメリカ市場への展開こそ難しいが、進出した国を数えるとブラジルなどを含め12カ国を超える。各国で販売するＥＶは、いずれも中国で生産したものを輸出する格好だが、ドイツではフォードのザアールルイ工場を購入する話も出ている。

また、タイへの進出が22年8月に発表されているが、現地メディアなどによるとタイではＥＶ工場の建設計画もあるという。東南アジアでは、すでに日系の自動車が市場を押さえている。すなわち、これは現地の政府が推進するＥＶ化に対して日系が必ずしも応えていないことを突く戦略だとされる。

ＢＹＤはこれまでもＥＶバスなどは海外へ広く輸出展開してきた。ＢＹＤの22年の新車の輸出台数は5万台強だったが、ディーラー網の拡充も進めており、23年には30万台に増えても不思議ではない。同社は「世界70超の国・地域の４００超の都市で展開」と説明するが、消費者を相手とする乗用車の世界展開には別の要素も必要になる。ＢＹＤの急拡大路線はあまりにも急ではないかとの声もある。現地メディアは、日米欧の「大型魚」メーカーが本格的に動き出す前にテスラに打ち勝つだけの商品力を引っ提げて世界で地歩を固めるという戦略をＢＹＤはとろうとしているのだと解説する。ＢＹＤの王伝福董事長は「今は大きな魚が小さい魚を食らうのではない。動きが速い魚が遅い魚を食らうのだ」と株主総会で語ったとされる。実際、中国の華創証券が「ＢＹＤは欧州や南米、東南アジアや中東などの市場で布石を打っており、25年の輸出は30万～50万台に達する」とのレポートを出したのは、まだ〈海鷗〉などの品揃えがはっきりしていない段階でのことだった。

ＢＹＤの乗用車工場は本社のある広東省深圳市や陝西省西安市など数カ所にとどまっていたが、足元では江蘇省常州市や安徽省合肥市、河南省鄭州市など中国の約10カ所で新設する計画を進めている。なかでもＥＶ輸出における主力拠点の一つとなりうるのが、２５０億元を投じ広東省汕尾市に建設しているＥＶ基幹部品の新工場である。国際物流港に近く、年60万台分の生産能力をもち、23年後半に生産を始めるとされるが、23年中に総生産能力を４３０万台に引き上げる。

一部の自動車メーカーとの合弁事業や商用車向けを除いて、ＢＹＤは、トヨタと共同開発し中国市場に投入する〈ｂＺ３〉に採用されるといった形で、車載用電池をほとんど外販していなかった。しかし、ＢＹＤはグループの電池事業子会社「弗迪電池」が開発した車載用〈ブレードバッテリー〉の他の自動車メーカーへの外販を21年に開始している。

独自の蓄電池〈ブレードバッテリー〉は、安全性が高く、安価で、寿命が長いという特徴をもつ「リン酸鉄リチウムイオン電池（ＬＦＰ）」の一種である。ＬＦＰ電池にはエネルギー密度が低いという欠点があるが、〈ブレードバッテリー〉を効率よくＥＶの床下に重ねて敷き詰めることでそれを補った。では、ＢＹＤの技術力とはどれほどのものなのか。知財ランドスケープが中国企業4社と中国市場でトップ争いを演じるテスラを含めた5社について、充放電関連の特許の重要度について引用数などを基にランキングにしたところ、上位10件はテスラとＢＹＤが5件ずつで分けた。1位は13年にＢＹＤが出願した特許で、複数の電源規格への充電を高価な変換装置なしに実現できる技術だ。ＢＹＤはＥＶの走行に重要な熱管理に関する特許でも注目されている。電池は適正な温度で性能を発揮する。17年に出願した特許では、電池の状態を細かく把握し、加熱や冷却に必要な電力を制御し、温度を正確に調整する技術を示した(13)。

優れた技術ならば差別化のカギとなる。直感的には、技術を開放しない方が競争力を高めることになるのではないだろうか。しかし、EV市場が急速に拡大していくなかでは、他社にも自社技術を供給し電池生産の規模をスケールアップすることで、大幅なコストの削減や効率化を進める方が競争力を高められる可能性が高いとBYDの経営陣はみたのである。つまり技術の変化が激しいなかでは、外販の成否が、電池市場で先行するCATLや韓国・LGを追い上げるためのカギになると考えたのだ。

BYDはEVなど完成車のほか、電池や半導体まで幅広く製造する多くの基幹部品を自社グループで生産する「垂直統合モデル」になっている。そしてそれらの品質にこだわってきた。車載電池にはLFP電池を選んだのも安全性が高く高品質を保てるということが決め手になったが、BYD日本子会社の劉学亮社長によれば、金属加工などの技術は、買収した日本の金型大手のオギハラから学んだものだという。金型技術を駆使して車のデザイン性を高め、今ではEVでテスラに次ぐ世界2位に躍進した。

高品質の反面、各部品の製造コストが高いことがBYDの欠点だ。そこでBYDは傘下の部品メーカーを分離独立させ、それぞれの競争力を高めることを目指している。まず22年に半導体事業の子会社が深圳証券取引所の新興企業向け市場「創業板」に上場し、その上場を機に外部との取引を広げ、量産効果で価格競争力を高めようとしている。分離独立という意味で、電池を生産する弗迪電池を上場する可能性も排除しない方針である。

注

（1）McKinsey & Company, "How the European Union could achieve net-zero emissions at net-zero cost," December 3, 2020.

（2）中西孝樹『ＣＡＳＥ革命――２０３０年の自動車産業』日本経済新聞出版社、２０１８年。

（3）Michael Wicki, Gracia Brueckman, and Thomas Bernauer, "How to accelerate the uptake of electric cars? Insights from a choice experiment," *Journal of Cleaner Production*, vol. 355, June, 2022.

（4）岩城富士大「電動化による次世代自動車の環境適応とサプライチェーン」古川澄明編・ＪＳＰＳ科研費プロジェクト著『自動車メガ・プラットフォーム戦略の進化――「ものづくり」競争環境の変容』九州大学出版会、２０１８年。

（5）佐藤登『電池の覇者――ＥＶの命運を決する戦い』日本経済新聞出版社、２０２０年。

（6）The European Patent Office and the International Energy Agency, "Innovation in batteries and electricity storage: A global analysis based on patent data," EPO Publication, Sept., 2020.

（7）『未来汽車日報』の一連の記事。

（8）Kerry Segrave, *The Electric Car in America, 1889-1922: A Social History*, McFarland, 2019.

（9）湯進「固体電池をいち早く搭載　「中国版テスラ」のＮＩＯ、24年に黒字化」日経ビジネス、２０２２年４月12日。

（10）https://www.meti.go.jp/policy/mono_info_service/joho/conference/battery_strategy/0003.html　資料６

（11）Tokyo Institute of Technology, "Ryoji Kanno - Canning energy with all-solid-state batteries," http://www.titech.ac.jp/english/public-relations/research/stories/faces16-kanno（July 25, 2023).

(12)「米国、レアアースで豪州・エストニアと連携　中国に対抗」『日本経済新聞』２０２1年3月16日。

(13) 福岡幸太郎「中国ＥＶ特許、ＢＹＤ独走――出願数１５５７件でトヨタも多数引用、蓄電池強み」『日本経済新聞』２０２２年11月８日。

第4章

新規参入者
テスラが果たした
役割と自動運転
への展望

各国がＥＶの普及のために補助金政策を展開しているのは、現状ではＥＶ用電池の価格がエンジン車の部品などと比較して高いため、補助金なしでは普及がおぼつかないと考えられているからだ。こうしたなか、技術とマーケティングの先進性だけでＥＶが売れるという新航路を提示したのが、テスラである。

4.1 戦略部品か、それともソフトか

テスラの時価総額がトヨタを抜き、自動車業界で首位に立ったのは２０２０年7月1日のことだ（図４－1）。テスラは、まさにその日に、北米で販売する全車種で運転支援機能〈オートパイロット〉のオプション料金設定を８０００ドルへと一気に14％引き上げた。

テスラがＥＶの生産を開始し累計生産台数が50万台に達するまで約15年を要したが、21年には2倍の１００万台を突破する見込みになっていた。50万台達成からわずか1年3カ月のことである。こうして、テスラは米中に生産拠点をもつＥＶトップメーカーへと躍り出た。

株式市場は何をもってテスラ株を評価したのだろうか。22年には、テスラ株が、多くの機関投資家が運用指標とするＳ＆Ｐ５００種株価指数の下落率（19％）を大きく上回る65％の下落をみせた後、23年6月現在ではその下落の半分以上を取り戻していることも視野に入れながら、どこが既存の自動車メーカーと異なるのかをみておきたい。

一つは、ＥＶの生産販売において高級車を中心に置いたこともあって、ＥＶ事業での収益モデルを

図4－1　テスラの利益に突然トヨタとの「質」の差を認めた市場

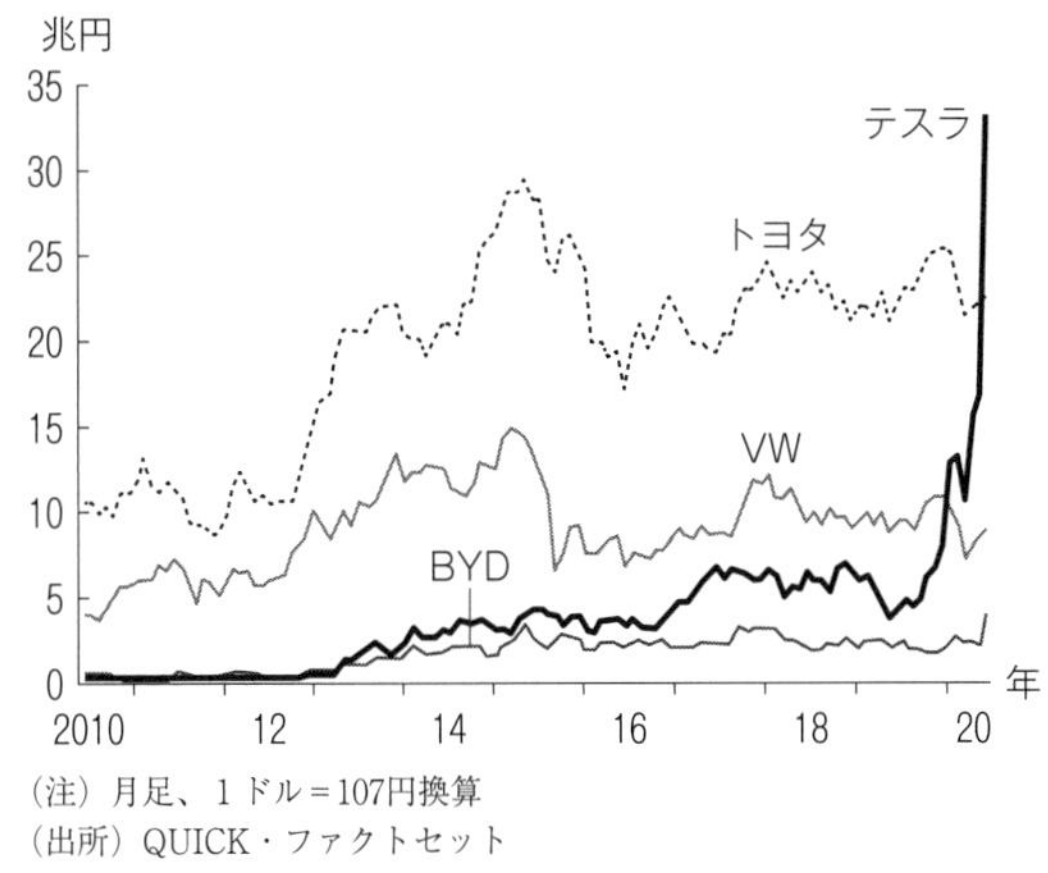

（注）月足、1ドル＝107円換算
（出所）QUICK・ファクトセット

確立し、一番乗りで収益化を果たしたことだろう。内製化を進め、独自のＥＶ製造システムをつくり、それを素早く世界展開できることを示した。

だが、累計生産台数が50万台に達するまで約15年を要したことが示唆するように、テスラは製造面で試行錯誤を繰り返してきた。先にフリーモント工場を捨て値で買い取れたことがテスラを蘇らせ、製造とは何かを学び取る機会になったと述べた（序章、10頁）。だが、そこに完全自動化をコンセプトとする生産ラインを打ち立てようとしたところに無理があったといえるかもしれない。ＥＶの生産で画期をもたらそうと17年7月から始めた〈モデル3〉の量産は、電気系統だけでなく冷却用の配管が必要となる車載電池の複雑な組み立てなどが難航を極め、金融筋では資金繰り不安が繰り返しささやかれた。トラブルの連続で、週ごとに1億ドルの資金を失い、マスク氏自身が「生産地獄」に陥ったと述懐するものだった。その地獄を抜け出させたものは、原点に帰って人と機械が混在する車両組み立てラインを点検しながら自動化を進めるという取り組みだった。

フリーモント工場での試行錯誤を経て建設したのが、上海市浦東新区の新工場「ギガ上海」だ。車体を一体成型する「ギガプレス」と呼ばれる巨大機械を導入し、工数を極力少なくする一方、細長い建屋にすべての工程を収め、組み立てラインも一直線に流れるシンプルな構造を採用した。細長い形状をした上海ギガファクトリーの建設期間はわずか10カ月だった。外資規制を先取りする形で中国に単独出資で建設したこの工場は、年産50万台生産できる巨大な能力をもつ。その建設コストはテスラの試算ではカルフォルニアの〈モデル3〉生産ラインより約65％（単位生産能力当たりの資本支出計から計算）低下したとされる。シンプルな流れ作業により作業効率が上がり生産コストを大きく抑制できたことに加え、第3章で触れた電池コストの削減により、〈モデル3〉の販売価格は〈モデルX〉の半額以下の30万元に設定され、たちまち人気を獲得した。その後、小型のSUV〈モデルY〉を追加したところ、こちらも売れ行きが良く中国市場でも20年1～6月の販売実績でトップのシェアを獲得し、その勢いのままヨーロッパ市場への輸出も開始した。持続的な販売台数の伸びにより、テスラは業界を持続的にリードする利益力を実現することになった。

コロナ禍で販売、生産不振に見舞われた自動車業界の20年4～6月期は軒並み赤字だったが、トヨタは1588億円、テスラは1億400万ドルと、ともに黒字を確保した。トヨタの場合、200万台余を生産・販売するなかで原価を引き下げる「カイゼン」を積み重ねての収益確保であるのに対し、テスラの場合30万台を販売するなかで〈オートパイロット〉の価格上乗せを行ったことが大きく寄与したとみることもできる。利益を構成する事業内容、つまり、利益の「質」が違うということ、そしてＥＶ化が自動車産業の向かっている方向だということを提示した。テスラが自動車産業の方向性を示す象徴的な存在となったことが、同社の株高につながっていると解釈できる。

確かに〈モデル3〉など発売済みの自社車両ではすでに車体の周辺状況を確認するための監視カメラや現在地を把握するための全地球測位システム（ＧＰＳ）などが搭載されていた。これらのソフトウェアを更新することにより、無人運転で呼び寄せる〈スマート・サモン〉機能が追加されたことから「セクシーだ」という評判を生んだ。そして、インターネット経由で自動車のソフトウェアを更新する技術「オーバー・ジ・エア（ＯＴＡ）」が使用されたことが自動運転車への発展形態を提示したと受け止められたのだ。ソフトウェアに依存する収益構造も収穫逓増型のデジタル業界に似ているという見方だ。

車載コンピューター〈ＦＳＤベータ版〉への1万5000ドルというオプション価格の設定は、現行モデルの性能はほぼ変わっていないのでテスラにとっては単純な値上げに近い。主力小型車〈モデル3〉の最低価格帯モデル（3万7990ドル）に同機能を付けた場合、価格は21％も跳ね上がり、車両価格の17％にもなる。その持続性に関しても、〈オートパイロット〉と〈ＦＳＤ〉（フルセルフドライビング：完全自動運転）が生み出す収益は25年時点でもテスラの売上高全体の6％程度だが、粗利益では25％近くを占めるようになるとモルガン・スタンレーは予想していた。(1)

なお、〈ＦＳＤ〉の実現する「完全自動運転」とは、高速道路で車両が自動的に車線を維持し、道路状況に合わせた速度で走るといった機能であり、自動運転のなかでも初歩の「レベル2」相当のものだ。

では、〈オートパイロット〉の新規性は、どう評価されるのか。テスラは23年2月にも自動運転機能〈FSDベータ版〉を搭載した車両36万2758台をリコールしている。GMで自動運転の開発を率いた後、ウェイモ顧問に転じて自動運転の開発を見守ってきたローレンス・D・バーンズ氏は、テスラが〈オートパイロット〉をあたかも自動運転が可能かのような扱いをしていることを厳しく糾弾している。自動運転はいずれ可能になるが、その時が来るまでの技術はいろいろな制約を抱えたままであることを明確にすべきであり、テスト版である〈FSDベータ版〉を顧客に提供するのは違法に近いという。(2) 自動運転の5段階の技術水準では下から2番目の「レベル2」でしかないものをFSDと呼ぶのは、消費者団体等からは詐称ではないかとの非難もある。テスラが量販車種の〈モデル3〉の受注時に運転支援機能について、完全自動運転が可能と受け取れる広告に対し、ドイツの産業界はこぞって異議を唱え、訴え出た。その結果、ミュンヘンの地方裁判所は「自動運転」をうたった広告表示が誤解を招くと判断し、ドイツ国内の広告で〈オートパイロット〉の名称や「自動運転が潜在的に可能」などの表現を使うことを禁止した。

テスラは以前にもあたかも自動運転ができるかのようなコマーシャルを流しているなかで、人身事故を起こしても経営陣は批判を受け流すなど、自動車メーカーのもつべき安全意識が低い。(3) にもかかわらず、テスラが〈オートパイロット〉を開発する次のステージに移ることができたのも確かだ。テスラの技術革新のスピードも、トラブルがあっても修正すればよいというメンタリティも、自動車メーカーというよりはグーグルのようなＩＴ企業のものだ。

こうした自動運転の安全性に対する自他の認識ギャップが値付けに現れているのかもしれない。他社の場合、同様の機能のオプション料金は車両価格の5％程度である場合がほとんどで、ＯＴＡはホンダでも20年に導入され今後業界標準になっていくとすれば、テスラはきわめて強気な価格付けをしたことになる。

なぜテスラは強気なのか。ホンダなどの後発企業はＯＴＡ機能でテスラに追随したとしても、打ち出す「玉」がないのに対し、テスラは〈ＦＳＤ〉を19年春以降に出荷した１００万台余、すべての車に後づけで標準搭載する準備があるとしている。〈モデル３〉や〈モデルＳ〉などには、自動運転やインフォテイメントなどの機能を統合制御するＥＣＵ（電子制御ユニット）の役割を一任した〈ＨＷ３・０〉と呼ぶ車載コンピューターが搭載されているが、それを１秒間に１４４兆回もの演算が可能な〈ＦＳＤ〉に置き換えれば、あとはそれをベースに無線でソフトウェアを更新（つまりＯＴＡ）していけばよい。近い将来には、市街地での運転支援にも対応させ完全自動運転の実現を目指すなど、機能の拡張性が目に見える形になっているという。事実、テスラは２週間ごとに自動車をアップデートするなど顧客に新しい体験を提供していることは確かだ。

自動車の電子アーキテクチャーはハードウェア主導からソフトウェア主導へと進化してきているが、現在最も多くの車に搭載されているのはカナダのブラックベリーが提供している〈ＱＮＸ〉というＯＳだ。〈ＱＮＸ〉は安全性をベースに設計されており、メータークラスターなどシステムダウンしてはいけない機能を動かすＯＳと、プログラム可能な車載情報システムを動作させるＯＳを別のメモリ空間で動かすことで隔離している。たとえ車載情報システムのＯＳがウイルスに侵される事態になっても、メータークラスターなど自動車を動かす基本的な部分に影響を及ぼさないように設計されて

図4－2　車1台のコストに占めるソフトの割合は増加

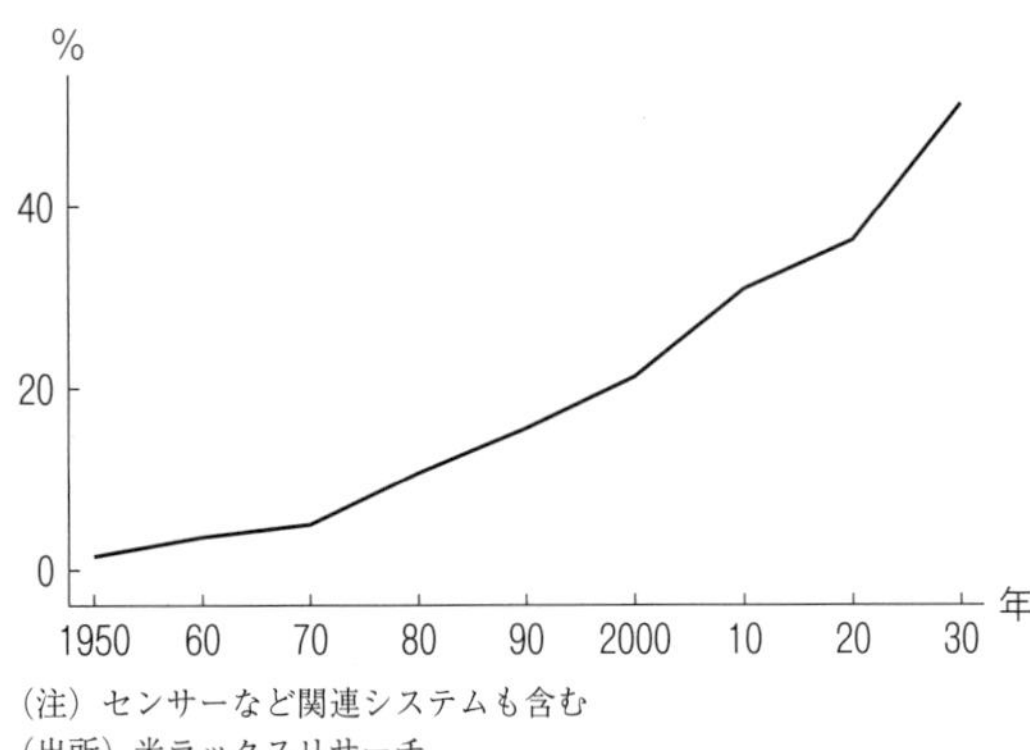

（注）センサーなど関連システムも含む
（出所）米ラックスリサーチ

おり、将来的には自動運転のベースにできる拡張性が確保されていることになっている。同社の発表によれば、〈QNX〉を搭載した車両の累積出荷台数は21年の1億9500万台から22年には2億1500万台に増えたとされる。一方で、EVメーカーの上位25社中24社が〈QNX〉を採用しているが、これはテスラが採用していないことを示している。

なぜテスラは〈QNX〉を採用しないのか。ブラックベリーの〈QNX〉では既存の部品メーカーの立場を尊重しながら新たな機能を加えていくので、結果として数十個のECUが複雑に絡み合う「スパゲティ状態」の電子基盤になっているというのだ。これに対して、しがらみのないテスラの〈HW3・0〉ではECUは数個単位で完結している。テスラはすでに、サプライヤーに任せていた自動運転用のソフトウェアの開発を内製に切り替え、〈HW3・0〉に内蔵する半導体も自社開発している。(4)〈FSD〉はこの延長線上にある。

テスラに限らず既存の自動車大手も「SDV（ソフト主

導車両）」と呼ばれる開発思想を取り入れている。アメリカの調査会社ラックスリサーチは、車1台のコストのうちソフト（センサーなど関連システム含む）の割合は30年に50％程度にまで高まると予想している（図4－2）。電池が戦略部品であり、それがパソコンにおけるインテルであるとすれば、テスラはさしずめEVにおけるマイクロソフトという位置づけになるといえるのかもしれない。

これに対し、トヨタ自動車の豊田章男社長（当時）もソフトウェアで収益を上げるなど学べる点が多々あるとテスラのやり方を認める一方で、リアルな世界では電動化フルラインアップをそろえるトヨタの方が選ばれるのではないかと総合的な評価を下している。

確かに、OTAで置き換え可能なソフトであれば、外部に優れたソフトが出てきた場合、それに代替される恐れもある。また、「つながる車」に使う通信関連特許はエリクソン、クアルコムなど通信系半導体メーカーの手にあり、彼らは特許連合のアバンシを通じて完成車メーカーにのみライセンス交渉を求めてきたが、ノキアがメルセデスベンツを訴え、部品メーカーではなく自動車メーカーがライセンシーとなるという判例が生まれた。通信が5G時代になり、自動運転、「つながる車」などではより多くを通信系半導体メーカーの技術や特許を活用せざる得なくなる。テスラはいつまで技術で優位を保っていけるかが問われることになろう。

4.2 テスラの先進性は失われつつあるのか

2022年にテスラの株価が65％下落したことに対応する出来事は、テスラの22年のEV世界販売

図４－３　EV販売でテスラの快進撃は続くのか

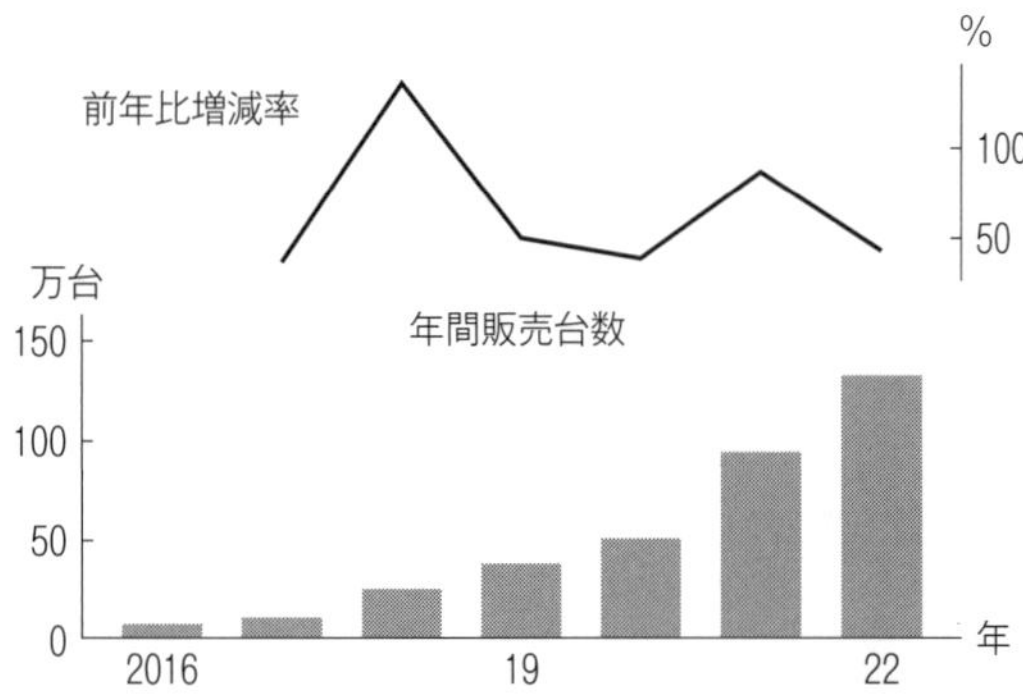

（出所）カー・アンド・ドライバー編集部（松澤）「テスラの生産・販売台数が130万台を突破。前年比40％増でも、当初目標には届かず」、2023年1月13日　https://www.caranddriver.co.jp/business_technology/36807/　（2023年８月22日最終閲覧）

台数が21年比40％増の１３１万３８５１台にとどまったことだ。通年ベースで過去最多を更新したものの、前年比50％超の増加としていた当初の目標は下回った（図４－３）。これはどのように評価されるのか。

テスラは、ドイツに欧州工場を、アメリカではテキサス州に新工場を建設し、中欧米の三極生産体制を築いた。それと同時に、本社を西部カリフォルニア州から、ハイテク企業の誘致に熱心な南部のテキサス州の州都オースティンに移転した。テキサスの新工場「ギガテキサス」の当初の生産能力は年50万台で、カリフォルニア州と中国・上海市、ドイツ・ベルリン郊外にある既存工場を合わせた生産能力は年２００万台を超える。「当初の」生産能力としたのは、コロラド川沿いに位置する「ギガテキサス」の延べ床面積は約92万㎡（東京ドーム約20個分に相当）で、拡大する余力があると考えられるからだ。

テスラにＥＶ化を先取りさせたものは、生産革命だった。「ギガテキサス」ではどの程度生産性が上がるのか。ネバダ州の巨大電池工場から電池を輸送しているカリフォルニア州のＥＶ工場とは異なり、「ギガテキサス」では一つの屋根の下で電池から車体まで一貫生産が可能だ。生産ラインの改革にとどまらず、工場内ではギガプレスでも進展がみられた。同工場で生産する〈モデルＹ〉ではバッテリーを覆う部品に車両の構造材と同じものを使用し車体の軽量化を実現する一方、複雑な形状の大型部品を一体成型できる世界最大級の鋳造機を導入している[5]。マスクが車の生産を根本的に簡素化したと自賛するゆえんである。

工場を新たに建てるたびに生産方式をゼロから見直す手法は、テスラに定着したかに見える。問題は、マスクが乾式電極のリチウムイオン電池を自社生産することで、コストを半減させると豪語した電池を無事量産に乗せられるかどうかだ。

テスラは19年にスーパーキャパシターに関する特許や技術、製品を持つマックスウェル・テクノロジーを買収し、ＥＶの最も高価な部品の内製化と、そのコスト削減を目指してきた。将来の電池生産に対応するため、コスト削減と毒性排除を実現すべく乾式電極リチウムイオン電池を採用した。乾式電極では溶媒の仕様が大幅に削減され、厚くて機械的に安定した電極コーティングが可能になる。すなわち、乾式電極技術は、電池セル製造工程におけるエネルギー消費を削減しコストを下げるだけでなく、現在のリチウムイオン電池の性能を向上させるという期待を抱かせるものだ。この期待を含めたテスラの躍動モメンタムが、マスクが22年はもちろん、23年以降も平均50％の伸び率でＥＶ販売台数の成長が続くと説明してきた根拠である。

4.3 始まった価格競争：ドミナント競争時代の終わり

アバナシーらはドミナントデザインをめぐる競争が終わると価格競争の時代に移るとした。普及期になって、テスラの価格戦略の強みが改めて発揮されているとみることはできないだろうか。まず観察されるのは、テスラがインフレにより上昇を続ける原材料価格や人件費を価格に転嫁できたという事実だ。2022年通期の販売台数こそ前年比40％増と伸び悩んだようにみえるが売上高は前年比51％増の814億6200万ドル、純利益は2・3倍の125億5600万ドルだった。インフレで小刻みな値上げを繰り返したことでEVの平均単価が上昇し、利幅も売上高営業利益率（22年12月通期）でみて4・7ポイント上昇して16・8％となったことは、テスラに価格競争力があることを意味する。ブランド力の賜物といえよう。

ところが、22年10月にはテスラは値下げに転じた。中国市場で値下げをしたのに続き、12月下旬には北米市場でも、主力車種の価格を実質的に7500ドル引き下げる販売施策を始めた。これは、GMやフォード、韓国の現代自動車などが普及価格帯の車種を増やし、シェアを伸ばしてきたからに外ならない。BYDを初め、新興企業のNIOや吉利、復活してきた国有企業などEVメーカーがひしめく中国は最も競争が激しい市場であることはいうまでもないが、今や新規参入の影響が最も大きいのは北米市場だ。ルーシッド・グループやリヴィアン・オートモーティブといった新興企業に加え、GMやフォードのEV化が進展し、EVの本格的な普及期を迎えているからだ。

図4－4　柔軟な値付けで市場環境に対応する

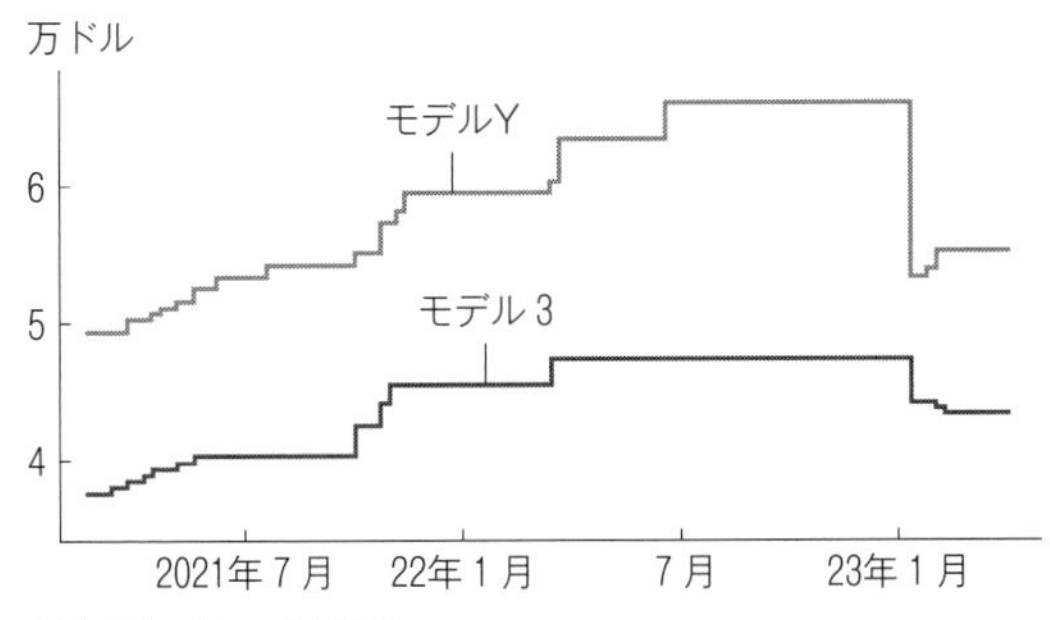

（注）廉価グレードの場合
（出所）テスラのウェブサイト

実際、ＥＶ化で先行してきたテスラが23年1月に行った最大20％という大幅値下げは、多くのライバル企業を動揺させた。ＥＶをこれから育てなくてはならない競合他社が価格競争に踏み切る準備ができていないタイミングで、テスラが先行して値下げに踏み切ったからだ（図4－4）。これにより、テスラの23年1～3月の売上は前年同期比36％増となった。4月には再び上級2車種に加え、売れ筋のセダン〈モデル3〉とＳＵＶの〈モデルY〉も対象に、2～6％の値下げをした。

ＥＶの世界で縦横に振る舞うテスラと、１０００万台の「押し」をもつトヨタ（22年も１０３０万台と販売台数で3年連続世界一）とを比較すると何がみえてくるのか。今コスト削減によって利益を確保しているトヨタの利益とテスラの利益を比べてみよう。利益総額ではトヨタが少し勝る一方、トヨタは22年4～12月期における原材料価格高騰分の2割にあたる１７００億円の原価削減（連結ベース）をしたが、テスラは図4－4に見るように値上げで原材料価格高騰に対応している。この結果、テスラの自動車1台当たりの利益はトヨタの約5倍になっている（図4－5）。これは、ＥＶに限らずエンジン車からＦＣＶ

図4－5　1台当たりの純利益はテスラが突出する

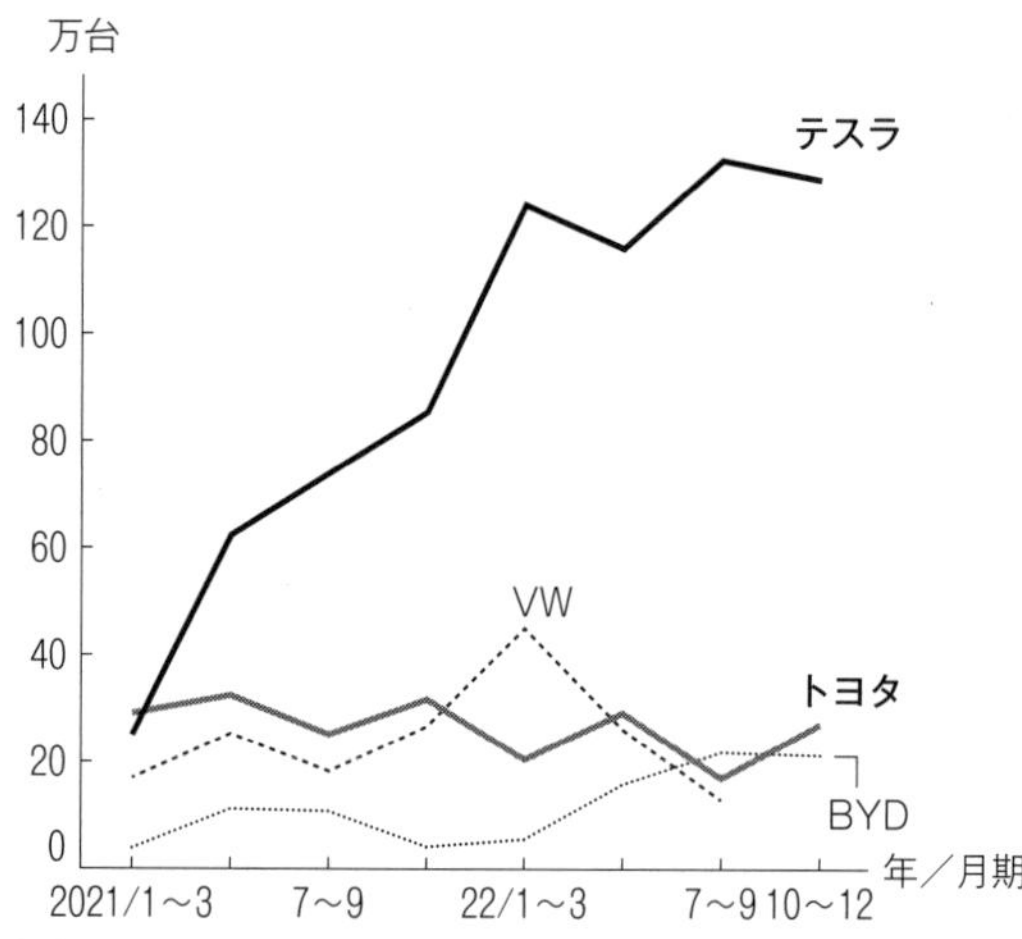

（注）中国元やドルは期中平均レートで計算、BYDの22年10～12月期はレンジのある純利益見通しに基づき中央値を記載
（出所）宮田圭、福本裕貴「トヨタの稼ぐ力に陰り、4～12月純利益、テスラが猛追」『日本経済新聞』、2023年2月9日

まで50車種を手掛ける「全方位」展開のトヨタと、EVに特化して4車種に絞っている経営効率の良いテスラとの差といってよいかもしれない。

テスラの販売方法が実店舗ではなく原則としてオンラインでの消費者への直販で、ある意味で販売店の利益を取り込んだものになっている点も、ドイツ高級車3社に対し競争優位に立っている要因と考えられる。この点に関し、メルセデスのハラルド・ヴィルヘルムCFOはテスラの間接費が非常に低いと捉え、「デジタル化で全領域を変革し自社のコストをもっと抑える」と対抗心を燃やす。

だが、テスラは、ドイツの3社にとどまらず新車販売に占めるEV比率がいずれも1割程度にはなってきたGMやフォードとも対峙しなければならない。

4.4 イーロン・マスクというリスク要因

ところで、テスラの社名は、発明家のニコラ・テスラにちなんで名づけられたことが知られている。ニコラ・テスラは当初、エジソンの下で働いていたが、袂を分かち、GEの合併につながった送電方法をめぐる論争「電流戦争」ではエジソンと敵対関係にあった。いじめなど不遇だったとされる少年時代を送ったイーロン・マスクの、主流に対抗しようという反骨精神がテスラという社名を選ばせたのかもしれない。

そのニコラ・テスラ張りの反骨精神をもった発明家たるマスクを、アシュリー・バンス氏は気短な完全主義者とみている[6]。これに対し、オランダの経営学者ポール・ルイ・イスケ氏はまったく正反対に近い見方をする。イスケは、マスクが事業で何度も失敗しながらも巨額投資を続けるのはなぜかを問うた。それは、マスクが失敗を恐れない人物だからというより、「失敗で集まる長期のデータが財産だと考えるから」ではないかと理由づけている[7]。パナソニックの津賀一宏社長（当時）はマスクについて「過度なほどの楽観主義で自分に都合の悪いことは（都合よく）消せる。大きなビジョンを持ち、真っすぐ突き進んでいける」と評する。

実際、マスクの構想と素早い事業化には眼を見張るものがある。2002年に創業したスペースXは5月末に民間企業による世界初の有人宇宙飛行を実現した。最終目標は人類の火星移住を掲げる。生成ＡＩが一世を風靡するとその開発の一時停止を提唱したかと思えば、生成ＡＩ開発の企業、ｘＡ

Iを創設している。他にも脳波でパソコンなどを操作する技術を開発するニューラリンクなど複数の有力スタートアップを率いる。

先進性がテスラのブランド力の源泉となっていたが、それがマスクの自由奔放な言動と一体となっていることが今や問題となっている。とりわけ、マスクの尽きない野望が裏目に出た恐れがあるのがツイッターの買収だ。

ツイッターで「週に40時間しか働かずに世の中を変えた人はいない」と投稿したとおり、自身も一週間に100時間前後の長時間労働をする。マスクはそれを従業員にも強要して、「週に80時間働く意欲のないものは去れ」と非常に高い目標を与えるとともにハードワークを従業員に求めたため、幹部の離職などが発生し投稿の選別・管理ができなくなるなど混乱を招いている。その混乱に輪をかけたのが、3700万人を超える自身のツイッターアカウントのフォロワーに対してマスクが22年12月に行った、自分はツイッターのCEOにとどまるべきか、去るべきかに対する投票の呼びかけだ。

「去れ」の投票が多く、マスクはX社の新CEOとしてNBCユニバーサルの広告部門のトップであるリンダ・ヤッカリーノ氏を指名した。新体制でのマスクの役割は製品やソフト、システム運営を担当するエグゼクティブチェア（会長）と最高技術責任者（CTO）だが、最初の仕事としてツイッターの社名をX社へと変更し、アイコンも青い鳥から黒いXマークに変えた。これによってテスラを新たな成長軌道へと導く経営をマスクが行えるかは今後の動向を見守るほかない。

4.5 自動運転への移行

自動運転が自動車市場における競争の重要な要素になってくると、どうしても新規参入者の貌が浮かぶ。その筆頭は、特許の数からしても、そしてカルフォニア州での公道実験の実績からしても、ウェイモとGMクルーズだ。この2社がトップに立っていることは中国を含め、広くコンセンサスを得ている。

事実、2023年の幕開けと共にアメリカで開催されたテクノロジー見本市「CES」では、ウェイモが公開したEVの自動運転タクシーが注目を集めた。ウェイモは自動運転ではトップを走るとみられているからだ。浙江吉利控股集団有限公司（ジーリーホールディンググループ）と共同開発し、同社の高級EVブランド〈ZEEKR（ジーカー）〉の車両にウェイモの「レベル4」の自動技術システムが搭載されている。運転手がいらないので、当然車内にはハンドルもアクセルペダルもない。「レベル4」とは、アメリカの自動車技術協会の5段階区分でいう、高速道路など限定領域内ではシステムがすべての運転タスクを実施する完全自動運転ができるというものである（表4-1）。日本ではこのレベル4を許容する改正道路交通法が23年4月に施行され、法令上は自動運転の実用化の時代に入ったことになる。ただ、事故が起こったときの法的責任の所在については、特に明示的な法改正はなされておらず、システムにおける製造者責任など従来の刑法や民法などの法律の解釈に委ねられている。「レベル4」が実現すると、自動車を販売して対価を得るこれまでのビジネスモデルを

表4－1　自動運転技術のレベル区分

レベル	概要	安全運転にかかる監視、対応主体
運転者がすべてあるいは一部の運転タスクを実施		
レベル0 運転自動化なし	運転者がすべての運転タスクを実施	**運転者**
レベル1 運転支援	システムが前後・左右のいずれかの車両制御にかかる運転タスクのサブタスクを実施	**運転者**
レベル2 部分運転自動化	システムが前後・左右の両方の車両制御にかかる運転タスクのサブタスクを実施	**運転者**
自動運転システムがすべての運転タスクを実施		
レベル3 条件付き運転自動化	システムがすべての運転タスクを実施（限定領域内） 作動継続が困難な場合の運転者は、システムの介入要求等に対して、適切に応答することが期待される	**システム**（作業継続が困難な場合は運転者）
レベル4 高度運転自動化	システムがすべての運転タスクを実施（限定領域内） 作動継続が困難な場合、利用者が応答することは期待されない	**システム**
レベル5 完全運転自動化	システムがすべての運転タスクを実施（限定領域内ではない） 作動継続が困難な場合、利用者が応答することは期待されない	**システム**

（出所）官民ITS構想・ロードマップ2017

一変させ、自動車業界にパラダイムチェンジをもたらすのではないかといわれてきた。ＩＴ企業がこぞって参入を目指すのは、ライドシェアのように新しいモビリティサービス事業が主役になると見越しているからだ。

滴滴出行（ディディチューシン）などのライドシェアという業態は、自動運転が始まれば、それまでに運転手との間に築いたネットワークの資産がレガシーになってしまうという制約をもっている。自動運転車の本格的な普及期に入れば、運転手を組織するというコンセプトで運営しているライドシェアの参入障壁のひとつが崩れ去ってしまうと、アシュ・レーゲ氏（自動運転ソフト開発会社ズークス副社長）は警告する。逆にいえば、ライドシェア業界には自動運転に対して攻勢をとらなくては自己の生き残りが難しくなるというプレッシャーがある。だが、自動運転技術の開発は考えられていた以上に困難であることが分かってきた。

では、何が自動運転における課題となっているのか。トヨタで自動運転の開発を率いるギル・プラット氏は、ＡＩが自動運転のために行う要素には「認識」「予測」「判断」の３つがあり、ＡＩは「認識」や「判断」こそ得意だが、ＡＩに人の脳と同程度の「予測」をさせることはそれほど簡単ではないことが分かってきたのが19年ごろのことだったと指摘する。緊急時以外は運転をシステムに任せられる「レベル３」の実現には「レベル４」相当の技術が必要になり、それだけのコストを負担できるような車はつくれないというのである。これは「遅れている」とみられるトヨタだけでなく、各社が共通に直面している課題なのだ。プラットはあくまで自動運転を目指すという方向性（24年にはアウディの「アルテミス」では「レベル４」が搭載されている）もあるが、「運転支援」の向上を図るという行き方もあると指摘する。既存自動車メーカー対ＧＡＦＡＭという捉え方があるが、「後者」を選択している点でトヨタと次に述べるアップルは似ている。

4.6　「アップルカー」登場の衝撃はどれほどのものか

スマホの10年をリードしてきたアップルが自動運転の技術を装備したＥＶ「アップルカー」をもってＥＶ市場に参入してくる、その衝撃は計り知れないものがあるとの見方は絶え間なくあった。それは、自動車における付加価値の源泉がエンジンや電池など動力から、車が提供できる機能やサービスに変わっていく、大転換を象徴するものだと考えられたからだ。その際アップルは、自らは開発に特化し自動車メーカー含めた外部企業を生産下請けとして活用するという憶測も広くシェアされた。

実際、アップルは２０１４年ごろから自動運転への参入を模索してきた。「タイタン」と名づけた社内のプロジェクトチームを通じて、関連する企業との接触を進めていたことから漏れてくる断片的な情報しかなく、その動向はなかなか正確に知ることはできなかった。故スティーブ・ジョブズ氏による同社創業時からの伝統である、極度に情報を公開しない「秘密主義」の下にあるからだ。

「タイタン・プロジェクト」が開始されて以来、何度か挫折に近いものに直面し、その都度方向転換したことが報じられてきた。筆者が最初にそれらしき動向を意識したのは、ＡＩ人材獲得市場からみたアップルの自動運転技術の開発状況は遅れ気味だという評価を耳にした時だった。グーグルに限らず世界トップレベルの資金力があるＧＡＦＡＭは、給料だけではなく、他では手に入らないようなデータを用いて最先端の分析ができる機会を与えることによってアメリカのトップ大学の博士号取得者を次々に雇い入れていた。最近ではＡＩ学会が人材獲得の場になっている傾向があるが、中国ＩＴ企業が、またとない機会を研究者に提供し人材を獲得している一方、アップルが自動運転技術での進捗状態を発表したのは同じＧＡＦＡＭでも出遅れているという評価を覆すためだったとされる。

果たせるかな、アップルはその後、グーグルでＡＩ部門を率いていたジョン・ジャナンドレア氏を引き抜いて「機械学習とＡＩ戦略」を束ねる上級副社長に配置した。よいＡＩ人材を集めるには強いリーダーの下で働きたいというニーズに応えなくてはならないという意図によるものとみられる。

アップルはＧＡＦＡＭのなかで、ほぼ唯一中国市場でのビジネス展開をしている企業だ。アップルの滴滴出行への出資は、ライドシェアの雄、滴滴出行のもつビッグデータを梃子として起死回生の一手を打つ手がかりを得るためとの見方もできる。

アップルが、完成車としての開発を予定していた当初の「アップルカー」構想を棚上げし、自律走行システムを外部に提供するビジネスモデルに変更したと噂されたのは16年のことだ。自動運転システムの開発に精力を集中することで後れを一挙に取り戻すのではないかと推量された。

その後19年6月にスタンフォード大学発のスタートアップ、ドライブ・エーアイを買収したのは自動運転の技術者の数を確保するためとみられたが、20年には、アップルは再び自動運転機能を備えた完成車をつくる「アップルカー」計画に立ち戻ったと伝えられた。多くの企業が完全な自動運転技術の開発は困難だと意識するようになったにもかかわらず、アップルは依然として強気であり、社内で約５０００人が自動運転技術開発に携わっているとされた。カリフォルニア州にて自動運転車のテストが行われているのが目撃されるなか、韓国の現代自動車が提携交渉を認め、子会社、起亜のジョージア工場を使って24年にもアップルカーの製造に入ると伝えられた。ブルームバーグは、アップルが搭乗者が向かい合って座るハンドルやアクセルのない完全自動運転の開発を目指しており25年に市場に出回ると21年に報道した。一方、別の報道では、製造委託するのは起亜ではなく、ｅトレインの開発を請け負ったＬＧ電子とマグナ・インターナショナルの合弁になると伝えられた。

だが22年12月のブルームバーグの報道は、これまで謎に包まれていたアップルカーの仕様にまで言及があるかなり詳細なもので、これによりアップルカーの開発動向が相当程度明らかになった。アップル自身は、報道の内容を何等コメントしていないが、先のプラットのコメントも示唆するようにかなり正確な情報だと思われる。

ブルームバーグは、アップルが常に完全に単独で自動運転できる車を実現させることは不可能だと判断し、アップルカーは高速道路など限定された条件下で映画などの娯楽も楽しめる程度の自動運転技術を搭載したものにとどめるとし、ハンドルやペダルのない自動運転EVをつくるという以前の報道を修正した。すなわち、障害物を探し当てるには必須のLiDARセンサーやレーダーセンサー、カメラから構成されるカスタムアレイが搭載され、車の位置情報や車線データ、人や物に対する方向も検出できるが、今の技術では天候が悪い場合や市街地などでは100％安定して検出して安全を確保することはできないと判断したというのである。こうしてアップルは以前の「野心的な自動運転車の計画」を後退させ、新たな車の発売時期も約1年延期して26年にした。

4.7 中国の自動運転への取り組み

欧米に先駆けて自動運転技術を開発し、自動車業界を牛耳ろうとしているとみられるのが中国だ。中国は規制に先んじて開発・利用を認め、インターネット経済を発展させたのと同様の手法で、自動運転でも先行開発を促しているのだ。法執行を柔軟にして百度（バイドゥ）が無人自動運転の実験を北京の公道で行ったり、ホンダが提携しているスタートアップ、オートXが上海や深圳で自動運転タクシーを運行できたりしているのも、そうした規制環境にあるからだ。

半導体ではアメリカの厳しい規制を受けている中国では、微細加工の必要な自動運転のための半導体は入手できない。中国が自動運転のため利用するのは軍民融合の成果の一つである中国版GPSの北斗と5G通信だ。北斗は2020年6月に衛星35基地体制を築いており、全世界をカバーするサービスが完成している。導入が遅かった分、本家のGPSの性能を上回る。ただし、自動車に関しては主力が国有企業と外国メーカーとの合弁となっていることもあり、その外資系メーカーを中心に多くの車両がアメリカのGPSを搭載しているというのが実情である。

しかし、近い将来自動運転への利用が始まるとすれば、インターネット経由での運行に対する脅威を取り除く仕組みを導入する必要が生じる。一つはシステムの乗っ取り防止策だ。乗っ取り防止に関しては中国が先進国となっており、20年には中国の騰訊控股（テンセント）が〈レクサス〉のハッキングに対する脆弱性を指摘し、それに対してトヨタがソフトを改修したといったことも起こっている。一方、アメリカでは自動車メーカーやIT企業がサイバー・セキュリティーで連携する組織があり、テスラのようにソフトウェアの脆弱性を見つけた外部のハッカーに報奨金を支払う取り組みをしているところもある。

今一つは衛星を用いたナビゲーションだ。自動運転のための工業情報化部は、米中対立の先鋭化を睨み17年施行の「インターネット安全法」や21年9月施行の「データ安全法」に基づいて中国版GPS北斗の搭載を「推奨」する「インテリジェント・コネクテッドカー生産企業と製品の基準管理強化に関する意見」を地方政府の管理当局と全自動車メーカーに通知した。アメリカのGPSの使用を回避する目的があることは明らかだが、義務化ではなく、まずは「推奨」としたのは多少なりとも合弁企業への配慮があったからだろう。同通知は自動運転時代を睨みネット経由で安全にソフトウェアのアップデートができるＯＴＡの装備も義務づけた。近い将来、10億台のスマホ、２億台の自動車のナビが「北斗」対応になっていることは容易に想像できよう。

また、５Ｇは、これまで主流だった無線通信規格４Ｇに比べ、通信速度が約１００倍にもなる画期的な技術で、超高速の通信処理が必要な自動運転技術や、あらゆるものがネットにつながる「ＩｏＴ」などのサポートには欠かせない最先端のテクノロジーだ。国際標準では１㎢当たり１００万台の機器と同時接続が可能になる。一度に数台という４Ｇの接続水準からすると飛躍的な性能向上だ。機器と基地局との通信では１ミリ秒しかかからず、低遅延も５Ｇの特徴であることから、５Ｇの主な活用先として自動運転がクローズアップされてきた。５Ｇのサービスを提供するために必要な５Ｇ基地局は21年までに１４２万５０００カ所設置されており、22年には２００万カ所を突破したとされる。

衛星を用いた自動運転というのは、そもそもアメリカでＤＡＲＰＡが軍隊を西海岸から東海岸へ、またはその逆をするためのアイデアを求めて完走コンテストを始めた時からの発想だ。中国で北斗を活用しながらさまざまな実証実験が行われて不思議ではない。

では、こうした実験を経て、中国は具体的にどんな目標を掲げているのか。25年には「レベル４」の実用化を達成し、「レベル３」とハンドル操作やスピード調整などを支援する「レベル２」相当の技術を搭載した自動車において50％の普及を促す。そして、それまでに法整備も進めながら、30年には「レベル４」の販売比率を20％に引き上げ、35年には全国で「レベル４」などの高度な自動運転の運行を拡大し、やがてスマートシティとの融合を実現するというものだ。

政府方針の実現役をになうのは中国のテクノロジー企業だ。政府のアサインで量子コンピューターをアリババがになうならば自動運転は百度だ。百度は中国政府から指定を受け、17年から自動運転の開発連合「アポロ計画」を立ち上げている。「レベル4」の自動運転技術を搭載したEVに関しては、先述のウェイモの発表より少し早い22年4月に、北京で開かれた自動車ショーでコンセプト車を公開している。EVの本体をつくったのは、百度が55％出資する吉利との合弁企業である集度汽車で、同社は23年にもEVを販売する計画だ。

「アポロ計画」は、百度が開発した自動運転技術を、参加企業が一定の条件下で無料で利用可能なオープンソースとして提供している点に特色がある。百度によれば、北京汽車、奇瑞汽車、一汽集団など多くの中国企業も参加しているが、海外からもフォード、メルセデスベンツ、ホンダなどの自動車メーカー、ボッシュなどの部品メーカー、さらにはエヌビディアやマイクロソフトなど幅広い参加者があり、計画の公表以来、１７００の開発者がアポロ計画のソースを利用し、パートナー企業数は1年目では90社ほどだったが、5年余が経過した現在では２１０社が参加するまでになっている。サービスが拡大した背景には、世界の自動車市場の販売台数で30％を占める中国において、政府のバックアップが受けられる事情以外にも、自動運転システムをソースコード、運転トレーニング・データ、運転能力といった3つのレベルでオープンソース化を行い、計画の公表以来、６０００人を超える開発者がアポロ計画をサポートするようになったことがある。

エヌビディアはヨーロッパ市場では18年に自動運転開発のプラットフォームを外販し始めたが、こと中国市場では百度の「アポロ計画」の一員ということになる。逆に言えば、百度からすれば、こうした多数の企業との協働による開発体制が組めたことにより、ソースコード・運転能力など各階層が2カ月ごとに1回の頻度でバージョンアップして自動運転の能力を向上させることも可能になっていることは特筆すべき点だ。たとえば、ドイツに本社を構えるZFが車載コンピューターとセンサーのシステム統合に関する専門知識を提供する一方、エヌビディアが安全なシステムの中核をなす自律型マシン用Xavierチップを統合することによって生まれたProAIは、複数のカメラ、LiDAR、レーダーからの入力を処理し、自動車の周囲の360度ビューを描画し、高解像度マップ上に自動車を配置して、交通状況の中で安全な経路を見つける中国向けに業界初のAI自動運転車コンピューティングプラットフォームとなっている。

中国が自動運転開発で多少出遅れているとしても、それを補うアドバンテージがある。一つは、中国では消費者の自動運転に対する受容度が高いことだ。19年に米デロイトが行った消費者信頼感調査では、自動運転車が安全でない可能性があると回答した者の割合は中国で25％。米国は50％、ドイツは47％だった。

そして今一つが官民一体の開発、普及体制が整っていることだ。先に規制を緩くして実験を重ねるという姿をみたが、ここでは理想形をつくってしまおうという特区の施策を取り上げたい。習近平国家主席肝煎りの未来都市、「雄安新区」ではAIを駆使して自動運転を実現するモデル地区を設けて関連産業を振興する体制をとっているが、その中核企業に選定されたのがやはり百度だ。雄安の自動運転の「AI特区」では、早くも百度が共同開発した小型の自動運転バス〈アポロン〉が周囲の歩行者などを巧みに避けながら自動運転のカーシェアのプール拠点などとの連結を想定したルートを走り回っている。「雄安新区」は5Gの通信システムを装備し公共交通はすべて地下に収める形で整備されているが、同時に上記の体制で進める百度の自動運転車の開発が終われば地上交通では自動運転車だけが認められるという計画だ。ＳＦの巨匠、アイザック・アシモフは１９５３年に発表した短編『サリーはわが恋人』の中で、自動運転が本格的に普及するとほとんどの場所で人が運転する車は禁止されることになるだろうと予想してみせた。(8) その予想通り、雄安では人が運転する車の走行はすべて禁止なのだ。

２０２２年に基礎インフラをほぼ整えたという「雄安」の街づくりは、きわめて自動車中心だということに気がつくだろう。中国版の特区は、35年の完成時には面積では東京都全体に匹敵する２０００㎢規模、人口は２００万人以上の巨大都市となり、自動運転とスマートシティの融合を象徴するものとなる。第1章でスマートシティはデジタルツインの究極の姿という見方を掲示したが、中国は自動運転を含めたスマートシティそのものを世界に売り込んでいく将来を見据えている。

一方、19年に中国版ＧＰＳ「北斗」のバックアップも受けて自動運転車両に乗客を乗せる運行サービスに「商業免許」を中国で初めて与えたのは湖北省武漢市だ。「北斗」が20年6月に、55基体制になり完成をみたことによって、その測位精度が1センチ単位にまで向上したことから自動運転にも利用可能になったという。「レベル3」の実現には完全自動運転の「レベル4」相当の技術が必要になるというプラットの議論は衛星の援護などでカバーできることになる。武漢市は5Gを用いた自動運転の商用サービスは世界初だとしており、免許を授けられたのは百度など3社だ。百度は後述するように北京などでも商業免許を得ている。

4.8 自動運転の将来

逃げ水のように見えるのがAI、ロボットの研究で文化功労章を授けられた金出武雄カーネギーメロン大学教授の回顧談だ。先に自動運転の技術開発が始まる契機になったのはDARPAのコンテストだったという指摘をした。そこでの本命とされたカーネギーメロン大学のチームを率いた金出は、自動運転の実現がこんなに時間を要するものだとはまったく考えなかったと述懐する。

一方、当のDARPAはコンテストとしての自動運転のプロジェクトが巷で評判を呼び、方向性を失っていたことによる取り潰しの危機を免れたとされる。[9] ところが、金出によればそのコンテストの実情は杜撰だった。金出がDARPAに出した最初の研究計画では、1986年に開始して1年目で道路のレーンに沿っての走行、2年目には障害物の発見が可能になり、4年目には現在でいうところの「レベル4」が実現するというもので、そのための方策も「一応」示していたが、受けるDARPAの側もプロポーザルを信じて資金をつけたというのである。プラットはDARPAでプロポーザルを受ける立場だった。

金出のプロポーザルから40年を経て、アップルが2026年に発売する車は、高速道路での走行時には、映画を見るなどマルチタスクが可能なので、「レベル4」並みの自動運転を経験させるUX機能は備えている。しかし、「レベル4」の自動運転をうたうことはなく、市街地を走行する時や悪天候の時など手動操作に切り替えるべき状況では警告を発するようにするとのことだ。

こうした状況をどう評価すべきか。プリンストン大学のアラン・コーンハウザー教授は、安全車と自動運転車の違いを強調し、自動運転車ができてそれが普及するのはまだ先だとしても、「常に先進運転支援システム（ＡＤＡＳ）を組み込んだ安全車を提供していくことが自動車事故の減少をもたらすと、まずは出来ることを確実にやることが重要だ」と説く。[10] そして人間と自動運転車とのインターフェースの在り方を考えるべきだということになる。自動運転車の設計によっては、人との衝突を避けるため信号のない横断歩道では自動運転車は止まったまま動かないことも考えられる。先に紹介した「アップルカー」では市街地では自動運転をしないよう警告が出て、ドライバーがハンドルを握ることになっているのは、そうしたことへの対処ということになる。

運転とは目的地へ早く着きたいという「益」と事故が起こるという「損」とがせめぎあうゲームだとみれば、自動運転の事故率が人間の起こす事故率を下回れば、全面的に採用しても良いのではという発想もできる。中国では自動運転一番乗りを目指し、そのような採用の仕方をするかもしれない。だが多くの国ではそうならないだろう。

アップルの開発思想やコーンハウザーの言説は、自動運転が可能なほど高度な知能でドライバーの安全運転を支えたほうが、交通システムとしては合理的ではないかという仮説に立っているように思われる。そうした方向性が正しいことが今後実証されれば、自動車は自動運転可能な範囲を広げず、誰もが安心して安全に移動できる手段として進化していくことになろう。こちらの方向に進むとすれば、コーンハウザーが示唆するように「ボタンひとつで……」という時代の到来はまだまだ先のように見える。

だが、物流業界では、日本でも24年問題として騒がれているように、大変な人手不足に直面し、ラストワンマイル（消費者が商品を手にするまでの最後の配送区間）の配達では無人車の活用が期待されている。少子高齢化が急速に進む日本のような場合には、人々の移動そのものを手助けする技術としての期待も大きい。こうした期待に応えるものとなると、「ボタンひとつで……」操作が終わる自動運転車を早期に実現すべきことになる。すでに見たように無人バス、無人タクシーは、中国ではまずは可能なゆっくりとした運転で実証実験の段階から商業営業へと移っている。ウェイモが提示したビジネスモデルはこうした流れの中にあるとみて良いだろう。

自動運転が限られた範囲で始まった、あるいは始まるとした場合、人間同士が阿吽の呼吸で行っている車体同士の衝突回避を、車同士が会話を交わすことで実現することはできないだろうか。モビリティ産業におけるブロックチェーン・ＤＬＴの標準化と普及を推し進めるコンソーシアムであるＭＯＢＩでは、会話する自動車を想定する。レーダーなどを使った場合には、天候が雨や雪だと自動運転が困難になるのはアップルカーで見たとおりだ。そこで、ＭＯＢＩは車がブロックチェーンのような分散型データを持ち、互いの周辺認識や走行の特徴を自動で交換すれば、より安全で効率的な交通が実現できるのではないかと考え、ブロックチェーンを活用した車両交通の効率化などを競うトーナメントを15カ国25チームの参加を得て3年にわたり行ったとの報道があり、筆者は大いに興味を抱いた。というのは、筆者もユビキタス社会には自動車の玉突き衝突を回避するようなＩｏＴが生まれているだろうといった予測をかつてしたことがあるからだ。だが、ＭＯＢＩの活動を紹介した『モビリテイ・エコノミクス』を期待をもって手にしたものの、自動運転の技術開発に資する可能性に言及する一方で、自動運転の実現は先に延びた観があるという記述で終わっていた[11]。ブロックチェーン技術を用いた自動車の対話も現状では高速で走っている場合には認識範囲に大きな課題があるということであろう。

天候などの障害によって自動運転車ができないのは、LiDARやGPSなどに依存しているからだとすれば、悪天候の下でも自らの位置が高精度に分かる量子慣性センサー技術の確立が待たれる。だが、量子センサーの実用化は30年以前には実現しないだろう。

では、5Gや「北斗」を活かして遠隔操作で車両をコントロールできるようにしてバックアップ体制をとる一方、車本体での自動運転能力をアップして、その連携のなかで精度を高めながら自動運転を確立するというアプローチをとっている中国では、欧米に先駆けて自動運転を実現する可能性はないのか。

中国版ウェイモとして期待されているのが、17年設立の自動運転のベンチャー、広州文遠知行(ウィーライド)科技だ。創業CEOである韓旭氏は、「当社が共同開発したレーダーは車の200~250メートル先の状況まで確認し、自動運転走行に役立てられる。従来の車より『視力』は、2・5倍に高まった」と話している。同社は、18年から広州市の指定地域で「安全員」が運転席に乗るという条件付きでの自動運転タクシーの運行を始めた。22年に安全上運転手が搭乗するという条件付きながら、人間がまったく介在しない「レベル4」の自動運転サービスを大規模に実現することを目指すとし、緊急時でも無人で対応できる自動運転の公道実験を始めたと発表した[12]。韓CEOは、グーグルなどは自動運転の技術の蓄積が深い、とアメリカ勢の技術力を認めつつ、自社を含め中国勢の追い上げが急ピッチで進んでいる点を強調し、完全な無人運転の実現を今後2～3年の重点目標としていると述べていた。

では、現在はどうなのか。23年の冒頭に開かれた世界最大のテクノロジー見本市「CES」の会場で、ウィーライドは「レベル4」の商用化に向けた努力は続けるが、「レベル3」などに対応した自動運転支援型の製品を強化するとの姿勢を明らかにした。ウィーライドは、中国主要都市で自動運転タクシーを運行してきたが、22年に自動車部品最大手の独ボッシュから投資を受け入れたのを契機に、「レベル3」など自動運転支援システムを外販するサプライヤーとしての機能を強化する方向へ転換したのだ。

では、政府の支援を受ける百度はどうなのか。百度は、北京や上海など5都市で自動運転タクシーのサービスを展開している。顧客を確実に獲得しており利用回数も格段に増えているとするものの、その事業収入はわずかだとしている。それでも、今後はサービスの提供地域を広げ、25年には65都市で展開し、30年までに自動運転タクシーを合計100都市で展開する方針を打ち出している。

百度が今後の自動運転タクシー事業に期待しているのは、22年7月に発表した最新の自動運転車の価格が25万元と従来のおよそ半分だからだ。中国の中信証券の試算によると一般のタクシー車両の価格は約10万元だが、自動運転対応車は5倍の約50万元だと推定している。[13]使用車両として現在は国有大手の北京汽車集団などと連携し、百度の自動運転技術を搭載したEV〈アポロ・ムーン〉を活用しているが、23年からは百度が第一汽車集団と協力して生産し始めた、中国初となる「レベル4」クラスの自動運転車を湖南省長沙市に無人運転タクシーとして投入するというのである。

今一つの期待は完全無人化の進展だ。「レベル4」の実現にはレーダーなどのセンサーを多数搭載する必要があり、そのコストをカバーするにはタクシーは無人でなくてはならない。だが、現状は北京市などのごく一部の地域で完全無人を認める動きが出ているものの、各地の実証実験では、原則として安全を確保するための監視員を助手席などに搭乗させる必要がある。

ところが、「レベル3」以上の自動運転では、事故時の責任所在や車両の登録などの具体的なルールが一部の都市を除いて未整備で欧米諸国に比べ遅れている。これは先に指摘したイノベーション遂行のために法を曖昧にしておくという中国の政策方針がもたらした陥穽といえるかもしれない。もちろん、実験的な手法によって欧米にはない法が生まれる可能性は否定できないが、法が整備されない以上、タクシー運転で完全無人化を許可できない状況が続くことになる。

ウィーライドや百度の例を見る限り、中国で「レベル4」に対応したシステムを開発しても、天候によっては無人運転では危険であることや、当面コストに見合わない事業であることも欧米の直面している状況と変わりはない。自動運転の普及に力を入れる中国の国家戦略で定めた工程表が未達に終わる可能性は大きい。

このウィーライドにはルノー・日産・三菱自動車が出資しているが、先にも触れたようにトヨタは百度の「アポロ計画」に参加し、ホンダはセダンの〈アコード〉や〈インスパイア〉にオートXの開発した自動運転技術を搭載して、広東省の公道で走行試験をしている。特定の条件下で車の運転を自動化する「レベル4」に相当する技術を活用しようというのだ。

自動運転で中国企業と連携するのは日本勢だけではない。ＶＷのソフトウェア専門開発子会社カリアドは22年4月、中国法人を設ける一方、10月には中国最大の車載AIチップメーカーの北京地平線機器人技術研発（ホライズン・ロボティクス）と合弁会社を設立して自動運転技術の開発を加速しようとしている。VWの中国事業で過去最大規模とされる24億ユーロを投じたこの合弁は、ディースのソフトウェアの内製路線を修正し、他社との協業を通じて開発への転換を象徴する事業とみることもできる。

自動運転で日米欧主導の自動車業界を逆転させようという趣旨に沿った青写真は、しばらく青写真のままであるだろう。

4.9 自動運転をめぐる合従連衡

先に、モビリティ（CASE＋MaaS）対応のためのR&Dコストが上昇したため世界の自動車業界では規模の不経済が生じているとの見方を紹介した（第1章、52頁）。だが逆に、モビリティサービスに対応するためR&Dコストの上昇ゆえに規模の経済をもとめ合従連衡を進めているとみることもできる。

自動車業界の規模の経済に関しては、イギリスの経済学者シルバーストンが提唱したシルバーストン曲線が有名だ。シルバーストン曲線による研究結果は、車1台当たりの生産コストは生産台数が5万から10万台に増えると15%低減、20万台では10%低減、40万台では5%ほど低減するというものだった。(14)

１９５０年代の生産水準においては、規模の経済は50万台ほどで達成されるのではないかと考えられたが、その後も自動車の構造が複雑になり、社会的な責任を問われるようになってくると、「今や最低規模は５００万台倶楽部だ」とのまことしやかな議論が巷間で盛んに行われてきた。90年代における巨大な自動車メーカー同士の大再編の象徴ともいえる出来事が98年のダイムラー・クライスラーの誕生だった。世紀の大統合と賞賛されたものだ。

その後、世紀の大統合は解消され、ダイムラーは単独で生き残る方向を探りメルセデスベンツと社名も変えてＥＶ専門への道を歩み始めた一方、残されたクライスラーはＦＣＡ（フィアット・クライスラー・オートモービルズ）となった後に、ＰＳＡ（プジョーシトロエン）との2社の対等合併会社、ステランティスを誕生させ今日に至っている。

では、自動車各社がＲ＆Ｄコストの重荷を現在どれほど感じているのか。日本経済新聞がＱＵＩＣＫファクトセットを使って行った簡単な調査によれば、表４－２に見るごとく、２０２３年度の研究開発費は海外10社で前年度比で16％増の６０１億４７００万ドル、日本7社で８％増の約3兆４００0億円が見込まれているが、次世代ＥＶの開発・生産に向けて対応を強めているＶＷでは全17社の２割近い約2兆２６００億円をＲ＆Ｄに投じている。売上に対する比率では４・９％だ。Ｒ＆Ｄ投資3位のトヨタの場合も、コストを半減させるＥＶ用の電池を開発できるかが焦点となる。ＧＭ、フォードなどのアメリカ勢は政府の北米産ＥＶに対する税優遇政策を背景に、ＥＶや電池開発を優先している。たとえば、21年にＧＭは労使の協約で残した本社近郊の「ハムトラミック工場」を、12年前に廃止された大型車〈ハマー〉を復活生産するためのＥＶ工場に転換し、世界的なトレンドとしてのＥＶ

表4－2　2023年度の研究開発費トップは独VW

		研究開発費（兆円）	売上高に占める比率（%）
1	フォルクスワーゲン（独）	2.26	4.9
2	ゼネラル・モーターズ（米）	1.39	6.2
3	トヨタ自動車（日）	1.24	3.3
4	フォード・モーター（米）	1.18	5.0
5	ホンダ（日）	0.98	5.4
6	BMW（独）	0.99	4.6
7	ステランティス（欧）	0.89	3.2
8	日産自動車（日）	0.58	4.7
9	BYD（中）	0.53	4.2
10	テスラ（米）	0.47	3.4

（出所）川上梓「世界の車大手、研究開発費が最高　売上比率首位は米GM」『日本経済新聞』、2023年6月7日

シフトに対するGMの狼煙とした。実際、GMは21年秋に〈アルティウム〉を初搭載した〈ハマー〉のSUVを発売し、23年までに20種類のEVを投入している。[15] そしてEVを支えるのが20年にLGとの共同開発を終えた電池〈アルティウム〉だ。生産コストを現在の7割以下に低減させることができるだけでなく、50～200kWhまで容量を柔軟に組み替えられる機能を実装したことに特徴がある。

だが、自動運転への注力を続けるGMの23年度の売上に対するR&D比率は6・2%となる見通しで10年前の13年度の数値（4・6%）から大きく跳ね上がる。フォードやホンダも5%台と高いが同比率が6%を超えるのはGMだけだ（表4－2）。

合併当時FCAの販売台数は世界9位で約442万台、PSAは世界10位で約348万台であった。FCAを率いた故セルジオ・マルキオーネ氏は15年、アナリスト向けのプレゼンテーションで、「自動車産業は巨額資本の投下にもかかわらず、薄利しか得られない構造問題を抱

えている」と指摘し、再編によるコスト削減でしか同産業は生き残れないと説いた。それを地で行ったことになる。

一方、倒産を経験したGMの経営の軌跡は実直に市場に向き合うもので、ある意味メルセデスベンツの経営の仕方に似ているが、ホンダと資本関係のない連携を求めたことに特徴がある。GMの経営は、自動車業界の当面のニーズと将来的な発展への対応という二つにうまく応えているとして、経営学者のチャールズ・オライリーらによって、「両利きの経営」として高く評価されてきた(16)。だがEV化への流れが明確になる一方、近い将来には自動運転の普及が実現しそうにないなかで、GMの経営は岐路に立たされているのではないか。

確かに16年に、創業4年目のクルーズ・テクノロジーズを10億ドルで買収した時には「高値づかみ」と揶揄されたが、自社の開発チームを合流させGMクルーズとする一方、そこにホンダ、マイクロソフトなどを呼び込むなどして、今では自動運転でウェイモに次ぐ地位を確保している点は評価されて良い。

序章でも触れたように、GMはクルマ関連のイノベーションでは自動運転が先行するとみていた。それが上記のようなGMクルーズの成功につながっていると捉えることもできるが、そのことによる一種の弊害も出ている。すでに地図などの情報提供サービス〈オンスター〉などで1600万台の「つながる車」を提供するまでになったが、コンテンツ配信に加え、自動運転機能を向上させるといったサービスを提供する課金サービス〈アルティファイ〉をテスラのようには活用しきれていないことだ。単に差別化できるサービスが〈アルティファイ〉以外にないこと以上に、道路状況に関する最新の情報を集めるセンシングをしてダイナミックマップといわれるデジタル地図を作製したとしても自動運転が実現しないなかでは各サービスによる好サイクルが生まれず、目詰まりしたままだという意味だ。

ＥＶ化が加速し始めると、ＧＭは自分の二つの腕でこなしていた両利きの経営が困難になり、片方の腕を社外に求めざるを得なくなった。そこでＧＭは、自動運転分野やＥＶ、ＦＣＶ開発など主に次世代技術分野で手を組んできたホンダとの提携をガソリン車にも広げ、当面必要なガソリンエンジンはホンダから調達することにした。一方、ＥＶに関しては、「ＧＭが開発するＥＶプラットフォームに、ホンダ独自の内外装を載せたモデルを、ＧＭで生産してホンダ車として売る」という合意をした。両社はすでに共同開発するホンダのＳＵＶ型ＥＶ〈プロローグ〉などを24年に発売すること、さらには量販価格帯のＥＶの開発で連携し、27年から数百万台の生産を目指し、ＥＶ大手テスラに攻勢をかけるとしている。

換言すれば、ＧＭの場合ステランティスが集約の目途とした８００万台に達していなかったからこそ、ホンダとのガソリン車も含む１２００万台でのゆるやかな結合によってトヨタ、ＶＷ、ルノー・日産・三菱グループと同程度の効果を上げていくことにしたとみられる。

そのルノー・日産・三菱の日仏連合も、17～19年に１０００万台という世界首位に迫る新車販売台数を記録したものの、長年にわたって暗闘を続け方向性を見出せないままだった。発売当時にあってはテスラの初期モデル〈ロードスター〉と並んで量産型ＥＶの草創期におけるモデルでもあった日産〈エルフ〉も、グループ躍進の糧にはならなかったのだ。43％という出資をして日産の救済を果たしたルノーが、その後は、フランス政府の後押しもあり、資本関係を梃子にして日産の子会社化を目指すことに懸命になる一方、再建を果たした日産は日仏連合の実体は日産側にあると主張した。日産はこの主張を反映し資本関係を見直すべきだと抵抗した。こうした内部紛争が続き、自動車づくりの軸となる文化がグループから消えていっていたのだ。相互が15％を出資する対等の日仏連合での再出発が決まったのは、EV化や自動運転など自動車業界をめぐる環境が激変した23年になってからのことだ。身軽になった日産はEVの軽自動車〈サクラ〉をヒットさせ、R＆D投資額では8位にランクインしたが、ルノーはトップ10に入らなかった。代わってR＆Dでランクインしてきたのが、成長が顕著な中国勢だ。吉利の場合は約10億ドルと小規模な投資計画だが、BYDの23年度のR＆D投資額は37億8000万ドルと10年前の18倍にまで増え、テスラ（33億6000万ドル）を上回る。売上高に占める研究開発費比率でも4・2％で10年前比1ポイントの上昇だ。

EVと自動運転とは別の技術であることは確かだ。しかし、両技術の相性が良いことも間違いない。その点で、EV市場を開拓し、売上比3・4％と最低水準のR＆D投資でEVの革新のみならず自動運転がすぐには実現しないことを奇貨として自動運転でもリードを保っているかのように振るまうテスラは、生成AIのスタートアップxAIの創設によって自動化の支援を受けられることになりこのまま世界の自動車業界を独走する可能性が高い。つまり、BYDと共に新たな覇者となるとのシナリオだ。一方、GMやVWなど既存の自動車メーカーは中国市場で苦戦しているものの、高級車を中心にガソリン車からの転換を比較的スムーズに進めているようにみえなくもない。先にみたようにトヨタは3年ではEV化の波にすぐには追いつけないが、いずれ追いつくだろう。だが、どの既存自動車メーカーも、自動運転をめぐっては、ウェイモほどではないとしても自動運転のスタートアップの知見を取り入れる形になっている。

注

（1）Carmen Reinicke, "Morgan Stanley boosts Tesla bull case to 65% upside but still has an 'underweight' rating on the automaker's shares," *Business Insider*, July 29, 2020.
（2）ローレンス・D・バーンズ、クリストファー・シュルガン『AUTONOMY――自動運転の開発と未来』（児島修訳）辰巳出版、2020年。
（3）Edward Niedermeyer, *Ludicrous: The Unvarnished Story of Tesla Motor*, BenBellaBooks, 2019.
（4）久米秀尚「テスラ分解　EVの「頭脳」、トヨタやVWを6年先行」『日経Automotive』2020年2月号。
（5）「テスラ、米国初の一貫工場　独走維持へ電池コスト半減」『日本経済新聞』2022年4月8日。
（6）アシュリー・バンス『イーロン・マスク――未来を創る男』（斎藤栄一郎訳）講談社、2015年。
（7）ポール・ルイ・イスケ『失敗の殿堂――経営における「輝かしい失敗」の研究』（紺野登・渡部典子監訳）東洋経済新報社、2021年。
（8）アイザック・アシモフ『サリーはわが恋人』（稲葉明雄他訳）早川書房、1988年。
（9）シャロン・ワインバーガー『DARPA秘史――世界を変えた「戦争の発明家たち」の光と闇』（千葉敏生訳）光文社、2018年。
（10）サミュエル・I・シュウォルツ『ドライバーレスの衝撃――自動運転車が社会を支配する』（小林啓倫訳）白揚社、2019年。
（11）深尾三四郎、クリス・バリンジャー『モビリティ・エコノミクス――ブロックチェーンが拓く新たな経済圏』日本経済新聞出版、2020年。
(12) 川上尚志「5G時代の車　こう攻める――2020 戦略を聞く」『日本経済新聞』2020年1月7日。
(13) 川上尚志・清水直茂「中国の自動運転レベル4黄信号――運行規制やコストが壁に　ウィーライド、外販強化」『日本経済新聞』2023年1月19日。
(14) G. Maxcy and A. Silberston, *The Motor Industry*, George Allen & Unwin, 1959.
(15) EVシフトへの戦略を明確にしたGMは、EVや電池でのスケールメリットを得るため、EVの新興メーカー、ニコラの株式の11%を取得し、同社が開発中のEVの生産や電池の供給を受託するなどの契約をした。ところが、同社の会長、トレバー・ミルトンには自社技術の優越性を誇張してきた疑惑があり、社長を辞任している。
(16) チャールズ・A・オライリー、マイケル・L・タッシュマン『両利きの経営（増補改訂版）――「二兎を追う」戦略が未来を切り拓く』（入山章栄監訳、冨山和彦解説、渡部典子訳）、東洋経済新報社、2022年。

第5章

新たな
EV需要開拓の
任になう
小粒の諸侯経済

5.1 EV化で中国の自動車需要は拡大するのか

ＥＶ化へと大きく舵を切った中国政府の自動車産業政策での目論見は、戦略部品であるＥＶ用電池で天下を取ると同時に、中国市場で外国メーカーにもＥＶ化を促して中国をＥＶ生産の基地にし、車づくりをオープンアーキテクチャーにすることで自国企業が外資と対等に競争できるベースをつくることによる自国メーカーの台頭であった。

こうした目論見がどの程度達成されたかといえば、ＮＥＶ規制といい、補助金政策といい、その間に繰り出された細かな政策には不透明感がぬぐえないものもあったが、世界の自動車業界の潮流を大きくＥＶ化へと導いたことは確かである。なかでもＥＶ用電池でＣＡＴＬがトップに躍り出たことは秀逸であり、大方の目論見がほぼ達成されつつあるといえよう。これにより、自動車のＥＶ化、ＣＡＳＥの展開に向けて、自国産業、自国企業は外資とほぼ対等、場合によっては優位なポジション取りが可能となった。

ＥＶ用電池を初めとしてＥＶをめぐるエコシステムが中国市場でいち早く立ち上がったことから、テスラはソフトを除きほとんどを中国製部品で生産できるまでになった。

ＶＷの場合、第1章で触れたように補助金を入れれば〈ゴルフ〉並みの価格という〈ＩＤ．３〉を２０２０年冒頭から中国で生産する予定は狂い、市場ニーズにも応えられなかった。だが、ＶＷが25年に中国で１００万台のＥＶを販売する方針を示し中国市場への強いコミットメントをしたことに対しては、中国政府は、安徽江淮汽車との合弁の設立と出資比率75％への引き上げを認めることで応えた。つまり、外資の伸ばせる腕は2社までという自動車合弁の従来の枠を超えた3つ目の合弁の認可は、いわば中国政府からのご褒美という意味だ。安徽江淮は、ＶＷの傘下に入り、ＶＷの技術を取り入れてＶＷの新ブランド小型ＥＶ〈ＳＯＬ〉の生産拠点の一つと位置づけられている一方、ＮＩＯのＥＶの受託生産もになっている。ところが、前にも触れたように、中国市場に対するＶＷの企業戦略は齟齬をきたしている。そこでＶＷは中国政府の陰での支援も得ながら小鵬への4・99％出資、零跑からのＥＶ技術プラットフォームの獲得などで体制を立て直している。中国政府としても、ＶＷに9万人の雇用を守らせると同時に輸出も狙えるほどになってほしいのだ。

こうして、中国からすれば、テスラやＢＭＷが、関連部材の集積を活かしてＥＶの輸出を始めるなど、中国市場をＥＶの輸出基地にするという目論見もほぼ達成できたことになる。現に23年1～6月には、214万台の輸出を達成した中国が日本を抜いて自動車輸出で世界トップに立った。それはＥＶ輸出が54万台と前年同期比2・6倍となり、輸出の25％を占めたことが大きく寄与したからなのだ。

一方、中国市場ではＶＷとトップを競ってきたＧＭも、倒産によって合弁の1％を中国側に譲ったとはいえＶＷとともに中国市場での二強を保ってきた。ＧＭは米中摩擦で「愛国消費」が進むなか19年には売り上げを15％減らしたが、中国市場への高いコミットメントを示している。ことにＧＭは、出資比率は低いが上汽通用五菱を自社の小型車部門とみなしており、〈宏光ＭＩＮＩ ＥＶ〉の投入は中国市場の底辺を探るための戦略的意図をもったものだった。上汽通用五菱の位置づけについては、以下で異なった視点を提示することになろう。

では、中国は外国メーカーのホスト市場になればよいと考えているのか。もちろん、中国をEV生産の一大基地にするという目標はもつが、それにとどまることはない。中国政府が25年までに中国の新車販売全体に占めるEV、PHVなど新エネ車の比率を25％前後に引き上げるという大胆な構想を掲げているのは、EVならBYDを先頭に国内勢も外資と同等に戦えるはず、ベンチャーの参入も絶えないはずとの心づもりからである。

現在、中国には100社を超える完成車メーカーがあり、それは中国のEV化熱の高さを反映したものといえよう。だが、それは、中国のEV化策に隠された課題の成否を探るための仕掛けでもあった。

それは何かと言えば、エコ化によって自動車需要の天井が打ち破られるという期待にも似たものだ。エネルギー・環境や交通インフラのもつ制約を考慮すれば、年3000万台の需要が限界だと唱えて来たのは、中国汽車技術研究中心の黄永和・汽車産業政策研究室主任だ。かつてフォードのCEO（06～14年）を務めたアラン・ムラーリー氏も20年ごろに3000万台の市場になるという予測をしていた。ここ数年2800万台で需要が頭打ちしている観があるのは、まさに、彼らの予想どおりということになる。

これに対して国際比較から、中国の自動車需要が年6000万～7000万台に達してもおかしくないとの提唱をしていたのは、現在人民銀行の政策委員であり、かつて国務院発展研究中心の副主任を務めていた劉世錦氏である。

EV化のモメンタムができたことから現状の天井が打ち破られ、劉の提唱する水準まで引き上げられるのか。ＥＶ普及促進団体、中国電動汽車百人会の理事長を務める陳清泰氏は、環境問題の制約がなくなり自動車需要が伸びるというよりも、渋滞や、人民の所得上昇鈍化が問題だとして、農村住民の可処分所得の伸びに期待をかける。自動運転が始まるようになれば、渋滞問題の緩和も考えられよう。

そして、22年には前年比34％増の57・3万台売られた〈宏光ＭＩＮＩ ＥＶ〉の日本市場への投入は、少子高齢化の進行が世界でみてもかなり進んでいる日本で小型ＥＶなり超小型ＥＶに何らかの役割があるのではないかを探るものでもあるのだ。

中国市場の規模をベースに「市場と技術の交換」政策で主役となったのは国や省・特別市のレベルで設立された諸侯であった。現在の主役は、中国自動車市場の規模を探るために動員されたＥＶベンチャーを支援してＥＶベンチャーが化けるのにかける県、（通常の）市など地方自治体だ。それらの競争は小粒の諸侯経済（＝地方政府による保護主義的な市場分断化）といってもよいのではないか。次にみるＮＩＯを誘致した合肥市が代表例といえるかもしれない。先の上汽通用五菱も自治体の出資からみれば柳川市が小粒の諸侯の一つということになる。

5.2 テスラ神話に乗って登場したＮＩＯ（上海蔚来汽車）

スピードをとればランボルギーニ、中国版テスラと期待されたのが、テンヤントも大株主になっているＥＶベンチャーの上海蔚来汽車（ＮＩＯ）である。２０１８年に中国版テスラとの触れ込みでニューヨーク証券取引所に米国預託株式（ＡＤＳ）を上場し、さらに４億３０００万ドルを調達したＮＩＯは、11月には時価総額が５７７億ドルに達しＧＭの５３２億ドルを上回った。

ＮＩＯのニューヨーク証券取引所への上場に続き、20年の７月にはＰＨＶを手がける理想汽車がＮＡＳＤＡＱに、８月には小鵬汽車がセコイア・キャピタルなどベンチャーキャピタルからの資金調達に踵を接するようにニューヨーク証券取引所に上場を果たすなど、米中対立が激化するなか中国の新興ＥＶ企業が相次いでアメリカで資金調達を活発化させた。しかし、19年にＮＩＯが発売したＥＶスーパーカー〈ＥＰ９〉発売後まもなくエンジンが火を噴くなどのトラブルによりリコールを余儀なくされ、販売不振などによる従業員の削減にも追い込まれＮＩＯは経営危機に陥った。

そのＮＩＯに戦略投資を行い窮地を救ったのは合肥市政府である。すなわち、合肥市政府は同社に70億元の資金を投じて同社の株式の約24％を取得する一方、その見返りとして、20年には同社の本社を上海市から合肥市に移転させた。技術トラブルの解消もあり、国営銀行６行の支店が同社への融資枠を拡大することに合意した。20年１～６月には口コミなどでファンを広げ６％のシェアを確保し、国内市場で第６位と先発企業の北京汽車並みになっている。

だが、理想汽車が23年１～３月期（第１四半期）に同期比65・８％増の５万２５８４台を販売し、値上げもあって売上高がほぼ倍増し、４億５２０３万元の黒字に転換したことを除くと、新興各社ともＥＶ事業では赤字が続いており資金の確保が依然として課題となっている。ＮＩＯもその例外ではなく23年１～３月期の販売台数は前年同期比20・５％増の３万１０４１台となったものの、黒字転換はできていない。

こうした新興ＥＶメーカーにとって救世主となった、あるいはなろうとしているのが中国の地方政府だ。地方政府には、有望だが資金繰りに苦慮する新興ＥＶメーカーを誘致し、地元の有望産業として育成しようとする動きがあり、合肥市政府がＮＩＯを誘致したのも、そうした動きの一つなのだ。合肥市が同社に投資、支援をすることで20年から25年までに得られる税収は78億元（約１５６０億円）に上るという。

ＮＩＯは工場を持たないファブレス型の経営で、製造はＶＷ傘下の安徽江淮汽車に委託している。車両設計ではＢＭＷの本社があるミュンヘンにデザイン本部を置くほか、エンジニアリングはイギリスで、ソフト開発はシリコンバレーで行い、世界を股にかけた分業体制を構築している。

ＮＩＯの21年における研究開発投資額は前年比84・６％増の45億９２００万元であり、22年の研究開発投資額は、基盤技術と長期的技術への投資を拡大したことから前年比２・４倍の１０８億３６２６万元となった。ＮＩＯはテスラやアップル出身者を多数受け入れ、設計などの最新技術を取り込みながら開発を進め、研究開発スタッフも22年末に９０００人体制まで拡大したとみられる。

ＮＩＯのマーケティング管理費用は、42億９０００万元だが、研究開発投資と同じくこれもある程度先行投資の面がある。ＮＩＯは自動車の展示や試乗、販売を行う「蔚来中心（NIO House）」「蔚来空間（NIO Space）」を中国国内に合計３８１カ所、さらにサービスセンターと納車センターを２４７カ所、バッテリー交換ステーションを１３００カ所以上もっている。

ＮＩＯの22年の納車台数は、前年比34％増の12万２４８６台だった。これは、スマートＥＶ市場全体の成長率を下回るもので、新車のソフトウェア・ハードウェア品質問題がリコールを引き起こし需要の変動をもたらしたことによる。代表的な商品はＳＵＶの〈ＥＳ６〉で、テスラの〈モデル３〉よりも高い価格設定だったが、赤字決算となった。概算では〈ＥＳ６〉以外の車種を含め１台当たり10万元以上の赤字を出している勘定になる。にもかかわらずＮＩＯが投資家を惹きつけているのは、年間生産台数が現行の12万台を上回って18～20万台になると黒字転換するとの読みがあるからだ。ＮＩＯはニューヨークの他に香港、シンガポールに重複上場して資金調達をし、これが赤字経営を支えている。３市場に上場するＥＶメーカーはＮＩＯが初めてだ。だが、これは、テスラの株価が大きく上昇をしたことを背景に、ＮＩＯなど新興ＥＶメーカーに対して、ひょっとしてこの会社もテスラのようになるかもしれないというわゆる「理想買い」が行われたことで可能になったことだ。図４－１の解説でみたようにテスラはどこまでも成長を続けるというテスラ神話が消えつつあるなか、現実を追いつかせることができるのか。

ランボルギーニ並みのスピードをうたうＮＩＯの車は、バッテリーが車体価格の４割を占めるとされる。その意味で、先（第３章、１１２頁）にも見たように22年末に販売を開始した半固体電池を搭載したＥＶの帰趨がＮＩＯの将来を占うことになる。重量エネルギー密度で３６０Ｗｈ／kg（容量エネルギー密度は推定７００Ｗｈ／ℓ）を実現したとのＮＩＯの主張が正しく、その量産ができるとすれば、まさしく中国のテスラになれる可能性が高まるからだ。ＮＩＯのＣＥＯはＥＶ先進国ノルウェーでＮＩＯの車が受け入れられた時点で、チャンスが与えられたと判断し、新たに欧州５カ国への進出の方針を掲げるなど、先進国への攻勢を強めている。ところが、23年早々に中国国内で〈ＥＳ５〉のリコールが起きている。

ＮＩＯの投資行動はベンチャーそのものだ。合肥市はそのベンチャーの背に乗っているようなものではないか。合肥市はなぜそれができるのか。それはＶＷ、吉利のＥＶ工場やテスラの体験センターなどの誘致で、地元の中国科学技術大学からの電池のスピンオフ、国軒高科を初めサプライヤー120社以上が進出し、ＮＥＶ生産の一大基地へとなり、「合肥モデル」と呼ばれているからだ。(1) ＥＶは中国の習近平指導部が掲げる「中国製造2025」のなかで重点分野の一つとなっており、いわばお墨付きの分野である。地方政府トップにとって、ＥＶ分野で成功すれば地元の雇用機会の創出につながり出世街道に躍り出る機会にもなる一方、仮に失敗しても一定の言い訳が可能になる。だが、ある破綻したＥＶベンチャーでは粉飾決算を強要したのは県の書記だったと具体的な数字を示しながら、出世を願って支援してきた自治体幹部を糾弾する例も見られる。

こうした姿は、中国の産業政策の特色とされる、いわゆる自動車「諸侯経済」の再構築といえよう。中国政府は雇用や景気への波及効果の大きい自動車産業の強化に力を入れ、外資を合弁に導く形で自国の経済発展に取り込もうとしてきたが、その主体はわれこそは中国のデトロイト市になると意気込む省や重要都市など、地方政府のトップ（首長）だった。

ＥＶでの諸侯経済形成へのトップを走るのは優遇条件を提示してテスラを誘致した特別市の上海市であるが、内陸にあるいうならば並の都市、合肥市がＮＩＯを誘致したことの意味は何だろうか。それはＥＶの時代には、かつては国有企業を抱える重要都市や省で競われた諸侯経済に弱小都市も割って入ることができる可能性があるからに外ならない。

5.3 小型EVブームを巻き起こした上汽通用五菱

中国におけるEV市場のブームは、上海で現地生産を始めたテスラが人気を集めたことに始まり、そのテスラに対抗する形で上述の新興EVメーカー、NIOが高級車種を投入したことで巻き起こされた。このブームは、上汽通用五菱汽車の発売した〈宏光MINI EV〉が価格破壊を起こし、農村を含む地方都市で「代歩車（足代わりの車）」としての格安EVの普及という新たな流れを生まなかったならば、単なるブームで終わったかもしれない。だが、〈宏光MINI EV〉に引っ張られる形で10万元以下のEVの販売比率がEV全体の25％まで高まり、瞬く間に高級車を上回るようになって、EVの破壊力が認識され、世界的なEV市場が生まれる契機となったのだ。

中国政府が「EVを農村に（新能源汽車下郷）」というキャンペーンを張ったのは2020年のことだ。キャンペーンの対象となるのは、10社が持ち寄る10万元（約153万円）以下の計16車種だが、上汽通用五菱汽車は20年7月にバッテリー容量9・3kWh、3万元という廉価で〈宏光MINI EV〉を発売した。発売月にはテスラに次ぐ7348台が売れ、大ヒットを予感させた。期待にたがわず20年の通年の販売台数は約11万3000台を記録し、新エネルギー車としては13万7000台の〈モデル3〉に次ぐ2位につけ、「EVを農村に」運動の切り札になった。

上汽通用五菱汽車は中国国有自動車大手、上海汽車集団が過半を出資する小型商用車を得意とするメーカーだが、20年7月に売り出した〈宏光MINI EV〉は、キャンペーンの上限からはるかに廉価であり、最低価格が2万８８００元（約48万円）というものだった。全長２・９ｍ、幅１・５ｍと日本の一般的な軽自動車より小型だが４人が乗れる。家庭のコンセントから充電でき、ＥＶ用の充電器を備え付ける必要がない。航続距離こそ１７０㎞と短いが、リチウムイオン電池でモーターを回して走る基本構造は一般のＥＶと同じだ。各地の地方政府による新型コロナウイルス感染拡大後の景気対策で補助金も使えたことから、地方で人気を博している。

中国には、一戸建てが多い農村を中心に地方の移動手段として年間３００～４００万台の規模をもつ「農業車」というカテゴリーがあった。「農業車」といっても、済南で毎年開かれていた見本市の光景からも分かるように、大きさも形状も動力もまったく異なる、実にバラエティに富んだものだ。09年の農村部への自動車普及を図る政策に乗って小型車ブームが起こり、これが同年に中国の自動車販売が世界一に躍り出る原動力となった。この年、上汽通用五菱汽車も中国メーカーとして初めて１車種で１００万台を販売するという快挙を成し遂げている。このシフトにより農業車というカテゴリーはなくなったが、農業車メーカーはその後も鉛電池などで動く電動カートのような安価で簡易的な乗り物を年間１００万台程度つくり、一般的な自動車には手が届かない地方の人々の日常の足として供してきた。今回のミニＥＶブームは、18年に政府がこの旧農業車の新規工場を認めない通知を出したことを契機として、格安ＥＶが新たな選択肢となったことによって起こったとみられる。

チョイ乗りＥＶは、高齢化社会の到来で多くの自動車メーカーが開発目標の一つにしてきたものだ。シトロエンが小型ＥＶ〈アミ〉を６９００ユーロで発売している例はあるが、トヨタが21年に出した２人乗りの〈シーポット〉は１７０万円、やがて述べる日産・三菱自動車の軽自動車の〈サクラ〉

〈ｅＫクロス〉の場合も２４０万円スタートといったところだ。これに対し、〈宏光ＭＩＮＩ ＥＶ〉は４人乗りで50万円である。なぜこうした低価格が実現したのか。同車を分解して調べた名古屋大学の山本真義教授は、ブレーキや冷却システムを簡素化し、半導体などは汎用品を転用したことにその秘密があり、その設計思想に感嘆したという(2)。つまり、ＥＶに必須と考えられる航続距離を延ばすための回生ブレーキを採用せず、水冷を空冷にすることで大幅なコスト削減を実現し、それによって失われる耐久性はインバーターのモジュールを簡単に取り換えられるようにすることで解決したのである。そして安全を志向する顧客には運転席にエアバッグがあり、エアコンもついている最上位版を用意した。電動カートと違い、ＥＶなら自動車保険に加入できるといったメリットもある。

低価格の背景にはもちろん、ＥＶの生産コストが先進国の半分ほどで済むという中国の部品メーカーの低コスト構造があることは間違いない。長城汽車が〈宏光ＭＩＮＩ ＥＶ〉より価格が高いが同じ低価格帯の〈欧拉〉を出しており、〈宏光ＭＩＮＩ ＥＶ〉の躍進をみて旧農業車の流れをくむ雷丁汽車が〈芒果〉を素早く提供したのは、そうした低価格部品が揃っていたからだといえよう。

〈宏光ＭＩＮＩ ＥＶ〉はテスラの〈モデル３〉などを抑え、ＥＶ中心の新エネルギー車の車種別販売で22年５月まで連続20カ月首位を守ったが、そのころからは快進撃は見られなくなった。販売に陰りが出てきたのは、割安感が薄れてきたことに原因がある。インフレによる材料費の高騰もあり〈宏光ＭＩＮＩ ＥＶ〉も22年３月に平均１割強の値上げで最低価格も３万２８００元となった。

だが、〈宏光ＭＩＮＩ ＥＶ〉は22年も前年比34％増の57万３０００台となった。電動カートのような乗り物からのシフトが終わる一方、都市部でのチョイ乗り需要の開拓がそれほど進んでいないのではないかとの懸念もあったが、34％増はまったく新たな需要層を掘り起こそうとしているといってよいのではないか。

またグローバルにみれば、〈宏光ＭＩＮＩ ＥＶ〉がチョイ乗りの小型ＥＶの需要を満たす可能性がある。実際、欧州ラトビアの自動車メーカー、ダーツはこの車種に現地向けの仕様を追加し小型ＥＶ〈Freze Nikrob EV〉として、約１３０万円で発売している。フレゼ（Freze）とは、１９０２年にラトビアで電気自動車を走らせたロシア起業家の名をとったものだ。現在の競合車種に比べ２割安く、小回りの良さが細い道路の走行に適合しているとみられ、現地メディアも「これまで安くて小さな都市向けのＥＶはなかった」との現地企業の声を紹介し好意的だ。そこで、上汽通用五菱は、国内向けに開発した〈宏光ＭＩＮＩ ＥＶ〉の設計思想を活かしながら、より高価格で同社初のグローバル車種である〈五菱Ａｉｒ（エア）ｅｖ〉の投入を計画している。五菱に対するＧＭの持ち分（出資比率）は5割未満だが、ＧＭは五菱を自社の車とカウントしており、五菱を小型車部門と位置づけている。ＧＭのインド市場からの撤退が決まった現在、戦略地域は東南アジアということになりインドネシアの工場がその拠点になる。中国のほか東南アジアやアフリカ、欧州や日本での販売も目論む。

小粒の諸侯経済の観点からすれば、広西チワン族自治区の柳州市は上汽通用五菱のお膝元だ。柳州市の新車販売に占めるＥＶの比率が２０２１年には3割を超え、全国1位に立った。それは、市内にあるガソリンスタンドの１９０カ所を大きく上回る７００カ所以上の充電スタンドが設置され、補完財政策が功を奏したからだとされる。補助金支給に加え、住民が企業と協力してスタンドを建設するモデル事業に力を入れていたのだ。

柳州市のＥＶ振興の成功は「柳州モデル」と呼ばれ、中国各地の地方政府からの視察が相次ぐ。江蘇省昆山市政府は傘下の投資会社などを通じて威馬汽車の株式を保有している。中国市場での競争激化で販売が低迷し収益は悪化、21年12月期の売上高は47億元（約９２０億円）で、最終損益は82億元の赤字だった。そこで香港上場で高級ＥＶの開発を手掛けるアポロ・フューチャー・モビリティ・グループ（ＡＦＭＧ）に威馬汽車の主要子会社を20億２０００万ドルで買収させる一方、威馬はその対価としてＡＦＭＧの株式を取得することなどでＡＦＭＧへの出資比率を従来の約24％から約70％に高めた。ＡＦＭＧは別途、自社株の市場での売却で35億香港ドル（約６００億円）を調達し、威馬汽車の子会社のＥＶの開発や製造などへの投資に充てＡＦＭＧ・威馬一体で運用することで資金繰りの改善につなげる。

一方、こちらの方は、「合肥モデル」の真似ということになろうが、江蘇省常州市の理想汽車への投資は23年１～6月は販売台数が２・３倍となるなど「吉」と出た。これに対し、広州省肇慶市の小鵬への投資は、大きな問題を抱えることになり、両市の投資は明暗を分けた。何が起きたのか、それを見ておこう。小鵬は当初、ＥＶ生産を外部に全面委託していたが、肇慶市に年間生産能力10万台の自社工場を約40億元かけて設け、初の自社生産を始めた。小鵬は、22年の目標を「25万台確保、あわよくば30万台」として広州市経済技術開発区が所有する子会社、広州凱得投資控股からも40億元の出資を受け、このうち約13億元を投じて開発区内に第二工場を建設した。

ところが22年は新エネ車購入時に支給する補助金額が前年より30％減額され、また支給対象期間も22年12月までとなった。他のメーカーが駆け込み需要の対応に忙しいなか、みな20～30万元に設定された小鵬の車種は競争力がなく、販売不振に歯止めがかけられず、23年1～6月の販売台数も39・9%減となった。

こうした窮状の打開策となったのが、VWとの提携だ。両社の提携はいうならば弱者連合だが、小鵬には中国の消費者特有のニーズに対応して開発した〈G9〉モデルのためのプラットフォームがあり、これを活用してVWの技術も使いつつ共同で2車種のEVモデルを開発し、26年を目途に市場投入していくことにしたのである。(3)

小規模な諸侯に大企業の手が差し伸べられたことになる。ここで気になることは、地方政府の関与の度合いだ。多くの場合、地方都市傘下の投資会社からのものになっているが、これは何を意味するのか。多少とも及び腰になっているからといえるかもしれない。それは国内だけでも200社近いEVベンチャーが立ち上がって強気の攻めを目論む一方、コロナ禍で賽麟汽車のように倒産する企業が出ている現状では、どの企業が生き残るのかが見極められないからだろう。

すでに新エネ車を手掛けるメーカーの一部は経営不振に陥っている。米中対立の谷間に落ち込んだ観があるのが、BMWの元幹部らが16年に創業した新興EV企業、拜騰（バイトン）だ。同社には江蘇省南京市政府や丸紅などが投資し、株式を持っている。だが、拜騰は21年に新たな資金調達ができなかったことを理由に中国での生産などを停止し、債権者が倒産を申し立てている。

深圳市場に上場している衆泰汽車も模倣経営から抜け出せず補助金が打ち切られるなかで取引所から事実上の経営破綻と指摘され、いったん合意したフォード・モーターとのEV合弁契約も解消された。目下、経営の再建中で、22年には工場再開の届け出が工業情報化部に提出されたとされるが、前途多難だ。

最後発に近い18年に参入したのが不動産大手恒大集団の子会社、恒大新能源汽車である。19年には、スウェーデンのＥＶメーカー、ナショナル・エレクトリック・ビークル・スウェーデン（ＮＥＶＳ）や車載電池メーカー、上海卡耐新能源（ＣＥＮＡＴ）などを買収して生産体制を整える一方、20年には上海市の投資会社やテンセント、配車アプリ最大手の滴滴出行などからの出資を得てデザインで勝負すると一斉に6車種を発表し香港取引所にも上場した。ところが初モデルとなるＳＵＶ〈恒馳５〉の量産を22年９月に開始したものの、22年に納車できた台数は３２０台にとどまり、工場を停止した。23年７月に過去2年間の決算が発表されたが、両年の赤字の合計が８６２億元に上ることが分かった。親会社の赤字もまた国家を揺るがしかねない額で、ＥＶ事業の今後をどうするかも決まっていない。

5.4　中国メーカーの日本市場開拓にみる少子高齢化社会

10社以上のメーカーがひしめく日本は海外の自動車メーカーにとって市場シェアの9割超を国産車が占める閉鎖的な自動車市場だった。だが、ＥＶ時代になって、その厚い壁を破って日本市場へ浸透してきたメルセデスベンツやＢＭＷに伍してテスラも浸透し始め、さらには、中国市場でテスラと同等の戦いを繰り広げた実績を引っ提げてＢＹＤや第一汽車も高級ＥＶモデルを投入するようになってきた。

だが、今日、日本市場に風穴を開けようとしている中国勢の動きは、ＥＶにおける中国市場での経験を踏まえながらも、日本の運輸業のラストワンマイルでの深刻な人手不足、日本社会の高齢化などの社会の要請に応えようとするシステマティックで本格的なものであるところに特徴がある。

中国勢が日本市場への突破口として商用車に狙いを定めているのには理由がある。それは多くのトラックを保有する物流業界はCO_2の排出量が多く、投資家の眼も厳しくなっていることから、宅配業者がＥＶへの切り替えの動機をもっていることだ。たとえば、Ｅコマースの最大手アマゾンはＥＶスタートアップのリヴィアンに出資し、同社から配送用バン10万台の供給を受けるアレンジメントをしている。

日本の宅配業者もアマゾンと同じようにＥＶ化への意欲はもっていたが、日本の自動車メーカーにはガソリン車に準じた価格で提供できる能力がない。そこで、日本のベンチャーが仲介者となって宅配業者のニーズに合った車の設計をし、それを中国のコスト競争力のあるＥＶメーカーで委託製造するということが行われているのだ。

東風汽車集団系などは２０２１年に日本の物流大手のＳＢＳホールディングスに1万台の小型トラックの供給を始めている。これはＳＢＳ創業者の鎌田正彦氏がフォロフライの創業者である小間裕康氏にもらした「最近は荷主さんからＳＤＧｓを求められるけど、ＥＶは高くてねぇ」という嘆きから生まれたものだ。そこで自分が知っている東風小康ならガソリン車に負けない価格で商用ＥＶを量産できるはず、と小間が同社に当たってみると、少しの改造を加えれば日本の安全基準をクリアできることが分かったのだ。その年のうちに日本で型式認証を取得し、この中国製１ｔ積載のＥＶをＳＢＳが大量採用する話がまとまった。

現在、保有する軽自動車７２００台を30年までに順次ＥＶへと切り替え始めた佐川急便（ＳＧＨＤグループ）を例にとると、宅配事業に特化したＥＶの設計を模索するなか、20年にベンチャーのＡＳＦを共同企画者に選定し、車両の製造は広西汽車集団に委託することにしたのだ。22年9月から始まった全車両の切り替えが終わると、その間にＳＧＨＤグループ全体のCO_2排出量が19年度比で10％減になるという。

小型トラックのＥＶ化では21年にトヨタやいすゞ自動車などが設立した商用ＥＶ企画会社にダイハツ工業やスズキなども参画して本格スタートするはずだった。ところが、すぐに商業化はできそうにない。これに対し、ホンダの三部敏宏社長は「日本の電動化のカギは軽自動車だ」と軽トラックのＥＶ化で先鞭をつけると意気込む。ホンダはこの分野を狙い、それでもホンダが商用タイプの軽ＥＶを投入するのは24年のことになる。各社は「軽」先行でのＥＶシフトを見据えて、新車開発を急いでいる。ライバルのスズキとダイハツがコスト削減に向けて手を組み、25年までにそれぞれ価格を１００万円台に抑えた軽ＥＶを発売する計画だ。この間にも軽商用車が主流の宅配や郵便配達などでもＥＶシフトが急速に進むとみられる。日本の自動車メーカーがＥＶ化に出遅れていることは鮮明だ。

軽自動車が日本特有の制度であることから、日本勢はそこにあぐらをかいているのではないか。それならば、逆にその「ガラパゴス規格」を活用して中国製ＥＶを売って見せようというビジネスモデルで、19年に創業されたのがＨＷエレクトロだ。中国から輸入したＥＶを日本仕様に改良して販売しようというのだ。21年に東京・南青山に小型ＥＶトラックのショールームを開く一方、ネット販売を始めている。

運送業者の営業所から各住戸へのラストワンマイルで日本企業が何もしていないというわけではない。セブン-イレブン・ジャパンの宅配業務「セブンらくらくお届け便」に使われるトヨタ車体の超小型ＥＶ〈コムス〉がその一例だ。運用の中で見つかったニーズに対応して超小型ＥＶなどの「ミニカー」の最大積載量を、現在の30kgから３倍に増やすなど道路交通法施行令の改正も行われている。日本郵便の配達用二輪車の最大積載量は30～60kgだ。規制緩和後の超小型ＥＶはより多くの荷物を運べ、配達員にとっては安全性が高まる。超小型ＥＶの値段が下がれば二輪からの転換が進む可能性がある。

だが、超小型ＥＶメーカーが見据えるのは23年に施行される改正道路交通法で、特定の条件下で運転手を不要とする自動運転の「レベル４」が解禁されることだ。日本では人口減少と高齢化が急激に進行しているが、クルマなしでは生活もままならない地域も多い。都市部でもかつてのニュータウンの住民が高齢化し同様の問題が生じている。こうした状況にどう対応するのか。近い将来の自動運転も睨んでの超小型ＥＶの投入が「課題先進国」としての実験の場にもなるはずだというものだ。

日本市場での新たな需要を手探りしようと乗り込んできたのが、中国の地方都市・農村で大ヒットし、ラトビアではノックダウン輸出も行っている上汽通用五菱汽車の〈宏光ＭＩＮＩ ＥＶ〉だ。ミニではあるが４人乗りで日本の軽自動車に近い大きさだ（5.3節参照）。23年の半ばまでには販売を開始するが日本製の小型車の半分の価格で提供できるとのことから引き合いが強いという。

だが軽のＥＶ化は09年に〈ｉ－ＭｉＥＶ（アイ・ミーブ）〉で世界初の量産ＢＥＶを市場投入した三菱、10年に〈リーフ〉でＢＥＶ普及を促した日産が悲願としてきたものだ。22年に両社がタッグを組んで生まれた〈サクラ〉〈eKクロスEV〉の発売は、国内の新車販売の約4割を占める軽自動車のEV化への号砲を鳴らしたといわれた。

結果はどうだったのか。日産の軽自動車EV〈サクラ〉は、圧倒的な価格競争力を武器に22年のヒット車となった。〈サクラ〉は、軽とは思われないほどの先鋭的なスタイルとボリューム感のあるボディに、日産のEVの旗艦車SUV〈アリア〉と同じく電動化を象徴する光る「Vモーショングリル」とエンブレムをつけ「日産のEV」であることを押し出している。〈サクラ〉は22年のカー・オブ・ザ・イヤー賞を獲得するなど成功をおさめた。〈サクラ〉によって、これまで日産が培ってきた電動化技術を結集させたいという内田誠社長の想いが市場に伝わったことになる。

だが、〈サクラ〉が世界に通用するものになるかは未知数だ。それどころか、『図解EV革命』の著者でもある村沢義久氏にいたっては、日本国内に入ってきた〈宏光MINI EV〉にすら敗北して日本の軽自動車は壊滅すると極言する。(4)

一方、自社の得意とするPHVの利点を説くことの多い三菱自動車の加藤隆雄社長も、「生活の足として自宅で充電できるEVは大変便利であり、今選べる選択肢だ」と軽EV普及への意欲を語っている。(5) 同社はまたタイで生産している商用EV〈ミニキャブ・ミーブ〉をリニューアルすると同時に価格を安くし23年から出荷を開始する。ルノーは傘下の「ダチア」ブランドから中国で生産し「欧州最安EV」をうたう〈スプリング〉を販売している。VWも25年にも2万ユーロ前後のEVを売り出すとしているがおそらく中国で生産し逆輸入する方式だろう。いずれも日本市場への参入があり得るもので、200万円前後のEV販売市場は世界の激戦区となった観がある。

注

（1）丁可「共産党体制と中国における高度成長のメカニズム」『中国共産党100年と習近平体制』21世紀政策研究所編、21世紀政策研究所新書、2021年。

（2）山本真義「メリハリの部品選びで超低コスト、中国50万円EVのインバーター」『日経クロステック』2021年4月26日。

（3）劉元森「フォルクスワーゲン、小鵬汽車に約7億ドル出資、EV共同開発へ」『JETROビジネス短信』2023年8月3日。

（4）村沢義久「ガラパゴスな日本の軽自動車は壊滅する…約60万円の中国EV『宏光MINI EV』日本上陸の衝撃」『プレジデントオンライン』2022年11月21日。

（5）軽EV〈サクラ〉〈eKクロスEV〉の共同発表会（2022年5月20日）での発言。

第6章

経済発展がもたらす新たな市場

6.1 自動車市場として重要性を増すＡＳＥＡＮとインド

アジア諸国では、自動車はどのように受け容れられ、ＥＶはどのような位置づけになっているのか。２０２２年のＡＳＥＡＮ６カ国（インドネシア、マレーシア、フィリピン、シンガポール、タイ、ベトナム）では、インドネシアに次いでベトナム、フィリピンで、モータリゼーションが起こるとされる１人当たりＧＤＰ３０００ドルを突破したことからＡＳＥＡＮ市場は主要６カ国でみても自動車市場の成長期に入っているとみられる。だが22年にマレーシアこそ42％増の72万６５８台で過去最高を記録したものの、主要６カ国の同年の年間販売台数は前年比22％増の３４１万台にとどまり、新型コロナウイルス流行前の19年水準（３４６万台）には届かなかった。３４１万台のうち、エンジン車以外の新たな動力源を用いる自動車の販売台数は、５万台を上回る程度とＥＶ化の影は薄い。

一方、世界一の人口を抱えるとされるインドでは１人当たりＧＤＰは２０００ドル台にとどまっているものの、総人口の規模から22年には販売台数４２５万台となり世界第３位の自動車販売実績をあげるなど、市場としての重要性を増してきている（表６－１）。

重要性を増してきた東南アジア、インドでは、日本メーカーが高いシェアを維持している。ちなみに、トヨタの地域別の販売台数構成は北米、中国、アジア、日本、欧州が１～２割ずつの構成比であり、その他が２割を占め、グローバルでみてバランスが良いポートフォリオを持っている。ＥＶ化の進展でも、地域が違えば、その速度はまちまちになる。欧米や中国では厳しい環境規制を背景に急速

表6－1　ASEANとインドの自動車販売動向（2022年）

	販売台数（万台）	前年比	人口（万人）	1人当たりGDP（ドル）
インドネシア	105	＋18%	272.25	4,361
タイ	85	＋12%	69.95	7,232
マレーシア	73	＋42%	32.70	11,407
フィリピン	35	＋24%	110.20	3,576
ベトナム	40	＋33%	98.50	3,717
シンガポール	5		5.45	72,794
ASEAN主要6カ国	341	＋22%	589.05	4,965*
インド	425	－8%	141,000	2,256

（注）＊はASEAN全体の数値
（出所）各種報道、IMFの統計より著者作成

なEVシフトが進む一方、アジアなど新興国では自動車の市場自体が拡大しており、電力のグリーン化の進展が滞るなか、環境に優しいHVの需要が拡大していくことが期待されている。

ただ自動車市場拡大のインパクトとしては、東南アジア・南アジアにおける自動車市場の拡大がいかに急であろうと、毎年の経済成長率が30年にわたって10％を越え、09年にはアメリカを抜いて世界最大市場に躍り出ただけでなく、アメリカ市場の倍の規模になった中国市場の急拡大には及ばない。中国が世界自動車市場の中核に座った現在、東南アジア・南アジアが世界市場に与えるインパクトは、残念ながらそれほど大きくないことになる。現時点ではインドとASEAN主要国のGDP（国内総生産）を合計しても中国経済の3分の1程度でしかなく、市場ニーズの品質レベルも低いため、頼りにするには市場が小さすぎる。にもかかわらず、この地域を取り上げるのは、世界自動車市場を確実に拡大させている重要な要素だからだ。

6.2 ＡＳＥＡＮ自動車覇権でタイの追い落とし狙うインドネシア

タイにおける自動車生産は、２０２２年には前年比11・７％増の１８８万３５１５台となり、新型コロナウイルス感染拡大前の19年の２０１万３７１０台と比べて93・５％の水準に回復した。部門別では、乗用車が０・２％増の60万８３９台、ピックアップトラックなどの商用車が18・１％増の１２８万２６７６台だった。一方仕向け別では、輸出が８・５％増の１０３万７３１７台、国内販売が16・１％増の84万６１９８台であった。

こうした構造になっているのは、１９９７年からのアジア通貨危機を契機に日系メーカーがピックアップトラックを中心とする日本車の輸出拠点としてタイ市場を育成してきたからだ。輸出向けの生産拠点と位置づけられたことから、フォードなど他の外資の新たな進出もあって２０１３年には２４５万７０００台を記録した。タイ政府もまたＡＳＥＡＮ経済共同体がスタートする前の15年にタイの自動車産業をいち早く輸出産業へと仕立て、タイという基地からフィリピン、ベトナム、ミャンマーなど周辺国へ睨みを利かす狙いもあって、外資をコントロールし誘導するという形で呼応した。タイは、外資、政府、地場部品メーカーの努力の結果、東アジアにおける日本・韓国に次ぐ世界的な自動車製造拠点の有力候補になったのだ。しかし、都市と農村の対立、軍のクーデターなどで中進国の罠に陥っていること、そしてコロナ禍などで、計画が思うように進まなかった。それに対する民衆の不満が23年の総選挙で野党勢力に政権をとらせるという選択となったのだ。ただ首相の選出もままならない野党の政権担当能力は未知数のままであることも間違いない。

人口7000万のタイに対し、インドネシアは世界4位の人口約2億7000万人と、ASEANでは断トツの大国だ。22年には自動車生産でこそ147万台とタイに及ばなかったが、新車市場では前年比18％増の104万8040台と域内最大の地位を確保している。

インドネシアは、GDPの2割に満たない製造業を拡大し産業の高度化をはかるため、推定埋蔵量2100万tとされる世界最多のニッケルを梃子にして自動車のEV化という潮流を国内に取り込み、EV時代の自動車産業の集積をつくって、自動車生産でもタイを凌駕しようと目論んでいる。すなわち、未加工のニッケルの輸出を禁じ、ニッケル製錬から車載電池、EV生産まで一気通貫で手掛け、雇用創出やハイテク分野での人材育成、技術移転を狙う幅広な政策を推し進めることで、成長を軌道に乗せる必要があるというのがインドネシア政府の認識だ。

インドネシアのEVの生産は22年でやっと1万台超といったところだが、政府はEV比率を25年には20％、30年には30％、台数にして100〜120万台に引き上げる目標を掲げている。EV産業の集積に必要な投資額は350億ドルとみている。投資を呼び込むための措置として、EV関連で5兆ルピア（約400億円）以上を投じる企業には法人所得税を10年間減免する策も打ち出した。23年4月には一部EV関連で国産化率を一つの目途に、付加価値税を11％から1％へ引き下げる措置も取りEV化支援策を切れ目なく展開していく。

一方、補完財としてのEVの充電設備については、エネルギー鉱物資源省が30年までにEV用の一般充電ステーション（SPKLU）を3万1859台、電動二輪用の一般バッテリー交換ステーション（ＳＰＢＫＬＵ）を６万７０００台に増やす計画だ。つまり、インドネシアでは、まだまだ二輪車の役割が大きいのだ。そこで、政府支援を活用し電動化バイクの普及の一翼をになおうと石炭鉱山の大手各社が電動二輪車への参入を目論む。たとえば、ＴＢＳ・エナジー・ウタマはインドネシアの配車大手ゴジェックと合弁会社を作り、20年代末までに２００万台の電動スクーターをゴジェック向けに供給する計画を立てている。インディカ・エナジーは子会社を通じてカナダの電動バイク新興企業デーモン・モーターズと提携し、電動バイクを発売するとしている。

ではＥＶへの参入はどうか。インドネシアは先にも指摘した通り、今や東南アジア最大の自動車市場となり、国民所得の伸びで今後も購入層の拡大が確実視される。ＥＶ時代の到来を契機に日本企業がガソリン車で築いてきた牙城を崩そうと中韓を軸に参入をはかる動きが盛んだ。チャンス到来というわけだ。

先に上汽通用五菱がグローバルカーと位置づける小型ＥＶ〈エアｅｖ〉をもってインドネシアに工場を建設したことに触れた（第５章、１８５頁）。その背景にあるのは、ＧＭが、14年に中国市場を国際本部の管轄から外す一方で、本部をシンガポールに移したことだ。つまり、同本部は東南アジア、インド、オーストラリア、日本などをカバーするが、日本勢やフォードが拠点を置くタイに対抗するという意味もあるので、ＡＳＥＡＮのなかではインドネシアが重要になる。インドも重要な拠点と位置づけられていたが現在では撤退が決まっている。

インドネシアのＥＶ市場では、現在、中国勢と韓国勢がシェアを奪い合っている。中国・上汽通用五菱汽車は22年８月に小型ＥＶ〈エアｅｖ〉の生産をジャカルタ近郊の工場で年産１万台で始め、先行する韓国・現代自動車を追うことになった。〈エアｅｖ〉は同社にとって初の世界市場向けのＥＶとなる。バッテリーは輸入しているとみられるが、〈エアｅｖ〉の価格を２億３８００万ルピア（約２２６万円）からと、現代の主力モデル〈アイオニック５〉の３割程度に抑え、同国のＥＶ市場で販売台数を一気に伸ばしている。とはいえ、充電設備などが整わないなかでは歩みは急速にというわけにはいかない。それは先行して進出した現代も同じで、現況はＥＶ二強を形成しているが、さらに、中国からは民族系ＥＶ完成メーカーである奇瑞汽車が約10億ドルを投資し、生産能力20万台規模の工場を現地に建設する方針を明らかにしている。現地メディアによると23年後半にもＥＶを発売する予定という。一方、国有企業では東風汽車集団傘下の東風小康汽車が23年に小型ＥＶ〈ＭＩＮＩ ＥＶ〉を投入予定だ。世界で工場用地を探しているテスラにもインドネシア政府は秋波を送り、ジョコ大統領は22年10月に訪米した際にスペースX社に足を運ぶなどして、イーロン・マスクと２度にわたって面談し、税関連やニッケル採掘権などのロイヤルティを含む一連の優遇措置を提供すると申し入れたとされる。誘致を競うタイやマレーシアなどを退け、テスラがインドネシアに進出するとすればＥＶだけでなくニッケルの採掘に始まる電池の製造も視野に入ることになろう。

これら外資の動きに対し、現地企業でＥＶ市場でのチャンスを狙っているのが、同族経営でエネルギー、インフラ、通信などを手がける複合企業バクリー・アンド・ブラザーズだとされる。同社は22年、ＢＹＤの電動バス数十台を子会社を通じて首都ジャカルタのバス網に納品しただけの段階だが、これを梃子にＥＶも手掛けるのではとみられている。

ＥＶ電池では、同国のルフット・パンジャイタン海洋・投資担当調整相が、27年にもＥＶ電池の

「世界3大生産国の一つになる可能性がある」という声明を発表している。ニッケルを梃子にした誘致策で具体化している2件（中国のCATLと韓国のLGバッテリー）に加え、石炭鉱山大手のアダロ・エナジーが電池子会社を設立するなど、内外の投資が目白押しだからだ。

CATLはインドネシアが21年に創設した国営電池会社IBIと共同で、電池や電池材料、電池リサイクルの工場の新設に約24億ドルを投じる。また、CATLとしては異例だが、インドネシア政府の要請にも応える形で国営鉱業のアネカ・タンバン（アンタム）と共同で、電池原料であるニッケル鉄合金の工場の新設やニッケル鉱山の開発などにも約36億ドルを投じる。各工場は東部の北マルク州などに建設し、いずれも26年までに完成させる予定だ。CATL単体の投資額は約39億ドルになる。また、LGバッテリーは、EV生産ですでに進出している現代自動車との合弁工場を24年にも稼働させる予定だ。

こうして、現地政府のEV推奨策に乗る形で、急成長が期待されるEVでHVを含むガソリン車中心の市場でのシェアを中国・韓国メーカーが奪っていこうという動きが熱を帯びている。その一方、トヨタが首位を維持し日本車合計では9割のシェアを確保して守りの立場にある日本勢の動きは鈍い。

インドネシアはニッケルの産出国ではあるが、リチウムはない。ところが近隣国のオーストラリアは世界第2位のリチウム埋蔵量を誇る。そこでEV電池とEVのハブとなってEV時代の自動車産業の集積を狙うインドネシアとしては、オーストラリアも巻き込んでリチウムを手に入れ、自国のニッケルをあわせることでハブとしての地位を確立しようと動きはじめている。こうしたなか、フォード・モーターが参画するニッケル生産事業へフォルクスワーゲン（VW）も参画を検討していることが明らかになっている。

こうしたインドネシアの動きに、警戒心をあらわにしているのがタイ政府だ。というのは、タイは東南アジア最大の自動車生産国ではあるが、主力の日系大手メーカーがまだＥＶ生産を手掛けておらず、放っておけばＥＶ生産はしばらくなさそうだからだ。

日本車がタイでのＥＶ生産に慎重なのは、東南アジアは石炭火力発電への依存が高く、ＥＶ普及でCO_2の排出量が増える恐れがあり、新興国での現実解はＨＶだという大義名分があるからだ。日系企業にはタイをこれまで新興国で根強い需要があるエンジン車の輸出拠点として構築してきたことから、それを残したいとの思惑がある。馬力が求められる小型商用車のピックアップトラックを大量に製造しているため、電動化がコスト的に難しいという事情もある。こうした日系自動車メーカーの思惑は、車産業のＥＶシフトを急ぐ新興国とのミスマッチを生んでいる。ＣＡＳＥなど急激な自動車技術の変化から自国の自動車産業が世界の潮流から取り残されてしまうというタイ政府の懸念がその典型ということになる。

タイ投資委員会（ＢＯＩ）のドゥアンチャイ長官は「車産業の急激な変化に対応するため、優遇策で電動化を加速させる」とし、実際、タイ政府は30年に国内生産する自動車の３割を電動車にする目標を掲げ、自動車メーカー向けの補助金や減税を柱とした奨励策を導入した。

自動車産業の集積がありＥＶに対する補助金があれば、日系企業のＨＶやガソリン車に対抗できるタイは外資にとって魅力的なはずだった。ところが、この奨励策に応じて日本企業を中心にＰＨＶも含めて26件の計画が承認されたにもかかわらず、20年までに生産を開始したＥＶは新興企業の２件にとどまった。業を煮やしたタイ政府は、20年にはEVでゲームチェンジを狙う中国企業を念頭に置く新たな優遇策へと切り替えた。

上海汽車は14年にタイの最大財閥チャロン・ポカパン（CP）グループと合弁を組んで進出済みであり、タイ国内のEV市場でトップを走る。21年に約1000台を中国から輸入販売し、この年にタイ運輸省に新車登録されたEVの5割を占めた。22年には3車種のEVを投入して販売台数を増やした。21年に市場参入した長城汽車も、小型EV〈欧拉好猫（オラ・グッドキャット）〉などEV全3車種をその年のうちに値下げし、販売拡大につとめた。

これらの結果、タイにおけるEVの市場では中国勢2社のシェアが約7割に達した。逆に言えば、広がりがなかったことになる。EV用充電ステーションが21年9月時点でわずか693カ所にとどまっていたことも普及を妨げている原因となっていたため、財務力もあるEVメーカーの呼び込みが求められた。

呼び込みのために22年に設けられたアメが、1台当たり最大15万バーツの補助金の給付と物品税の8％から2％への引き下げだ。ただし、それが受けられるための条件はタイ国内でEVの生産を開始することで、この呼び込みに応じたのがBYDだ。現地のSCGインターナショナルとの合弁の形で進出し、22〜23年の輸入販売台数の同数以上を、24年以降に現地生産するという政府の条件を受諾した上で、タイ政府が22年から導入したEV振興策の初適用を受けることになった。23年4月には、中国・長安汽車がタイでEV工場に98億バーツを投じると発表し、これに続いた。さらに、その後も上海汽車集団系や長城汽車も現地生産を予定するなど中国勢の進出が目白押しだ。

ＢＹＤとＳＣＧインターナショナルとの合弁は、ＥＶに欠かせないバッテリーと充電ステーションに関しても、ＥＶと同時に国内の需要を十分に満たせられるよう開発を進めていくことを政府との間の覚書で明記した。充電ステーションの建設に関しては、30年までに1万２０００カ所設置することを努力目標にしている。

こうしてタイ政府などがＥＶシフトを急ぎ、それに応じて中韓勢がＥＶに特化して攻勢をかける態勢を整えたことから、トヨタもタイでのＥＶ生産へと舵を切らざるを得なくなった。日系企業炙り出し策が奏を功したといってもよい。22年12月、トヨタはバンコクでタイ法人設立60周年の記者会見を開いて、豊田章男トヨタ社長（当時）の口からタイでＥＶの生産を23年にも開始すると明言した。タイには3つの工場があり、合わせた生産能力は年間76万台で、トヨタの中ではアメリカ、日本、中国に次ぐ4番目の生産規模だ。対象となるのは3工場のうち2工場で専用になっている〈ＩＭＶ〉である。つまり、トヨタが新興国戦略車と位置づけてきた〈ＩＭＶ〉をＥＶ化するというのである。22年12月には、トヨタはＣＰグループと組んで、家畜の排せつ物から発生するバイオガスを活用した水素を製造し、ＦＣＶへの利用も検討しているとし、ここでもトヨタの全方位での新エネ車提供の姿勢が明らかになっている。

6.3 モータリゼーション起爆剤としての「アジアカー」構想

〈ＩＭＶ〉とは「イノベーティブ・インターナショナル・マルチパーパス・ビークル（革新的国際

図6－1　〈IMV〉はタイが最大拠点

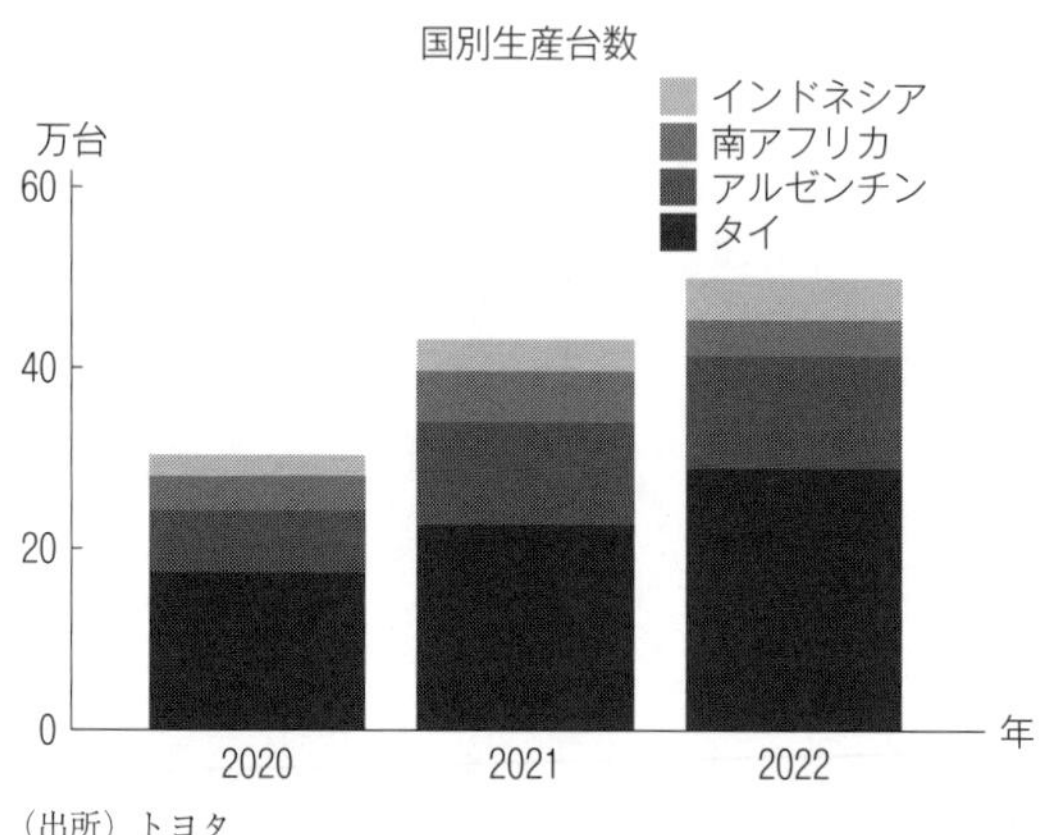

（出所）トヨタ

多目的車）」の略で、トヨタはインドネシアや南アフリカ、アルゼンチンなどでも製造しているが、専用工場を2つもつタイが最大規模だ（図6－1）。タイにおける部品の現地調達率は96％に達し、コスト競争力も高いことから、アジアや中南米、アフリカなど124カ国に輸出する拠点になっている。

実は、〈IMV〉の生みの親は開発当時アジア本部長であった豊田現会長で、同氏にとって思い入れの深いプロジェクトなのだ。タイ法人60周年の記念行事は2022年4月に開催されているのに、改めて12月に1200人を集めて60周年の記念記者会見を開いたのは、すでに社長退任を決めていた豊田氏にとって日米欧でのEV化戦略の見直しの掉尾（ちょうび）を飾る新興国戦略車のEV化宣言でもあったのだ。記者会見の会場では、〈IMV〉の主力車であるピックアップトラックのEV試作車が公開されており、豊田氏の脳裏にEV化宣言が遅かったとの思いがよぎったのではないか。

なぜ〈IMV〉なのか。先にヴァーノンのプロダクト・ライフサイクル・モデルが今でも適用可能なのは自動車のモータリゼーションだけになっていると図1－8を提示した。このモデルが中国市場でほぼ適用できるような形で進展したのは、中国では「先富主義」で富裕層が多く彼らが先進国の先進モデルを志向し、急激な経済成長によって中間層が底上げされていく形で進んだからだ。また「先富主義」は地域格差のラグとしても現れ沿岸部から奥地にまで進むのに5年ほどを要して成長の輪が広がっていたからでもある。

だが、多くの途上国で多国籍企業がモータリゼーションに関わるのは、一見したほど簡単ではない。それは、世界企業の生産構造が高価格、高品質のものが中心となっており、途上国のニーズとミスマッチになっているからだ。そこで、低価格帯でモータリゼーションの波に乗るためには序章で提示した「下からの攻め」なり第1章で触れた「リバース・イノベーション」をするなり、対応が必要となる。しかし、一方ではホスト国の産業政策があるわけで、タイで行われたような摺り合わせが必要になる。平均所得は低いが人口の多いインドでは3000ドルに達しない段階ですでにモータリゼーションが始まっている可能性もあるが、多くの人にとって自動車は手の届かないものだ。運搬機具があれば仕事が生み出されるという境遇の人もいるだろう。では、そうした人々を波が起ころうとしているモータリゼーションへとどのようにして導くのか。そうした新興国のニーズに対応することから生まれたのが、トヨタの〈ＩＭＶ〉ということになる。

〈ＩＭＶ〉は、日本の業界では「アジアカー」として知られる。それは具体的には次のような経緯で生まれたからだ。石油危機が起こり、先進国で低燃費の車が求められるようになって〈カローラ〉に代表される日本の小型車が期せずしてグローバルニッチに当てはまった。途上国でのグローバルニッチ、もしくは、リージョナルニッチの車があり得ると発想されたのが「アジアカー」構想だった。かつては、インドネシアでは乗合ジープをベースにした〈キジャン〉が競争の中心になり、そしてタイでは１ｔ・ピックアップトラックが政府も求めた基本カーであった。これは、先にも見たように（6.2節）、市場の小さな途上国でその国のイニシアティブを生かして外資主導で進めたものでもあった。

　こうしたアジアカーに関して、京都大学の椙山泰生教授は、藤本隆宏との共著のなかで、その国のニーズと世界企業の設計、設備能力とのトレードオフで決まるアジアカー発展の経路依存的な性格を強調している[1]。ある国で初めにどんなモデルが採用されたかでその後の発展形態が決まってくるとの仮説である。

　だが、近年の場合、ＢＲＩＣＳの地場メーカーが新コンセプトを提示し、それに対抗して先進国のメーカーが開発するというルーチンになっている。最も衝撃的な例はインド発の超ミニカー〈ナノ〉であろうが、これは別途述べることにして（6.5節）、ここでは日本メーカーの対応の一端を例示することで止めたい。たとえばルノー・日産が04年にルーマニアやロシアで発売した〈ローガン〉は１０００～１５００ｃｃで５０００ドルという低価格で、奇瑞の〈ＱＱ〉などに対抗し、トヨタの〈カローラ〉に次ぐグローバルに売れる車に育てたいとの意向をもつものであった。日産はさらに新コンセプトで開発した〈マーチ〉を日本での生産を打ち切りタイに拠点を移し、ここから日本を含むアジアに輸出している。

　ホンダも、軽自動車〈ライフ〉をベースにして〈ジャズ〉（日本では〈フィット〉）よりもワンサイズ小さく、日産の〈マーチ〉と同じクラスの小型車、〈ホンダ・ブリオ〉を低価格でインド、タイで生産・販売を開始した。〈ブリオ〉は、コストを削減することで、アジア地域でヒットしている先述の新型〈マーチ〉の独走を阻止するという大役を背負っているだけでなく、欧州市場までのカバーも考えられた。こうして当初はモータリゼーションの起爆剤として考えられたアジアカー構想が、現在では新興国市場攻略のための「下からの攻め」構想になった。

さて、トヨタの新興国戦略車〈IMV〉である。タイで生まれアジアで育った〈IMV〉は南アフリカ、中国、インド、ブラジル、ロシアなどの新興国にも拡大されていった。中国での投入は、第5章でも見た農村部を中心にいわゆる低価格の農業車の一群の置き換わり需要を取り込めるとみてのことである。日本車の開発が基本的な出発点となってはいるが、トヨタとしては、日本で生産・販売せずに新興国だけで販売する初めての新車プロジェクトとの位置づけになる。

インドネシアでは、政府筋の話として23年に入りテスラがインドネシアに年間100万台規模の自動車を生産できる工場の建設で暫定合意に近づいている一方、鴻海精密工業も、中部ジャワ州バタン県でEV工場の建設に入るとの報がある。鴻海はすでにタイで国営のタイ石油公社（PTT）と連携し、EV工場を設ける方針も打ち出しており、東南アジアでの投資は厚いことになる。トヨタの〈IMV〉をタイでEV化し売り出すことは、GMがグローバルEVとしてインドネシアで生産する小型EV〈エアev〉と対決するだけではなく、新たな発想のEVで新興国に入ってくるテスラを初めとするEV専門メーカーとの対峙でもあるのだ。故クレイトン・クリステンセンが雑誌の取材に答える形で「トヨタのような企業こそ、EVという新技術でアジアやアフリカの無購買層を購買層に変える『破壊的イノベーション』に挑むべきだ」とエールを送っていたことが思い起こされる。

一方、インドネシア、タイ以外のＡＳＥＡＮの動きとしては、マレーシアでは国民車メーカーのプロドゥアがシェアを40％近くまで伸ばしていること、そしてベトナムでは地場自動車メーカーのビンファストがテスラの〈モデルＸ〉並みの性能のＥＶを半額で提供するとの触れ込みで異彩を放っていることが注目される。特にビンファストは、アメリカ最大級の自動車サブスクリプションサービス会社のオートノミー（Autonomy）からの２５００台の受注を初め海外から6万５０００台の予約を確保してＥＶ特化の事業で好スタートを切ったと宣言していたが、23年2月には車両ソフトに不具合が見つかり販売延期になったことが気にかかる。

ビンファストが採用した電池は国軒高科のリン酸鉄リチウム（ＬＦＰ）で、エコモデルの最高出力は２６０ｋＷであり、フル充電で約４２０km走行できるという。22年11月に北部ハイフォンの工場で製造した自社ブランドのＥＶ９９９台をアメリカ向けに初めて輸出した際には当時のファム・ミン・チン首相ら政府要人も参加して記念式典も開かれた(2)。

ビンファストはさらに24年7月の稼働を目指して、ノースカロライナ州に20億ドルを投じてＥＶの生産工場を建設する計画だ。つまり、国内市場での販売はそこそこに、アメリカ市場で勝負するという工場の建設計画には州政府からの誘致インセンティブ12億ドルがつくが、テスラ神話が消えようというなかで果たしてＮＡＳＤＡＱでのＩＰＯがうまくいくのかが課題となっている。

カウンターポイント・テクノロジー・マーケット・リサーチ（ＣＴＭＲ）によると、東南アジア最大のＥＶ市場となっているのは、22年現在では中国企業の誘致に成功しているタイである。域内のＥＶ販売台数の58％がタイでの実績だ。上汽通用五菱などが進出するインドネシアは19％で2位であり、

3位のベトナムは16％だ。ＢＹＤはタイに拠点を持ちベトナム進出を計画している。香港誌『亜洲週刊』は、ＥＶ化の流れが強まるなかでの大挙しての中国企業の進出はＡＳＥＡＮ地域における日本企業の覇権をひっくり返す可能性が出てきたと報じている。確かにインドネシア政府もタイ政府もＥＶ化への旗を振っている。だが、電気のグリーン化はそれほど進展していないことから、普及するのはＨＶだとの見方も根強い。

そうしたなか、テスラがインドネシアに１００万台規模のＥＶ工場をつくるということが実現すればインドネシアがＥＶ輸出基地となり、テスラが牛耳を執るようになることは間違いない。東南アジアの自動車市場でＥＶ化をどう進めるのか、実際にどんな展開になるのか、圧倒的なシェアを占める日系自動車メーカーの責は重い。

6.4 第3の自動車市場に躍り出たインド

インドの２０２２年の新車販売台数（乗用車と商用車の合計）は前年比26％増の４７２万台となり、インドは中国、アメリカに次ぐ世界3位の市場となった。乗用車は23％増の３７９万台で、過去最高を更新している。

インドは14億１０００万を超える世界一の人口をもつとされ、しばしば最大の民主国家といわれる。それは、長らくインドを率いて来た国民党が、カーストに鋳こまれたインド社会にあって歴史的に低い地位に置かれてきた下層カーストをアファーマティブアクションで引き上げるなどしてモザイクのような構成をもつ社会を築いたからに外ならない。

だが、ネルー以来ながらくインドに君臨しモザイク民主主義国家を推進してきた国民党からモディ首相の率いるインド人民党支配への転換なしに、今日のインドは語れない。

グラジャダート州での経済成長策を引っ提げて中央に登場したモディ首相によってアマルティア・セン流の民主主義優先モデルは東アジア雁行モデルに近いものになったからだ。ジャグディシュ・バグワティがセンとの論争を通じて開発独裁型のグラジャダート州での経済成長策がインドでも適用可能だとしたのである。そしてモディ首相も雁行モデルで有効であった製造業での成長策をとるようになった(3)。そのためには整備された道路や安定した電力供給が不可欠だ。このためモディはインフラ事業に投資して地方の供給網整備に貢献するよう大企業に要請してきた。癒着も起こっている(4)。

さて、話題を製造業でも中核となるインド自動車市場に戻せば、そこで圧倒的な存在感を放つのは、22年にインド事業40周年を迎えたスズキ傘下のマルチ・スズキだ。同社は、インド国内で、政府が率先して実用的な小型車を生産する国民車構想に呼応して1982年にスズキが〈アルト〉を持ち込む形で合弁相手になったのが始まりだ。2002年にスズキが持分を50％から54％に引き上げ、06年に政府が持分を処分したことから事実上スズキの子会社となった。マルチとは、インドの風の神、マールティであり、自動車が軽快なスピードで颯爽と走るイメージを意識したもので、企業名をマルナ・スズキにしたのはブランド名に合わせた命名である。

マルチ・スズキは、22年も乗用車市場で4割以上のシェアを誇っているものの、5割を超えていたかつてほどの勢いはない（図6－2）。スズキはインドで〈アルト〉〈スイフト〉など低価格小型車を

図６－２　2022年の乗用車市場シェア

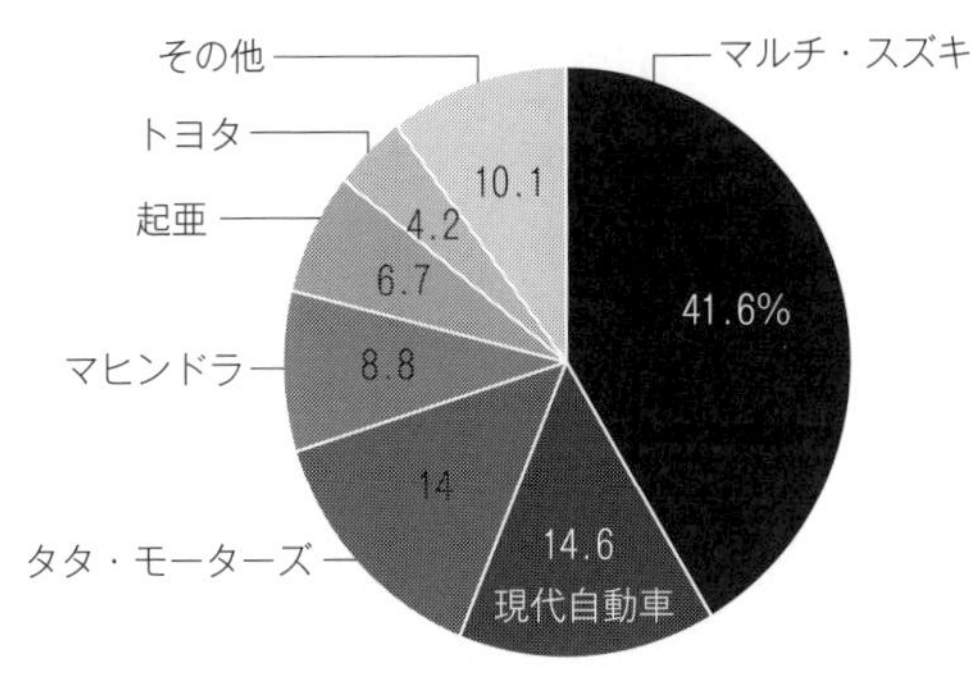

（出所）SIAM 発表より日経作成

手掛け、なかでも売れ筋の〈アルト〉は日本円で50万～60万円前後と日本の軽自動車より安く、これが梃子になってシェアを確保していることになる。その反面、マルチ・スズキによると同社の多目的スポーツ車（ＳＵＶ）市場でのシェアは足元で２割未満である。さらに原油輸入による貿易赤字や大気汚染に苦慮するインド政府は、ＥＶ産業の振興に注力しているにもかかわらず、スズキはシェア首位の最重要市場で得意のＨＶに傾注し、ＥＶ市場にそっぽを向いてきた。インドでは停電が多く充電インフラは未整備のままで、スズキは政府のＥＶ化政策には価格と品質のバランスを重視する消費者の目線が欠けるとみる。

こうした態度がマルチ・スズキの弱みとなっていることも確かだ。22年のマルチ・スズキの販売台数は前期比19％増の１９６・６万台と好調を維持したものの、22年度のシェアは41％と前年度から２％ポイント低下するなど、じりじりと落としている。これに対しＳＵＶを発売し、シェアを伸ばしているのが地場メーカーのマヒンドラ・アンド・マヒンドラだ。徹底した部品の現地化で補助金を活用すれば１３０万円で買える政府の政策に沿って展開している。

タタ・モーターズは従来車種から3~5割ほど安い新車を投入、採算よりもシェア確保を優先する。タタ・モーターズは22年に、ハッチバックのＥＶ〈ティアゴ〉の予約受け付けを始めた。目玉はその価格だ。1万台を対象にした特別価格として84万９０００ルピー（約１４０万円）からと、それまでの１００万ルピー台から大きく下げたのだ。ところが初日だけで1万台を超えたことから予約枠を拡大し、11月まで2万台とした。つまり、競争力があるはずのマヒンドラのＥＶもインド市場という尺度でみれば、高価格であり利便性に欠けるとみて、ＥＶでは航続距離など一定の性能を確保した上で、「限定価格」で様子を見ながら、適切な価格水準を見極めようとしていることになる。

〈ティアゴ〉に続きＳＵＶ〈ネクソン〉などを投入しいち早くＥＶに取り組んだタタの場合、インドＥＶ市場でのシェアは9割に近い。インドではＥＶ販売台数は22年に前年比３・５倍の5万１１７2台と、乗用車でのＥＶ比率は４７２万台という乗用車全体の市場規模に対して１%強に過ぎない。タタは小さな池の鯨といった存在だ。それでも、タタ・グループを率いるチャンドラセカラン会長は「電動車への移行は、我々の予想より速く進んでいる」と述べ、ＥＶ子会社を新設し、本格的にＥＶ化推進に取り組む。タタはこの子会社を通じて完成車生産から撤退するフォードの西部にある工場の取得を決めた。

グループのタタ電力は足元で約４５００基のＥＶの充電スポットを設けてはいるが、充電設備の数は不足しているし、電池の現地生産もない。そこでタタはグループとして今後5年で充電設備を２万５０００基に広げる一方、ＥＶ用電池の生産を検討している。これにより、大都市の大気汚染対策としてＥＶの普及を推進し補助金などを使いＥＶ普及を後押ししてきたインド政府の呼びかけに応える一方、ＥＶで先行している現在の地位を保全しようというのだ。

マヒンドラは23年初めに、同社として初めてＳＵＶのＥＶを投入する。マヒンドラは独ＶＷからモーターなどＥＶ部品を調達する契約を結び、数年でＳＵＶのラインアップを5車種に増やす外に通常のＥＶの拡販も進め、多様な顧客を取り込む狙いだ。

6.5 貧困からの脱出と環境への対応をになうEV

先に運搬機具があれば仕事が生まれるという問題提起をして（２０７頁）、その一つの解答として、アジアカー〈ＩＭＶ〉を論じた。当然インド企業こそが解答を求められているのだ。

２００８年にタタ・モーターズが超小型車〈ナノ〉を発売し、四輪市場に驚きを起こしたことが想起される。タタは、低所得国でのモータリゼーション起爆剤として３０００ドルカー構想として〈ナノ〉を投入して低位の層の開拓を打ち出したからである。先に50万円のＥＶ〈宏光ＭＩＮＩ ＥＶ〉の登場が驚きをもって迎えられ、その設計・コスト構造なるものの分析を紹介もしたが（5.3節）、〈ナノ〉の登場はそれの比ではなく、これこそがクリステンセンのいう新興国からのイノベーションの打ち返し、リバース・イノベーションの典型だと大騒ぎになった。リバース・イノベーションに関してクリステンセンは書物化を弟子たちに譲っている[5]。

大きな反響を呼んだインド版ファミリーカー〈ナノ〉は世界企業を震撼させ、苦しまぎれの対応を迫ることになった。先に近年ではＢＲＩＣＳの地場メーカーが新コンセプトを提示し、それに対抗して先進国のメーカーが開発するというルーチンになっていると指摘したが、〈ナノ〉はそのルーチンをつくり出す元となったのだ。ＧＭは、大宇の技術を生かして１０００ｃｃで1万ドルを割るモデルを含む〈シボレー・スパーク〉を07年にインドで発売し、中国でも生産を始めた。ルノー・日産も対抗してインドの二輪車メーカー、バジャジ・オートと提携して３０００ドルカーの開発をし、〈ナノ〉にぶつけざるを得ない。トヨタもエントリー・ファミリー・カー（ＥＦＣ）として〈エティオス〉を開発し、11年からインドに投入した。ダイハツの技術を活用し、エンジンなどの部品の素材段階から原価低減を進め、１０００ｃｃ級の排気量をもつ小型乗用車を設計し価格は49万６０００〜68万６５００ルピーと、日本円で１００万円前後となっている。続いてブラジル、中国でも生産することにした。

だが、ラタン会長の肝煎りで始まった〈ナノ〉での攻勢とその反応も失敗に終わった。タタでは12年には自動車事業再建のために新社長が任命された。〈ナノ〉に対抗するモデルの投入によってインド市場での地位を獲得しようとした世界企業も大きな痛手を負った。ＧＭはインドから撤退し、日産はインドにとどまったが規模は小さく、そのシェアはルノーと日産を足しても3％にすぎない。

では、何が問題であったのか。ひたすら貧しい人にも買える車をつくろうとアプローチしたところにあったのではないかと考えるのは、フィリピン、カンボジア、インドネシアなどでＥＶを販売するGlobal Mobility Service（ＧＭＳ）の中島徳至ＣＥＯだ。

中島が、貧しい商業ドライバーなどが自分で車を購入しようとしてもできないのはローンが組めない現実があるからだと気づいたのは、〈ナノ〉の失敗を見てのことではない。フィリピンでEV三輪車を販売した体験からだ。そこで、GPS搭載のIoTデバイスを車に装着し、自動車ローンの返済が滞ったら遠隔制御によってエンジン起動を停止し、入金があれば車を動かせるようにする仕組みを考え、GMS社を創業した。中島が独自に開発したという「MCCS（Mobility-Cloud Connecting System）」は、コマツが建機を中国で販売する際に採用したコムトラックに似ているが、たとえばコンビニでのローンの支払いが確認されると5秒で動きだすといった具合にフィンテックとして開発したところに特色がある。途上国での消費者ローンの貸倒率は20％にもなるとされるがMCCSの自動車ローンでは0・9％で収まっているという。

実は中島が環境問題が深刻になる将来にはEVの時代が来ると考え1994年に立ち上げたベンチャー、ゼロスポーツでEVの開発に取り組んだのは98年のことであり、それはテスラ創業と変わらない時期だった。型認定も受け2000年には当時の日本記録時速277kmを達成したが、11年日本郵政の郵便部門から受けた1030台のEVの受注が命取りになった。設計変更の要請などもあって納期が間に合わなくなり自己破産となったのだ。中島は、創業した会社を売却し、売却先の企業との関係もありフィリピンに渡り、そこでEV販売をするなかで売り方にこそ問題があると気づいたのだ(6)。中島は途上国のEV販売には、自身が貧困の底から脱出し子どもや兄弟に教育機会を与えるといったグラミン銀行に似たミッションに加え、格差の拡大に伴い寿命が延びたガソリン車を置き換えることで大気汚染を軽減しグリーン化を加速するミッションをもっていると指摘する。途上国だからといってEV化のニーズは低いと考えてはならないというのである(7)。

では、こうした視点でインドのEVへの取り組みを見てみよう。まず企業の動きを取り上げたい。23年に資本関係を対等にして再出発をした日産とルノーの日仏連合は、新市場開拓を一つの柱にしたが、まずはインドへの6億ドルの投資がその第一弾となる。すなわち両社はインドで生産をになう合弁会社への日産の出資比率を現在の7割から51％に下げ対等に近い関係にすると共に、今後3～5年のうちにEV2車種を含む6車種の共同開発を進めてインド内外で販売していくことも明らかにした。

では、真打のマルチ・スズキのEVへの対応はどうなのか。だが、その前に〈ナノ〉騒動での傷跡を見ておきたい。というのは、インド自動車市場で日本でのトヨタに近いポジションをもっていたマルチ・スズキは、その際大きな傷を負ったからだ。なぜかと言えば、タタの会長が庶民のための車、〈ナノ〉を提示したことが、インドでは〈アルト〉を〈ナノ〉の対極に位置する車、マルチ・スズキが富裕層を代表するものとして見られることになったからだ。そのために、マルチ・スズキは国民党のアファーマティブアクションの下で力を得た赤色労働者からのストのターゲットになり、同社はその勢力の排除と労使関係の立て直しのために大変な労力を費やすことになったのだ。

では〈ナノ〉騒動から回復したマルチ・スズキは現在どんな状況にあるのか。マルチ・スズキは22年に自社が開発したSUV〈グランドビターラ〉をトヨタ・キルロスカ・モーターでOEM生産し、それを発売した。23年度にはスズキ独自で世界的に人気のある〈ジムニー〉などの2車種の新型SUVを投入すると明らかにしている。

マルチ・スズキの現行生産能力は225万台であり、25年には25万台の能力とされる新たな工場の稼働を予定しているが、インド市場の拡大を睨んで、その工場とは別に最大100万台の増産能力をもつ新工場の建設の方針が示された。そして港に近く輸出がしやすい利点を活かし、現行26万台の輸出も、30年には170万台の規模になると見込まれるアフリカ市場を睨んでの輸出も考慮すれば、相応の生産体制かつ輸出体制となるのは当然だろう。マルチ・スズキが現行の222万台の能力を倍増させると主張しているゆえんだ。

アフリカ市場では、トヨタは南アフリカにIMV生産拠点をもつが、ホンダやVWなどはナイジェリア、ガーナなどに生産拠点を置いている。インドとアフリカは気候や道路環境、経済力が近いばかりでなく、いわゆる印僑も歴史的に多いことから、インド市場のモデルはアフリカでも受け入れられている。マルチ・スズキのアフリカ向け輸出も、〈スイフト〉を中心に22年には前年比26％増の15万台となっている。23年にはSUV〈グランドビターラ〉の輸出も始まり、アフリカ向け輸出には追い風が吹いていた。製造業の強化、輸出の増加は、おそらくインド政府が次に狙っている方向だと思われ、政府とはまずまず良好な関係が保たれよう。

では、インドのEV化をになうのは、次に述べるテスラ、BYDといったワイルドカードもあるが、結果として現地財閥傘下のタタ・モーターズや、すでに進出済みの韓国の現代自動車やマルチ・スズキなど、限られたプレイヤーということになったことに、インド政府はどう対応していくのか。なぜなら、GMやフォードがインド・プロジェクトから撤退し、アメリカ勢の姿はない。VWも前述のようにマヒンドラへの基幹部品供与という形の関与で終わっている。トヨタも、トヨタ・キルロスカという子会社をもつものの、インドではグループのマルチ・スズキを徹底的に支援するという方向性を変えていないようにみえるからだ(8)。

マルチ・スズキは現時点でＥＶを投入していないが、本体のスズキは、日本では23年の軽商用ＥＶ投入を皮切りに、ＥＶを30年度までに6モデル展開し、欧州とインドでも24年から投入するとしている。その場合、すでに公表しているトヨタ・キルロスカの協力を得て開発したＥＶの世界戦略車のコンセプトカーの生産ということになろう。３１０億ルピー（約５３０億円）を投じて西部グジャラート州でＥＶの生産を始めるほか、７３０億ルピーの投資で26年までに電池工場も稼働させる方針だ。その後のＥＶ化の速度は未知だが、東南アジア以上にマルチ・スズキの投資動向が今後を左右することになろう。スズキが31年3月期までの8年間で研究開発費と設備投資の合計が4兆５０００億円になると発表したのはインド市場での優位を死守するとの意志表示とみられる。トヨタがタイでＩＭＶのＥＶ化を宣言した現在、マルチ・スズキも市場の急拡大を見据えてＥＶシフトも急ぐことになろう。その場合、小型車が中心ということから、トヨタが開発している全固体電池が搭載できるようになる20年代の後半には競争力を高めることが期待される。

インド政府の方針は30年をめどとして新車市場に占めるＥＶの比率を約30％へと大幅に引き上げるというものである。30年の自動車販売を６００万台とすると１８０万台がＥＶということになる。では、このような目標をいかにして達成するのか。モディ首相の率いるインド政府は産業振興政策「メーク・イン・インディア」を掲げているが、具体的には何をしようとしているのか、不可解な対応がみられる。中国のインド市場への浸透を恐れてＲＣＥＰ（Regional Comprehensive Economic Partnership：東アジア地域包括的経済連携）にも加入しなかった。外資の行動としてはまずは輸入販売業務から始めそれに成功すれば、インドでの工場建設といった具合に進むのだが、インドの場合、輸入関税がほかの国と比べても群を抜いて高くなっており、現在EVの輸入に対し60~100%の関税をかけている。中国がWTOに加盟しつつ外資を「市場と技術の交換」に持ち込んだような関税の高さとは異次元のものだ。

EVの工場誘致と普及は、自国産業のハイテク化と環境対策を進めるためにも欠かせないように思われる。インドは消費地としての潜在能力だけでなく、電池など基幹部品の供給網、中東やアフリカなどへの輸出拠点としての評価ができるのではないか。だが、一貫して包括的な政策がないために企業の進出に関して個別交渉を重ねるなかで多少ともちぐはぐな結果がもたらされている。インド政府は現地企業との合弁で10億ドルのEV工場を建設するというBYDの申請を「安全保障上の懸念」から却下したとされる。一方、イーロン・マスクはモディ首相との会談後「テスラのインド進出を確信しておりできるだけ早期にそうするつもりだ」と発言した[9]。だが、テスラは21年に南部カルナタカ州に現地法人「テスラ・インディア・モーターズ・アンド・エナジー」を登記し、8月末までにインド陸運当局から4モデルの販売認可を得たが、関税や進出条件などをめぐっての交渉が延々と続き、テスラのインド進出は一旦ご破算となった過去をもっているのだ。

EV普及に向けて17ほどの個々の政策が、言うならばインドのEV政策になろうが、包括的な政策ができておらず戦略部品のイオン電池をどう生産していくのか、その点に具体性がないことが問題だという現地の研究者からの指摘もある[10]。

そうしたなかでも20年に発表した生産連動優遇策(PLI)の一環としてEV関連投資への政府の

支援制度としては、今後5年でインドに工場を新設・増設する企業を対象とした補助金枠としてリチウムイオン電池など高度な化学電池向けに総額1810億ルピー（約3000億円）が割り当てられている。

ではどんな企業が申請し、どんな企業に割り当てられたのだろうか。22年3月にソフトバンクも出資する電動二輪の新興、オラ・エレクトリック・モーターズや石油化学中心の財閥リライアンス、韓国の現代自動車が制度適用の第1陣として承認された一方、マヒンドラの申請は承認されなかった。

リライアンスは21年に新設した傘下企業リライアンス・ニュー・エナジー・ソーラー（RNESL）を通じてリン酸鉄リチウムイオン電池開発を手がけるオランダのリチウム・ワークス、そしてナトリウムイオン電池の特許をもつ英新興ファラディオンを買収するなど、幅広い電池技術をもつに至ったことが評価された一方、現代自動車の場合は外資でいち早くEVを市場投入したことが評価につながったのだろう。現代自動車にはさらなる政府の贈り物が続いた。西部マハラシュトラ州にあるGMの工場は中国民営自動車大手の長城汽車へ売却することが20年には決まっていたが、印中関係が悪化するなかで政府の認可が得られなくなって、23年には漁夫の利を得る形でインド第2位の自動車メーカー、現代自動車の現地法人が同工場を手に入れることになったことだ。

オラの場合は電動二輪でのEVでの実績が評価されたものと思われる。確かにインドの二輪車販売は年間2000万台を超える世界最大の市場であり、自動車もまた世界第3位の市場に躍り出ていることから、電動化が進めば車齢15年（33頁）という中古車を排除することになり、排ガスの削減に貢献するというシナリオが成り立つ。

図6－3　インドのEV販売見通し

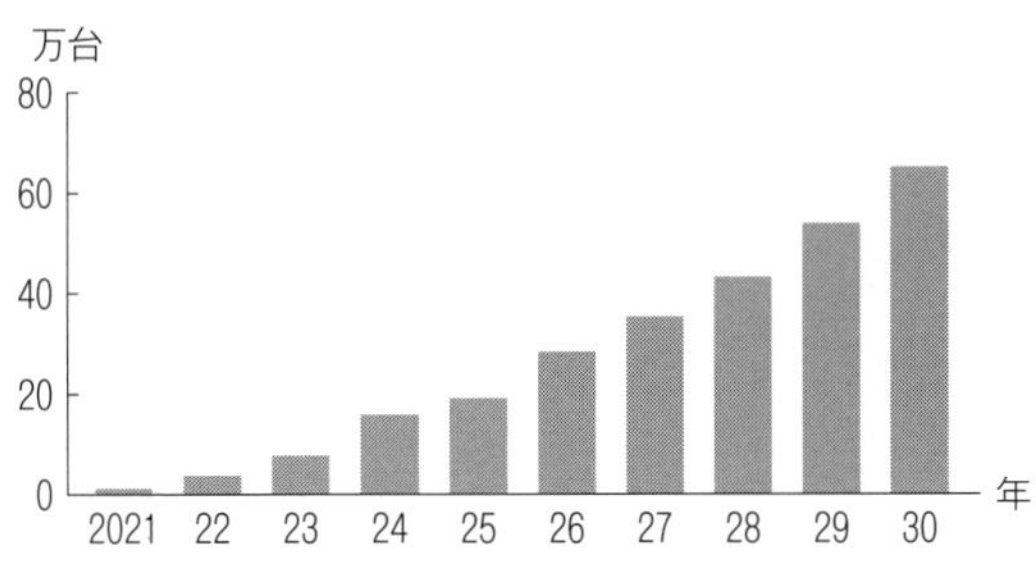

（注）2020年以降は予測値
（出所）LMCオートモーティブ

こうした政府の政策、さまざまな思惑をもつ企業の動きを一切合切みて、インドのEV化は、どの程度進むのだろうか。LMCオートモーティブでは、30年のEV販売は65万台程度にまで増加すると予測し、この場合EV化率は10％強にとどまることになる（図6－3）。

確かに、インドでは電力不足が続く一方、EV用の電力を変換したり制御したりするインバーターやコンバーターは外資企業の持ち込みに依存しているなど生産環境が整っていない。テスラの進出も未確定である。すると現状ではわずかに、日本の半導体開発のスタートアップ、ヘッドスプリングが現地の自動車部品大手アナンドグループと合弁会社を設立し、23年4月にも四輪向けの駆動装置やコンバーターの開発を始めるといったところが目立つ程度である。同社はインド市場の特徴を活かして二輪から四輪までのEV向けの部品の開発を進めアジア各国での事業化を目指すとしている。

だが、こうしたEV化の光景は、もし電動三輪車をカウントするとまったく異なるものになる。「フリート専用の電動三輪車メーカー」3ev Industries が登場し、同社が販売した電動三輪車をＥＶへ分類すれば、インドのＥＶ販売台数は前年比6倍増になるというのだ。30年までの年月を考えれば、電動三輪車や電動二輪車からの乗り換えが出てくることも十分にあり得、30年にＥＶ化率30％という可能性も出てくることになろう。鍵を握るのが小型ＥＶの開発と政府のＥＶ政策ということになる。インド政府はこうした底辺からの動きを支援すべきなのだ。ガドカリ道路交通・高速道路相によれば、インドの物流コストはＧＤＰの16％に相当し、中国の10％や欧米の８％を大きく上回る。その改善に経済成長の源泉があることは明らかだ。

インドは、1人当たりＧＤＰでもその成長率でも、毎年の洪水でハンデをもつはずの隣国バングラデシュに負けている。なぜか。洪水対策では、筆者が水循環や治水問題などで教えを乞うことの多かった故高橋裕教授などのアドバイスによりシェルターなどを活用して被害を抑え込んだ。その一方、グラミン銀行に端を発する、たとえばミシンの購入といった少額の事業資金を個人に低利で貸し出すマイクロファイナンスが日本のＪＩＣＡの支援などで広がりをみせ、繊維産業など軽工業が繁栄したからだ。

インドも東アジア雁行モデルをフォローするというのならバングラデシュに負けない産業政策の立案が必要なのだ。ＪＩＣＡもそうしたインドのニーズに応え、単に公共インフラへの投資だけでなく、課税ベースの拡大など総合的な案の作成を支援すべきなのだ。そこに一つの核として織り込むべきは、運搬手段をもつことで生業をつくり出すＧＭＳのようなファイナンス手段の供与である。グラミン銀行で対象になったのは４００万人だったが、インド版では1億人が対象になるのではないか。

注

（1）藤本隆宏・椙山泰生「アジア・カーとグローバル戦略 ――グローバル・ローカル・トレードオフに対する動態的なアプローチ」青木昌彦・寺西重郎編著『転換期の東アジアと日本企業』pp.405-454、東洋経済新報社、２０００年。

（2）庄浩充「ビンファスト、ベトナムのＥＶを米国に初輸出」『ＪＥＴＲＯビジネス短信』２０２２年12月６日、https://www.jetro.go.jp/biznews/2022/12/7b1fb987d7b0e2bb.html#:~:text=%E3%83%99%E3%83%88%E3%83%8A%E3%83%A0%E5%9C%B0%E5%A0%B4%E8%87%AA%E5%8B%95%E8%BB%8A%E3%83%A1%E3%83%BC%E3%82%AB%E3%83%BC%E3%81%AE,%E6%94%BF%E5%BA%9C%E8%A6%81%E4%BA%BA%E3%82%82%E5%8F%82%E5%8A%A0%E3%80%82。

（3）笠井亮平『モディが変えるインド――台頭するアジア巨大国家の「静かな革命」』白水社、２０１７年。

（4）"The humbling of Gautam Adani is a test of Indian capitalism," *The Economist*, Feb. 9, 2023.

（5）ビジャイ・ゴビンダラジャン、クリス・トリンブル『リバース・イノベーション―― 新興国の名もない企業が世界市場を支配するとき』（渡部典子訳）ダイヤモンド社、２０１２年。

（6）滝順一「フィンテックの力で『幸せの前借り』を　中島徳至さん」『日本経済新聞』２０２２年４月３日。

（7）Global Mobility Service の中島徳至社長へのインタビューは２０２３年７月20日、東京神田の本社で行った。

（8）日本経済新聞・編『トヨタの未来　生きるか死ぬか』日本経済新聞出版、２０２０年。

（9）「テスラのマスク氏、インドへの大規模投資示唆―モディ首相と会談後」Bloomberg、２０２３年６月21日。

（10）Pabitra Kumar Das and Mohammad Younus Baht, "Global electric vehicle adoption: implementation and policy implications for India," *Advance in Science, Environmental Science and Pollution Research*, 29, 40612-40622, 2022.

第7章

真の
ゼロエミッション車
を求めて

EUでは自動車の生産、走行、廃棄までの全体でCO_2排出量を評価する新しい規制の導入が議論されている。かつて宇沢弘文が公害問題を内部化する必要があると主張していたが、EUの新規制が導入されれば、車のライフサイクルを通してカーボンゼロが求められることになり、宇沢の主張がようやく実現することになろう。[(1)] 先にも触れたように、EVは排出ガスこそないが、基幹部品の蓄電池の材料であるリチウムの採掘や精製で大量のCO_2を出し、生産段階のCO_2排出量はガソリン車の2倍との試算がある。そうであれば、少なからぬ国で現行のままではゼロエミッション車(ZEV)＝気候変動問題解決という図式は成り立たないことになる。そうしたなか、先(第3章、101頁)にみたようにペロブスカイトが実用化されるとEVのみならず、グリーンエネルギーの供給でもゲームチェンジャーになり得るというのは朗報だ。だが、それは2030年の声を聞かなければならないとすると、それまではEVへの補助金が財政的な重荷になって削減され、自動車メーカーはCAFE(Corporate Average Fuel Efficiency：企業別平均燃費基準)規制の要求を満たすためにHVを増やすといったことを行っているのかもしれない。

だが、ライフサイクルを通したカーボンゼロという方向性は紛れもなく定着していくだろう。走行時のCO_2排出量などを評価する現行規制からの転換となり、本当にグリーンかどうかでEVの選別が行われるようになる。

7.1 メルセデスベンツ：「スコープ3」でのカーボンニュートラル

メルセデスベンツグループ（旧ダイムラー）が高級車メルセデスベンツの工場を2022年からカーボンゼロにし、取引先にも30年までに脱炭素の部品や素材を納入するよう求めている、その背景を見ることにしたい。

CASEの提唱者であったダイムラーは、持ち株会社の下、乗用車とバンを担当する新会社の「メルセデスベンツ」、トラックとバスの「ダイムラー・トラック」、カーシェアリングなどのサービスと金融の「ダイムラー・モビリティ」の3社に分割され、「メルセデスベンツ」が親会社にまわり「ダイムラー・トラック」は非連結会社とされて、メルセデスベンツ本体はEV化、自動運転へまい進することになった。ところが、21年にヨーロッパにおける中型高級車市場でテスラの〈モデル3〉がメルセデスの主力〈Cクラス〉やBMWの〈3シリーズ〉を抑えてトップに立つという「事件」が起こった。テック企業がヨーロッパの高級車市場でも評価され、これまで世界の高級車部門の牛耳を執ってきたドイツ勢の行き方に警告が発せられたのだ。

では、新生メルセデスベンツはどこにドメインを置き、どう舵を切るのか。メルセデスベンツはEVオンリーへと舵を切り30年にはEV専門になる。そこで目指すのは、オラ・ケレニウスCEOによれば、「ラグジュアリー&テック」だ。(2) ラグジュアリーというのは、これまでの高級車が提供してきたUX（ユーザーエクスペリエンス）ではなく、シャネルやエルメスといった奢侈品が与えるような

UXを目指すという。そのためには主力ブランドをより豪華にし、〈マイバッハ〉や高級スポーツ車〈AMG〉などで〈EQSマイバッハ〉のような新モデルを拡充、強化していくというのである。〈AMG〉ラインを強化するため、21年にはフェラーリのHVでも使われる軽量・高出力モーターをつくっているイギリスのモーター開発会社のYASAを買収した。YASAの技術やノウハウを〈AMG〉以外のモデルでも生かして、エンジン車時代から築いてきたブランドイメージをEVでも強化していく。

そうしたラグジュアリーなサービスを提供するための前提となるのが「身ぎれいな工場」を維持するという目標になる。製造業をはじめ産業界ではCO_2などGHG（Green House Gas：温室効果ガス）排出を実質的にゼロにするカーボンニュートラル（CN）を目指した取り組みが急加速しており、対策は自ずと決まってくる。

オープンで包括的なプロセスを通じて、国際的に認められたGHG排出量の算定と報告の基準として、環境保護NPOが主導して開発したのがGHGプロトコルだ。

このプロトコルがもつ特徴の一つが、「サプライチェーン排出量」の考え方を採用していることであろう。すなわち、オフィスや工場で企業自らが排出したGHGだけでなく、原材料や部材の調達から、工場での製造、製品の輸配送、販売、顧客による製品使用、製品廃棄などに至るまで、製品ライフサイクルや事業活動におけるさまざまな場面でのGHG排出を算定範囲に含むサプライチェーン全体で企業によるGHG排出量を捉える。GHGプロトコルでは、GHGの排出主体や排出フェーズに応じ、サプライチェーン排出量を「スコープ1」「スコープ2」「スコープ3」の3つに区分する。まず「スコープ1」から手をつけて、すべてのスコープの合計がゼロになることを目指すという枠組みを提示している。「スコープ1」とは自社工場における製造プロセスで発生するCO_2など、企業自らによる「直接排出」であり、「スコープ2」は国内外で他社から購入した電気、熱、蒸気などの使用に随伴する「間接排出」である。「スコープ3」では、「スコープ1」「スコープ2」以外での、サプライチェーン上でのGHG排出量が対象となる。

ドイツのチューリンゲン州で建設中のCATLの新工場が、州政府から年間8GWh相当のバッテリーセルの生産許可を取得し、23年初に第一ラインが稼働し始めたが、その購買者がメルセデスベンツだ。何が特徴かといえば、CNを達成していることだ。CATLはこの工場では再生可能エネルギー（再エネ）のみを動力とするなど、CNを達成している。CATLにとってドイツ工場は初の海外生産拠点であり、CNを達成した工場としては22年に四川の製造子会社が検査・認証の権威会社であるSGSからCNのPAS2060認証を与えられていることから、第2号ということになる。

7.2 ZEVもCO_2排出削減ゲームの一員

排出権取引では、発電や製鉄など既存のCO_2排出業者に、過去の排出実績に応じて毎年一定量の排出枠が割り当てられる。そして実際の排出量が枠を下回った場合は、下回った分を排出権として販売することを認め、逆に上回った場合は、その分の排出権を買い入れることを義務づける。一方、排出コストが国際競争力に影響しそうな業種には排出枠を無償配布して負担を軽減するといった形で事

図7-1　EUA（EU排出枠）価格の推移

（出所）Bloombergのデータを基に三井住友トラスト・アセットマネジメントが作成

業者への配慮もできる。だが、毎年、割り当てる排出枠は削減されていき、50年にはゼロになる設計になる。

排出権取引はヨーロッパや中国、さらにはアメリカの両岸の州でも導入されている。それだけでなく、ベトナムやインドネシアでも導入に向けた動きがある。他方では国境炭素措置の導入も指呼の間になったといって良い。負担が生じないためには、日本はEUと「同等」であることが求められる。その意味でも排出権取引を本格的に導入して、EUと比較するのが一番分かりやすい。中国、韓国、日本などでの排出権取引システムの連携については数年前から議論があることから、将来的には東アジアにおけるRCEP（Regional Comprehensive Economic Partnership：東アジア地域包括的経済連携）をグリーンにし、EUに対するグリーンでの遅れを挽回することもありうる。

排出権取引の肝は、取引される排出権価格が高止まりすることで、それが排出削減のインセンティブになることだ。つまり、カーボンプライシングは、できるだけ負担を減らそうと企業が排出減に取り組み、技術革新に挑戦することを期待している。EUの排出権取引の取引価格は21年末には過去最高の90ユーロ／t台に乗り、20年末

図7-2　CO_2排出大国としての中国（2020年実績値）

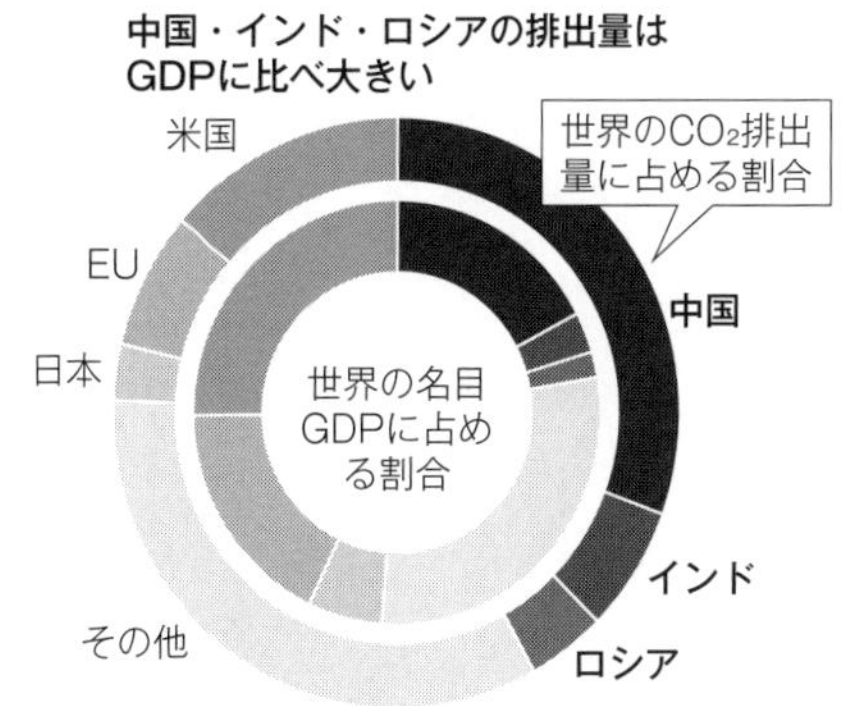

（注）データは2020年
（出所）Our World in Dataや外務省

比で3倍弱の水準になった。ところが、ロシアのウクライナ侵攻を受けて22年3月7日には58・3ユーロ／tと最高値から6割の水準となり、その後80ユーロ／tまで戻し横ばいを続けている。（図7－1）。制度の変更の影響もあるとしても、これほど短期間に変動する価格が果たして長期の目標達成のための指標になっているのか。

そもそも気候変動問題とは、産業革命以降、人類がエネルギー消費量とそれに伴うＣＯ$_2$排出量を増やしながら経済成長をしてきたことへの咎めを解消することなのだ。その意味では、先進国が毎年１０００億ドルを途上国の排出削減に向けて資金支援するという09年の約束は途上国が先進国に課す罰則とみることもできる。しかし、その約束の達成は早くとも23年にずれ込む見込みである。

そこで、途上国は先進国に具体的な資金支援計画を作らせるべく、温暖化に伴う異常気象など「損失と被害」を補償するという形での資金移転を求めた。逃げられなくなった先進国は中国も資金拠出側に回るよう動きはじめた。中国はアメリカに倍するＣＯ$_2$を排出する環境問題後進大国である（図７－２）。世界第１位の排出国は同時に世界第2位の経済大国でもある。

では、気候変動問題が「先進国への罰則ゲーム」にならないようにするにはどうすればよいのか。ＥＵの欧州委員会が提示しているのが「国境炭素税」という仕掛けだ。ＥＵのグリーンポリティクス（緑の政治）は、経済政策と巧妙に結びつけられている。なかでも、ＥＵが05年に開始した排出権取引制度は、その後中国など多くの国や地域が追随してきたことで世界標準になりつつある。

排出権取引制度の世界標準化を梃子にしたＥＵの施策が、27年までに官民で総額３０００億ユーロ（約38兆円）規模の投資をめざす「グローバル・ゲートウェイ」と呼ばれる計画だ。気候変動対策を初め、労働者の人権、投融資の透明性に配慮しながら、デジタル化や健康、エネルギー、教育といった分野のインフラ整備を支援する新たな枠組みである。フォンデアライエンＥＵ委員長は声明で「ＥＵは民主主義的価値観と国際的な基準に沿って、質の高いインフラ投資を支援する」と表明した。

これは、中国主導の広域経済圏構想「一帯一路」に対抗する手段ともなるが、「グローバル・ゲートウェイ」の肝は、その資金手当てとして国境炭素調整措置（ＣＢＡＭ）の実施を予定していることだ。つまり、競争環境を平準化するという名分で、温暖化対策の規制が緩く、安いコストで作られた域外からの輸出品に対し、ＥＵの排出権取引制度に基づき算出した炭素価格を「国境炭素税」として上乗せして課すことが重要なのだ。

今、国際炭素税のグローバルな導入に向けてどういった動きがあるのだろうか。バイデン大統領は選挙時に温暖化対策の国際的枠組み「パリ協定」の合意を満たせない国からの製品に「炭素調整料」

を課すと公約しているが、米議会の意見統一に手間取っている。中国も「CBAMが保護主義を招く」と牽制してきたが、国内では21年から排出量の4割を占める火力発電業界を対象に排出権取引が始まっている。この適用が鉄鋼、化学などへと広がるのもほぼ既定のことだ。

また、中国はゼロエミッションに向けての国際的な取組みに対し自国の主張を盛り込ませようと、20年10月にEUなどとタクソノミー（分類・用語法）の共通化の議論の場を立ち上げ、そこで議論を摺り合わせてきている。20カ国・地域（G20）の枠組みでも、中国はアメリカと共同議長として、タクソノミーなどの議論を始めた。環境規制の緩い国からの輸入品に事実上の関税を課すことから、途上国はCBAMが差別的だと反発しているが、欧米中の合意への下地ができつつあるとみえなくもない。COP26では議題にあがらなかったが、出席者の話によれば、思ったよりも導入支持の意見が多く、支持層も広がっているように感じられるとのことだ。22年のCOP27で具体的な方向性が示される可能性を指摘する向きもあったが、CBAMに関しては議論されなかった。

一方、焦点となった排出権取引のルールをめぐっては、日本などのカーボンオフセットの案がCOP26で同意を得た。カーボンオフセットとは、企業が植林や森林保護、再エネの導入などに投資したり、GHG排出削減の活動をしている団体からクレジットを購入したりすることで、自社の排出量を相殺できるようにする仕組みだ。岸田首相の森林・林業政策にもこの点が活かされることになる。だが、オフセット（埋め合わせ）行為を認めることで、企業が排出削減に本気で取り組まないまま、温暖化対策をしたふりができる逃げ道を与えているとの批判も一方では高まっている。

カーボンオフセットは「グローバル・ゲートウェイ」との組み合わせで、途上国へのアメとムチになり、先進国と途上国の乖離を狭める手段ともなる。また、「国境炭素税」の導入が途上国に一方的な負担を強いることを押しとどめることも確かだろう。

こうしてグローバルな視点で市場を見直すなか、環境対策を通じて景気浮揚につなげる「グリーンリカバリー」を掲げるEUが新たに打ち出すとみられる政策が注目される。

EUは中国と地球温暖化対策などで協力ができないかを探っている節がある。そこで、準備しているのが、国境炭素税や、原材料の採取などを含む製品の寿命全体でCO_2排出量を評価する「ライフサイクルアセスメント（LCA）」規制などだ。これらは、中国のような途上国が遮二無二EV化を進め、EVをヨーロッパ市場に持ち込むことを抑制する効果がある。鉄鋼や石油化学製品などの輸入防遏（ぼうあつ）効果にもなる。

7.3 MOBIの主張するデジタルツイン

先に、図1-6に関連してデジタルツインとしてスマートシティが視野に入ったことに言及したが、深尾＝バリンジャーはスマートシティをCNに保つには、カーボンフットプリント（CO_2排出履歴）のようなもので監視していかなければならず、スマートシティのデータ側はこのカーボンフットプリントの取引データをブロックチェーン（分散型台帳）の形で保有し、それを監視の対象とするだけでなく価値を生むものとして活用していくべきだと提唱している(3)。

デジタルツインを生成するために最も重要な要素は車や部品にデジタルIDを発行することであり、

その行動を逐一ブロックチェーンに記録し、その履歴を監視したり、評価したりするなどの目的に使うわけである。記録が真正であるためには、その記録に改ざんが行われないような工夫なり技術が必要で、それをになうのがブロックチェーン技術だ。記録の真正が証明されて初めてデジタルツインが「ツイン」であることになる。

ブロックチェーンとは、多くのコンピューターがデータを共有し、検証し合って正しい記録を蓄積する技術である。ブロックチェーンの形で保存されたデータは、あるデータが書き換えられた場合、そのデータを含むブロックが後からつながる全ブロックに影響を及ぼし、膨大なコストをかけて難解な暗号を解く必要があるので事実上改ざんができないのだ。

デジタルIDを用いたデジタルツインが広く活用されるためにはデジタルIDの標準規格が決められ、多くがその標準を用いてデジタルIDを発行していく必要がある。こうした観点から自動車に対するデジタルIDであるVIDの発行とその活用を目指して、TRIにいたクリス・バリンジャー氏などが世界各地の自動車メーカーや関連企業などに参加を呼び掛けて2018年に設立したのが、「MOBI（Mobility Open Blockchain Initiative）」である。MOBIはブロックチェーン技術を未来のモビリティに生かすための共同事業体だといっている。バリンジャーが創立メンバーならば深尾氏は日本を代表する理事という立場で、なぜ自動車、モビリティ、スマートシティに関心をもつ世界中の組織がMOBIを形成しているのかを説き、MOBIによって自動車の製造過程における情報や修理情報なども安全に一元管理することが可能になると主張している。

ドイツではEVのライフサイクル全般にわたってクリーンでなくてはならないと、脱炭素の供給網構築のため車の原材料などのデータを共有する「カテナX」が立ち上がった。完成車や部品メーカー以外にSAPやマイクロソフトなど異業種が幅広く加わる連合だ。もしこれをベースに規制が導入されれば、EVは、生産段階で出た排出量も規制対象に加えられ、石炭を大量消費してつくられた電力や鉄鋼を使った製品として相応の税なり罰金なりがかけられることになろう。

こうした状況に対応すべくVWが再エネ由来の電力と家庭向けのEV充電器を組み合わせて販売する電力小売事業へ参入すれば、テスラもまた16年に太陽光パネル設置大手の米ソーラーシティを買収し、家庭向けエネルギー事業に本格参入している。新規制が導入されれば、中国製のEVに対しコスト競争力をもつ可能性が出てくることになろう。

MOBIはこうした企業行動を取り込むべく、たとえば「サプライチェーン」といったワーキンググループを組織している。そのほかにも「EVと電力供給網の統合」「金融・証券化・スマートコントラクト」といった必要なテーマごとにワーキンググループを形成して、モビリティサービスをより効率的にしていこうとしている。だが、MOBIの最大の課題は、「金融・証券化・スマートコントラクト」ワーキンググループに課された「TCC（Tokenized Carbon Credits：炭素クレジットのトークン化）」であろう。まずは、ホンダやBMWなど世界の自動車大手5社が、自動車の運転時に生じる駐車場や高速道路の料金などの支払い情報を自動車ごとにブロックチェーンで記録し、決済まで自動で済ませるサービスの基盤づくりに乗り出す。現金や電子決済で都度支払う手間が省け、スムーズに移動できるようになる。メーカーがこのような動きを見せるのは、自動車の役割を移動手段としてだけでなく、決済や情報管理といった社会インフラにすることを目指す第一歩とし、将来的には燃費の良い運転をする人に与えるトークンにまで拡張してCNに向けての社会インフラにならないかと考えているからだ。

だが、MOBIが社会インフラになれるか否かは、いかに多くの参加者を獲得できるかにかかっている。カーボンアカウンティング（炭素会計）のためには、多くの標準規格が存在しているが、その大半は、サイロ化され、一貫性のない方法で開発されているのが現状で、必ずしもMOBIの標準設定に基づいているわけではない。それでもMOBIが提供するESGフレンドリーな活用ケースの一例は、欧州委員会と共同のパイロットプログラムとして実施された、2億8000万台以上の登録車両からの排気ガスの追跡であり、これは欧州委員会を巻き込んだことで実現したものだ。大気中のCO_2排出量を正確に測定することは、「パリの難問」と呼ばれるほどに難しいとされるが、MOBIが適度に大きな規模で正確に炭素排出量を測ることができると示したことになる。

一方、MOBIが、22年にクラウドコンピューティングの業界団体MEF（旧メトロ・イーサネット・フォーラム）との間で締結したパートナーシップでは、コネクティビティと、メッセージを送りあったり取引や交換をしたりする力をもつMEFと、分散型のアイテムやIoT向けに識別子のついたモノの時間と空間における位置を特定する力をもつMOBIとの協同によって、EGSの環境的な要素に関して深掘りができるようになることが期待されている。

ところで、ホンダとソニーが（25年の発売を目指し）共同で開発し23年に披露したモデルカーには、汚染や道路の渋滞などに対する従量課金のための装置が搭載されているのではないかとの期待もあったとされる。車の社会インフラ化を考えている人にとって、ソニーは世界最大の非接触型決済システムのフェリカの生みの親なのだ。確かにフェリカは日本のSuicaにとどまらず香港やシンガポールの地下鉄などでも使われるなど地理的な広がりをもつが、グローバルな使用に耐えるような標準化が課題だった(4)。また今ではＶＩＤに接続された車両の位置だけではなく、ＥＶなのか、エンジン車なのか、渋滞時に使われているのか、カープールを利用しているのか、さらには重量といった多くのデータを確認することができ、それらすべての属性を勘案した課金システムの実現が可能ではある。

日本を初め少なからぬ国でガソリン税が道路財源になっていた。だがＨＶのみならずＥＶが急速に普及するなかでガソリンの使用は減少の方向へ進んでいる。世界には27兆ドル規模の道路インフラがあるのに、その発展・維持のための資金をどう調達するかについての解答は出されていない。ソニー＝ホンダのモデルカーが属性に応じた課金システムを搭載していたとすれば、その優れた解答になっていた可能性がある。そして、そこでは重量がエンジン車の１・５倍にもなるＥＶが重量の二乗で道路を傷めるという計測によってエンジン車の２・25倍の重量課税を課せられるという不都合な真実も見えてくることになろう。ＥＶの重量に関しては、オーストラリアで22年に開催された政府税制調査会（首相の諮問機関）の会合で、電池を搭載するＥＶはガソリン車に比べて車体が重く、道路への負担が大きい観点からも、走行距離に応じた課税を検討すべきだとの意見が出され、ビクトリア州の自治体では１km当たり０・０２５豪ドル（約２円）の課税が俎上にのぼった。

7.4 環境問題解決には広範にわたるDBデジタルツインが必要

ＥＵでは、バッテリー指令として電池の業界横断での再資源化、最大効率利用を推進するために電池パスポートの導入を決めた。具体的な規格をどうするか、規格競争の号砲が鳴ったのだ。日本でも、ＥＶ電池の残存価値の診断とブロックチェーンによる継続的な情報管理を行うシステムを開発したベンチャー、カウラの実績を踏まえて、２０２２年に日本総研、長瀬産業など6社が、中国広東省の電池リユース事業者と連携し、電池価値の情報管理を行って診断証明を提供するサービスの事業化を目指し、実証を開始した。

中国では、19年の政治局学習会議でブロックチェーンが取り上げられた。会議に出席した習近平国家主席は、「ブロックチェーン技術の応用は、新たな技術革新と産業のイノベーションにおいて重要な役割をになう。我が国はブロックチェーンのコア技術を自主イノベーションの重要な突破口として、力を入れていかなければならない」と述べ、その開発に全力をあげるよう指示している。習主席はその前年に中国科学院が開いたイベントでも、ブロックチェーンをＡＩ、量子技術、5Ｇ通信技術と並ぶ次世代技術の代表と位置づける発言をしており、筆者は管理者のいらないデータを扱うブロックチェーン技術に対する高い評価が権威主義国家に似つかわしくないとの感想をもったものだ。中国は17年に、ブロックチェーン技術の代表的な応用例である仮想通貨の取引を全面禁止している。詐欺や投機的な行為を抑制し、投資家を保護するというのが大義名分だが、権力の及ばないところでの取引は不可なのだ。同じように分散型金融（ＤｅＦｉ）、決済、トークン化などへの応用も不可だろう。その一方、人民元のデジタル化での活用は促進すべきものだが、開発を終えたデジタル人民元の実証実験は思わしくない結果に終わった(5)。

テンセントやアリババがブロックチェーン技術の特許取得で世界のトップとなり、中国には一時期、補助金狙いもあって約3万5０００社のブロックチェーン企業が存在したとされる。現状では、その数は1万8０００社程度であると、香港の英字紙『サウスチャイナ・モーニングポスト』が報じている。だが、スマートシティの建設という目標をもつ中国では交通領域で着々とデータ集めが行われているとされる。すなわち、車両や路上の監視カメラなどさまざまな場所に設置されたＩｏＴ情報、さらにはスマートフォンの端末からデータをブロックチェーンに記録して道路状況を絶え間なく更新しているというのである。

スマートシティでの主導的な役割を課せられた百度はブロックチェーンによる記録を活用できる分野として、交通の外に医療、司法そして、行政サービスを挙げている。だが、中国がＥＶを国家戦略として取り上げたのは、オイルグラットのアメリカを第４次産業革命のフェーズに進ませることなく自国を先に第４次産業革命の主潮流の中に置くためであったはずである。

習主席は20年の国連演説で「CO_2の排出量が30年までにピークを迎え、60年より前に実質ゼロを実現するよう努力し、気候変動問題で中国の貢献度を高める」と主張した。米中対立激化のなかで、対ＥＵへの協力姿勢をみせることで、香港問題、ウイグル問題などで悪化したＥＵとの関係を改善したいという意図があることは確かだろう。

だが、22年のウクライナ危機は、気候変動問題へと一直線に進んでいるかにみえた様相を一変させ、世界中の目をエネルギー安全保障の問題へと向けさせた。パイプラインでヨーロッパへと運ばれていたロシアの天然ガスはLNGへと形を変えて放出され、その多くは中印の両国に吸収された。そこからの転売もあったが、パイプラインからの天然ガスの穴埋めをするヨーロッパ勢の需要がLNG価格を大きく引き上げた。買い負けをしたアジアでは、中国を初め多くの国が石炭に切り替えた一方、ヨーロッパでは再エネを大量に増やし、これまでにない積極的なガス需要の管理もするようになった。

脱炭素を目指すEUが天然ガスを比較的クリーンなつなぎの燃料と再定義したことを契機に、世界のLNG需要も伸びるとの見方がシェアされるようになった。中国政府も少なくとも今後10年間、天然ガス利用の増加を促進する方針を明らかにしている。日本エネルギー経済研究所が30年に世界のLNG需要が年4億8800万tとなり、20年比で約4割増えると予想している背景だ。

そうしたなか、日本を抜いて世界最大のLNG輸入国に浮上した中国が長期契約を大きく増やしていることが注目される。欧州調査会社ライスタッド・エナジーによると、中国が21~22年に締結した長期契約の購入量は年約5000万tに達し、中国勢の長期契約は年9000万t規模になっているとみられる。うち米国産が約2500万tと最大になっているのは、貿易摩擦が激化した19年に、中国政府が米国産LNGに25%の追加関税をかけたものの、20年にこれを免除したことから21年からせきを切ったように長期契約が相次いだためだ。長期契約の取引なら米中対立が激化しても継続できるのではとの期待もあろうが、中国は米国産に過度に依存しないよう中東外交を強化するなど調達先を慎重に分散させている。

天然ガス・ＬＮＧが今後25～30年の間、エネルギー転換でのつなぎ役として機能する見通しが生まれた一方、本書で論じてきたようにＥＶ化も進展している。では、次の主役は何か。23年のダボス会議で特に注目を集めたのが、再エネからつくる「グリーン水素」だ。商用化はまだ初期段階であるにもかかわらず、ほかのグリーン技術を突き放す存在感があったとされる。図１－２で電化先行の進展を認めたかにみえる佐々木も「電化と水素化は両立する」と声を上げる[6]。

実はダボス会議が「グリーン水素」で盛り上がるような出来事がヨーロッパで起きているのだ。スウェーデンでは国営企業ＳＳＡＢが参加して水素還元製鉄の実用化が進められており、26年にも１３０万トンと少量ながらも量産を始める。価格は従来品の３割高に収まり、自動車メーカーが購買意欲をみせている。同国に世界最大の水電解プラントをもち、その名もずばりＨ２グリーン鉄鋼というスタートアップが40億ドルの新工場をつくり年５００万ｔの生産を視野に入れている。ＢＭＷやエレクトロラックスなどとの長期契約分が１５０万ｔあるという。

図１－２では、筆者は産業界では自動車を含めまず電化であり、水素の活用はその後になるとの見方を示した。事実、日本の現状では電炉転換が精一杯だ。確かに鉄鉱石と石炭由来のコークスを反応させる高炉は粗鋼生産１ｔ当たりCO_2が２ｔ発生するが、鉄スクラップを電気の熱で溶かして鋼材を再生する電炉は、発電時も含め同０・５ｔと高炉の４分の１で済む。その意味で電炉の活用は中間措置としての意義がある。ＪＦＥスチールは30年度までに総額１兆円を投じ高炉を電炉へと転換し、13年度と比べCO_2を30％減らす計画だ。だが、不純物が混ざるスクラップから自動車用の高張力鋼板やモーター用鋼板など高級鋼板を作るのは至難の業だ。ＪＦＥのケースをとれば、スクラップに還

元鉄と呼ばれる鉄分の高い原料を加えることによって品質を担保するという。

何がスウェーデン企業をして一足飛びに水素還元製鉄へと導いたのか。日本の企業にはない圧力とは何か。図７－１でみたCO_2排出権取引での高値がスプリングボードとなったと考えざるを得ない。

ヨーロッパがCO_2排出権取引の圧力で水素社会への先陣を切ろうというのなら21年時点で世界の水素需要の３割を占め世界のトップにある中国も黙ってはいられない。再エネでも21年時点で電力に占める割合では43％でドイツには及ばないが、１０００ＧＷｈを超える能力をもち世界一だ。強力に推進しているＥＶがグリーンであるためには、電気がグリーンでなくてはならないが、中国では電力は他の用途にも必要で再エネの発電能力の拡大だけでは電力需要に追いつけていないのだ。

電力に余力が出てくれば、グリーン水素も、世界一の能力をもつ原子力発電を活用した「パープル水素」も、未使用の石炭資源（褐炭）を使った安価な「グレー水素」も、グレー水素の製造過程で出るCO_2を回収・利用・貯留する技術（ＣＣＵＳ）と合わせることで、ほぼ「CO_2排出ゼロ」にできる「ブルー水素」もできるようになる。そこには「パリ協定」からの離脱で出遅れが隠せない覇権国アメリカに代わり、気候変動問題で世界の主導権を握ろうという中国政府の狙いも見え隠れする。主導権を握るためには、再エネ、水素でのリードが必要だとの論理になる。

視野に入れるべきは再エネの発電コストの劇的な低下だ。すなわち、10年以降の８年間ほどで太陽光の平均発電コストは73％、風力は22％低下した。太陽電池システムの価格は、08～13年の５年間で約半分へと低下し、16年には日照時間の長いアブダビで１ｋＷｈ当たり２・42セントの契約が注目されたが、これら技術的な貢献は中国で、そこでの低下も著しい。太陽光も風力も20年までにどの化石燃料による発電に比べても安くなった。再エネは、ジェレミー・リフキンも指摘しているように、今後もトヨタが日本発の技術ペロブスカイトで30年までにシリコン系の1・5倍まで効率を高めようとしており太陽電池などでコスト低下が期待できよう[7]。だが、再生エネルギーでリードするのは中国である可能性が高い。一つには、中国は16年時点ですでに再エネ関連技術の累積特許件数でも世界全体の約3割を占め、18%のアメリカ、14%に甘んじるEUと日本を引き離すまでになっている。今一つには中国では未利用の再生エネ（棄風、棄光、棄水）が依然として多くあることが挙げられる。超高圧送電網の建設や、揚水発電の建設などが進められており、再エネ由来の電源がさらに増えている。

ただ再エネの弱点は天候に左右されやすく、時間や季節でも変動することだ。これは、総発電量と総消費電力量を等しくする必要がある電力系統の運営には不都合だ。現状ではエリア外送受電、余剰電力で水をくみ上げる揚水発電などによる調整に加え、火力発電の出力調整が欠かせないが、再エネの登場で調整幅は大きくならざるを得ない。送電網の運用改善や人工知能活用で高精度化した気象予測、蓄電池の低価格化といったデジタル化と電力貯蔵技術のイノベーションが、10年前には想像もできなかった再エネの急拡大を可能にしているが、再エネ全盛の時代に向けて考えられているのが、電力系統での調整としての水素でのエネルギー保全であり、水素発電だ。なかでも再エネの利用を拡大するにはエネルギー媒体として「水素」を調整力として利用して電力系統を安定化させることが必要不可欠だ。

要すれば、水素エネルギーに今後期待される役割としては、東京工業大学の井原学教授が主張しているように、①CO_2排出削減という条件下で、エネルギー資源をグローバルな視点で有効活用する際の重要なオプションとしての「グローバル水素」と、②再エネを大量導入する際の電力平準化に必要な、ローカルな蓄エネルギーとしての重要なオプションと位置づける「ローカル（蓄エネ）水素」の2つがあることを明確に意識すべきなのだ。

化石燃料が基本的にグローバルな商品であるのに対し、電力は今のところローカル（地域的）な商品だ。ところが水素はセ氏マイナス253度に冷やして液化すれば体積を800分の1にでき、一度に大量の輸送が可能になり、グローバル商品へと転化する。液化水素、アンモニア、メチルシクロヘキサンなどのエネルギーキャリア（媒介）を利用した地球規模での水素の輸送が大きな役割を果たすグローバル水素が機能してくると、再エネの電力がグローバル商品となってアメリカの化石燃料によるエネルギー覇権に対抗するものへと変貌することになる。その再エネを地球温暖化抑制と経済性を両立させグローバル商品へと転換する鍵を握っているのがカーボンフリー水素を中心とする発電技術とアンモニア転換のようなものを含む蓄エネルギー技術の推進なのである。

中国はそうした頂点に立ちたいのだ。そこで、安価な水素の供給体制が整わないなかでも、中国は水素覇権に向けて芽出しをしておく必要がある。その一つが今の段階でFCV（Fuel Cell Vehicle：燃料電池自動車）優遇策を打ち出したことだ。水素生産の現状を考えれば、FCVは普及が遅れるが、水素と酸素で発電した電気エネルギーで自動車が動くさまを人々に見せておきたい、FCVをEVと並ぶ戦略的な次世代車と位置づけ、開発競争での主導権を確保したいというのが、中国政府の狙いだろう。

FCVの商業化では先頭を行くトヨタは、2世代目となる〈新型MIRAI〉では、従来の4人乗りから5人乗りへと居住スペースを広げ、航続距離はアメリカ仕様では最大647㎞と3割伸ばした一方で、現地ベースの価格は4万9500ドルからと従来型よりも9000ドル引き下げられた。自動で駐車できるシステムを搭載するなど自動運転支援システムも充実させ、また、低重心プラットフォームの「TNGA」をベースとし、思いのままに操れる「走り」を追求している。

こうした先進性を活かして、トヨタは、FCVに関して中国との関係を模索してきた。これまで自動運転などの分野で共同研究を進めてきた清華大学と、19年に環境問題や車の安全技術などを研究する「清華大学―トヨタ連合研究院」を設立したこともその一つだ。連合研究院では、今後5年間、中国のエネルギー問題や社会課題の解決に貢献できるような研究に取り組むが、目玉はFCVに使う水素の利活用などの共同研究となっている。

だが、FCVの推進そのものでは中国が先を行っている観がある。すなわち、中国のFCVの累積販売台数は中国汽車工業協会の調べによれば22年末で1万2619台と日本を抜いて世界一である。また水素燃料スタンドの数も22年1月末現在で178カ所と日本を上回り世界一だ。さらにいえば、日本が30年までにFCVの販売を80万台、水素ステーションの設置900基を目標にしているのに対し、中国では「水素エネルギー産業発展中長期計画」の下、25年の中間目標として5万台、30年には100万台の達成を目指す。水素スタンドに関しても25年に向けて加速するが、30年に1000基という目標は変えていない。いずれも、日本を超える目標をロードマップで設定していることになる。

中国政府は、奨励金を支給する仕組みを用意して、FCV普及を図っているわけだが、EVに比較しての便利さが十分理解されていないことも分かった。

そこで、奨励金をつけたからといって中国でのFCV事業が一気に加速することはないとしても、トヨタの合弁会社設立を通じて顔をそろえた主要な国有大手のなかには北京億華通科技（シノハイテック）のようにトヨタを学びの対象として技術移転を受けながら、バスやトラックなど長距離大量輸送がＦＣＶにふさわしい需要を掘り起こすと捉える企業も出てきた。水素のグローバル商品化に挑む企業になるには時期尚早との判断のようだ。

では、米中対立が深まるなかで、中国の水素覇権を狙う行動に対し、アメリカなど西側諸国はどこまでを西側とし、どう対応していくのかが問われている。

世界初、唯一の国際的な水素普及を推進していくグローバル・イニシアチブが、17年のダボス会議で発足させたのが水素協議会だ。水素協議会は２０５０年時の世界のエネルギー需要の約18％を水素がになない、世界のＣＯ$_2$排出削減の約20％分を水素エネルギーの普及で賄うという未来図を描いている。協議会には日本からも現在92社が参加している。日本は50年にゼロエミッションを達成するという公約を掲げたことから、30年の中間目標の見直しをしているが、水素利用量を電力の１割に当たる１０００万ｔとする見込みだ。23年のダボス会議の場で、ドイツのショルツ首相が「再エネを使って水素を製造する水電解ブームを起こすことが目標だ」と語ったのは、この未来図を先取りして行かなくてはならないとの警鐘だった可能性がある。

ところで、国際再生可能エネルギー機関（ＩＲＥＮＡ）は、50年までに世界の電源構成の85％を再エネで賄う必要があり、水素は５億ｔ以上必要になるとみている。これを承ける形で「水素協議会」とマッキンゼーがまとめたレポートによると、50年の世界の水素・派生品の需要は６億６０００万ｔとなり、中国、日本、韓国、インドの４カ国だけでも全体の４割以上を占め、アジアが最大の消費圏

図7－3　アジアの水素需要は膨らむ

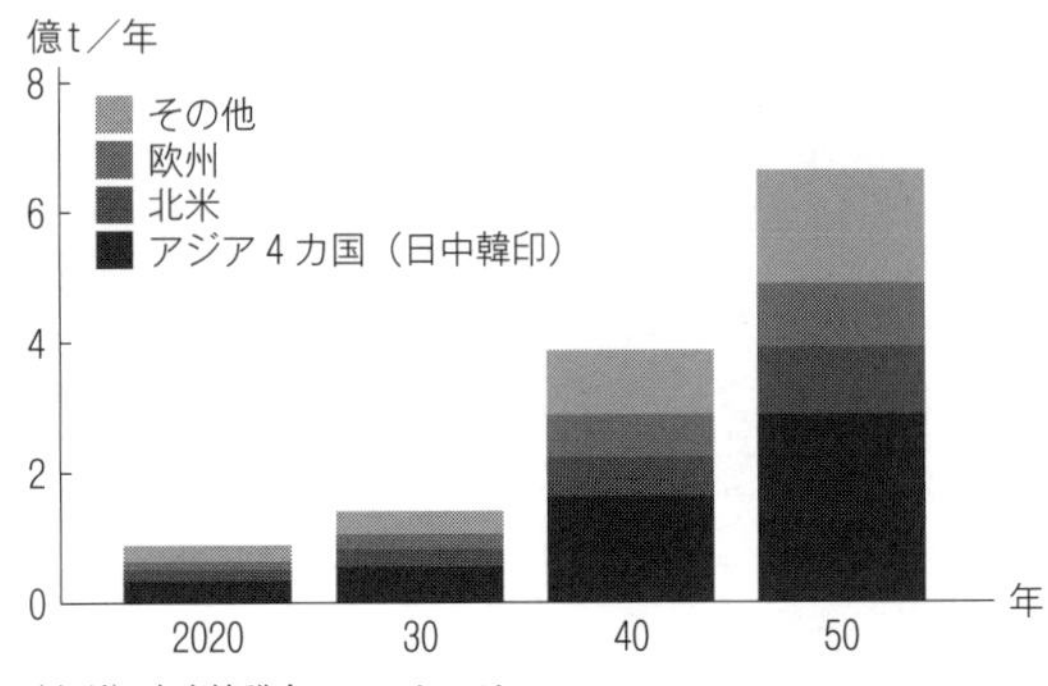

（出所）水素協議会・マッキンゼー

になる姿を描く（図7－3）。

ではどこが生産国になるのか。「水素」の生産・輸出の要として台頭しようとしているのがオーストラリアだ。石炭や天然ガスといった化石燃料の一大輸出国ながら脱炭素への移行を睨み、19年には「国家水素戦略」を策定して、30年までに「水素」の主要輸出国になることを目指している。

その「水素」を、石油やLNG（液化天然ガス）のように大量に積んで運べる世界初となる大型液化水素運搬船を開発したのが川崎重工業だ。22年にAiP（基本設計承認）を日本海事協会から取得している。一方、液化水素運搬船を用いて世界初の褐炭から製造した水素を日豪間で海上輸送・荷役する実証実験をして、「水素」大量輸送時代に備えているのは、岩谷産業、川崎重工業など7社でつくるコンソーシアムHySTRAだ。

そうしたなか、生産国のオーストラリアと最大の消費国となる中印との間にある地の利を活かして、一足先に水素がリードする社会を実現しようとしているのがシンガポールだ。次の首相と目されるローレンス・ウォン副首相は、水素を主

図７－４　新たな対応迫られる自動車エンジン

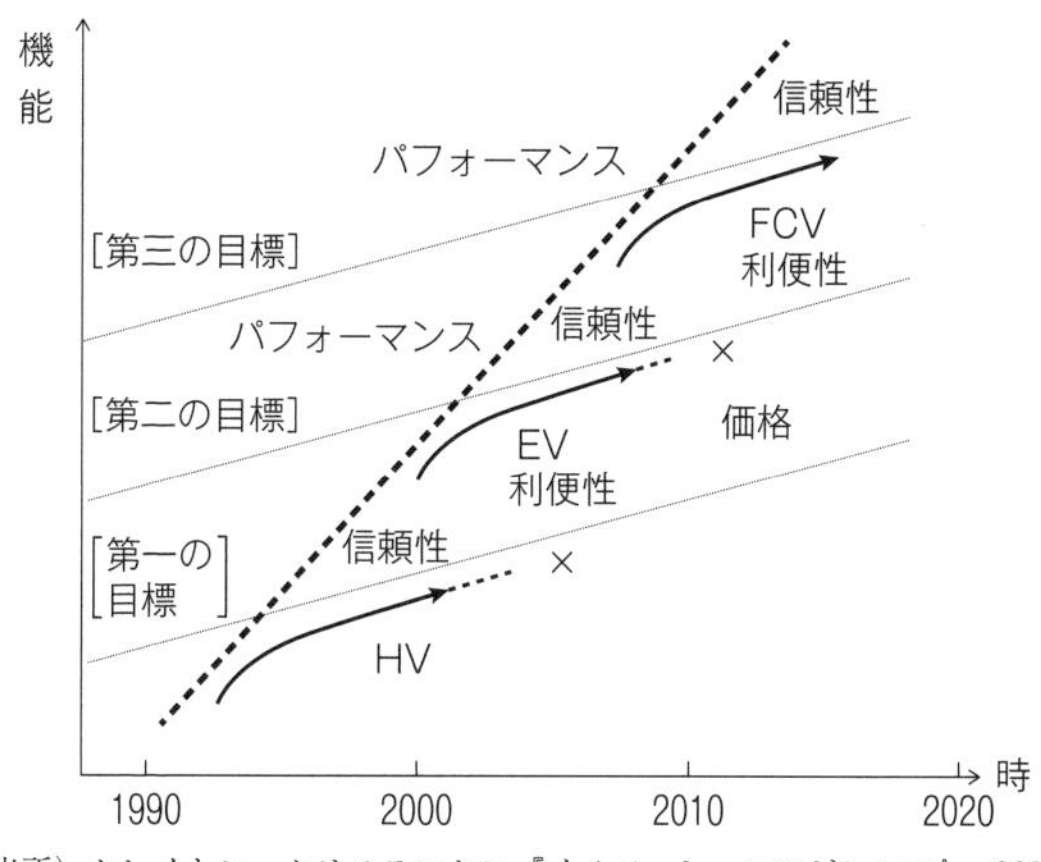

（出所）クレイトン・クリステンセン『イノベーションのジレンマ』p.266、図9.4を参考に筆者作成

力電源に据えることを柱とする「国家水素戦略」を打ち出している。シンガポールの政府系のケッペルが、水素技術で先行する三菱重工業やＩＨＩなど日本企業と組み、ジュロン島にシンガポール初となる水素対応の発電所を建設するという構図だ。今の段階では発電コストは高いが、水素社会をリードするための実験コストと位置づける。

クリステンセンは生前に破壊的イノベーションが今後起こりうる例として、次世代の自動車の動力を取り上げたことがある。地球環境問題を考えれば、自動車の中核であるガソリンエンジンの転換では、排ガスを出さない電気、わけても水素燃料電池が究極的な候補となろうと考えた。ＦＣＶであれば、有害排気ガスが一切出ないからである。

クリステンセンの破壊的技術たる図１－４に当てはめ、中間にＥＶ、ＨＶを置いて３つの技術的壁、目標を打ち破って行く工程を考えたようだ。

一方、図１－１からいえることは、萌芽的にＨＶ

が出てきて、その小さな電池を大型化していく過程でＥＶが出てくるというものだった。そして究極のＦＣＶが登場することになる。それを図示すれば図７－４のようになるというわけだ。

だが、実際にクリステンセンが授業で使った図では、筆者は講義に出ていたわけではないので確かなことは分からないが、第一目標がＥＶで第二目標がＨＶになっており、ＨＶよりＥＶがより簡単に商業化できると考えていたようだ。どうやら、このような構図が実現されるには、長い期間が必要であり自身が提示した他の破壊的イノベーションとは異なる面もあると考えた節がある。ステージの移行になぜ長期間かかると考えたのかといえば、当時の環境としては、単独型のＥＶ、ＨＶが開発される一方、家庭の電気から電源をとるプラグインＥＶ（ＰＥＶ）なりプラグインＨＶ（ＰＨＶ）も商業化されてきていたが、いずれも少し未熟な形のままですぐには完成型が見つからないと考えたからのようだ。

そのために既存自動車メーカーは相当期間にわたり現在の顧客に最大限の満足を与えつつ、なおかつ将来の顧客のためにR&Dを推し進めるということを強いられることになる。ではメーカーはどう対処したらよいか。その回答の一つは、ＧＭ張りの両利きの経営であることは第４章（１６７頁）でもみたところだ。

では、どの技術も完成形ではないとみていたなかで、ＦＣＶを最後列に置いたのはなぜだろうか。ＦＣＶ開発への機運は10年前には大きく盛り上がり、水素の供給の方法に関しては世界主要11社間で規格統一もできた。日本の３社が自陣営の優位を争ってもしかたがない、まずは世界規格を生み出しておくべきだと欧米規格を呑む形で形成されたのだ。(8) ところが、その後は要素技術が自動車メーカーと異なることもあってFCV開発の困難性が意識され、新興国対策など別の重要課題も出てきたこともあって開発意欲が低下したようにみえた。この間、技術蓄積が多いといわれたGMは倒産を経験している。

どの技術も完成系でないとすれば、トヨタの全方位型の品ぞろえは消費者に選択肢を与えるという意味で、トップ企業の矜持を示していることになる。ところで、現実には日本企業にみるようにHVは商業化に成功している一方、EV化へは、テスラのようなベンチャーが2014年に前期比55％増の3万5000台を売ったあたりで足慣らしができ、専業メーカーと認識され始めたテスラがハイエンドのEV市場に突破口を見出し、その事業を黒字化しても、何も動かなかった。すなわち、政府も民間企業も、一斉にEVの本格普及のため必要な急速充電設備のインフラ整備にも走り始めたのは、その後のことだった。

FCVに関してはトヨタがEVと比肩できるモデルを発表している。しかし、世界中がEV化へ走り出した現在、水素ステーションを増設するモメンタムは小さいだろう。EVが先行し、充電インフラが張り巡らされるようになったなかで水素ステーションが普及するには経路依存的な発展を打ち破るだけのイノベーションが必要になるからだ。しかし、再エネへの転換が進むとすれば、それに伴い水素の供給も増え、価格が低下していくことも確実だろう。

筆者は、図1－2でまず電化、しかる後に水素という時間秩序の大枠を述べた。だが、同時に水素化への流れが強くなれば、中国が水素覇権を握ろうと動くリスクに対してどう対応すべきかを問うた。ここでみた限り、現在の地政学的状況、新技術の不確実性などからすれば、米中対立を強く意識したフォーメーションをとる必要性は低いということではないか。しかし、筆者が近著『米中が競う技術覇権（仮）』で示すようにEVは半導体や量子コンピューターのように安全保障に直接かかわるハイエンドのハイテク産業というわけではないのに対立が激しくなってきている。水素化の今後を考える点でも、EV化の地政学をみておく必要がある。

注

（1）宇沢弘文『自動車の社会的費用』岩波書店、1974年。
（2）深尾幸生・多部田俊輔・朝山亮「ダイムラー、EVの頭脳に中国技術　1000人で現地開発」『日本経済新聞』2021年11月19日。
（3）深尾三四郎、クリス・バリンジャー『モビリティ・エコノミクス――ブロックチェーンが拓く新たな経済圏』日本経済新聞出版、2020年。
（4）高橋琢磨『金融はこれからどう変わるのか』金融財政事情研究会、2006年。
（5）高橋琢磨『米中が競う技術覇権（仮）』五月書房新社、2023年。
（6）佐々木一成「電化と水素化は両立する　EV時代の水素産業」『日本経済新聞』2021年9月29日。
（7）ジェレミー・リフキン『限界費用ゼロ社会――〈モノのインターネット〉と共有型経済の台頭』（柴田裕之訳）NHK出版、2015年。
（8）小島康一「ベールを脱ぐ次世代燃料電池自動車」一橋大学・RIETI資源エネルギー政策サロン第3回講演、2014年7月22日。

第8章

EVが拓く自動車市場の新たなジオテクノロジーの地平

中国以外の自動車メーカーにとっての問題は、最大市場である中国でのシェア獲得なくしてCASEに対応していく資金が獲得できないが、中国が今やこれまでの民主国家とはまったく相いれない性格の国家であることが判明し、中国との関係を見直さなくてはならないというジレンマに陥ったことだ。

8.1　半導体規制の一方でEUを梃子に欧米との共存を模索する動き

習近平政権の第3期が決まると、2022年11月のドイツのオラフ・ショルツ首相の訪中を皮切りに、ヨーロッパから各国首脳が相次いで北京詣でを始めた。一連の首脳会談をした中国の期待は現在停止しているEU中国包括投資協定の審議再開への道筋をつけることだったと思われる。

ところが、その後ドイツから出てきた対中ポジションを表明するレポートはデリスク（リスク回避）政策であり、企業が中国への投資をしても政府保証を期待するなというものだった。

中国がデカップリング（米国の中国に対する経済依存を解消する政策）の言い換えに過ぎないと、猛烈な反発をしたのは言うまでもない。独中はこれまで蜜月を続けてきたのであり、EUのなかでのドイツのライバル、フランスも親中に転じたはずだったからだ。すなわち、23年になってフランスのエマニュエル・マクロン大統領は訪中で習主席から歓待を受けた帰りの飛行機の中で、同行した記者に対し「ヨーロッパは米中への追随を避け、自分たちとは無関係の、台湾をめぐる危機に巻き込まれてはならない」と、欧・仏の「戦略的自律」をぶち上げたのだ。同盟国からの反発に対し、フランスは台湾の武力による開放を望んでいないなど対中政策に変更はないと懸命に打ち消してはいるが、大統領自身からの表明はない。G7の結束が脆弱であることが露呈したことになる。

日本には、中国との関係を言うに際し「政冷経熱」という言葉がある。政治的課題に対処しつつ経済関係を緊密に保って行くといった趣旨になる。しかし、安全保障の面で大きくアメリカに依存し、東シナ海などでは日本の主権が脅かされ、米中対立が激化していくなかでは、この綱渡りのバランスは許されなくなってきていると多くが考えるようになってきた。

米中の対立が今後とも続いていくことは間違いなく、その間経済ではできるだけ摩擦が少ないことが望まれるのも確かである。とすれば、安全保障、人権などでは毅然とした態度を示しつつ、中国市場に自然体で向かう姿勢があり得ると考えることもできる。戦前に「小日本主義」を唱え、通商の重要性を説いた石橋湛山にも通じる考え方だ。

そもそも米中対立といっても、互いの存続がかかるような競争相手とこれほど密な関係を築いたことはアメリカに限らず歴史上もなかったのではないか。この得も言われぬ恐怖の結果、トランプ政権時代に引き上げられた対中貿易関税の継続、先端半導体へのアクセス規制の強化、中国の通信関係企業に対する取引制限強化など、事実上デカップリングに近い政策が実施されているのも事実である。

米中の対立でサプライチェーンの東西分断が進むという見方が少なくない。だが、改めて、全面的なデカップリング策をとりうるかと問えば、それはありえないのではないか。確かに習近平政権もまた従来のサプライチェーンを再構築する「双循環政策」を打ち出した。

しかし、中国が世界の輸出製品の22%を生産する現状に鑑みれば、中国を世界から孤立させる強硬策をとる選択肢が欧米には「ない」といえよう。代償が大きいのだ。実際、経済デカップリングの掛

図８－１　米国の対中貿易額の推移

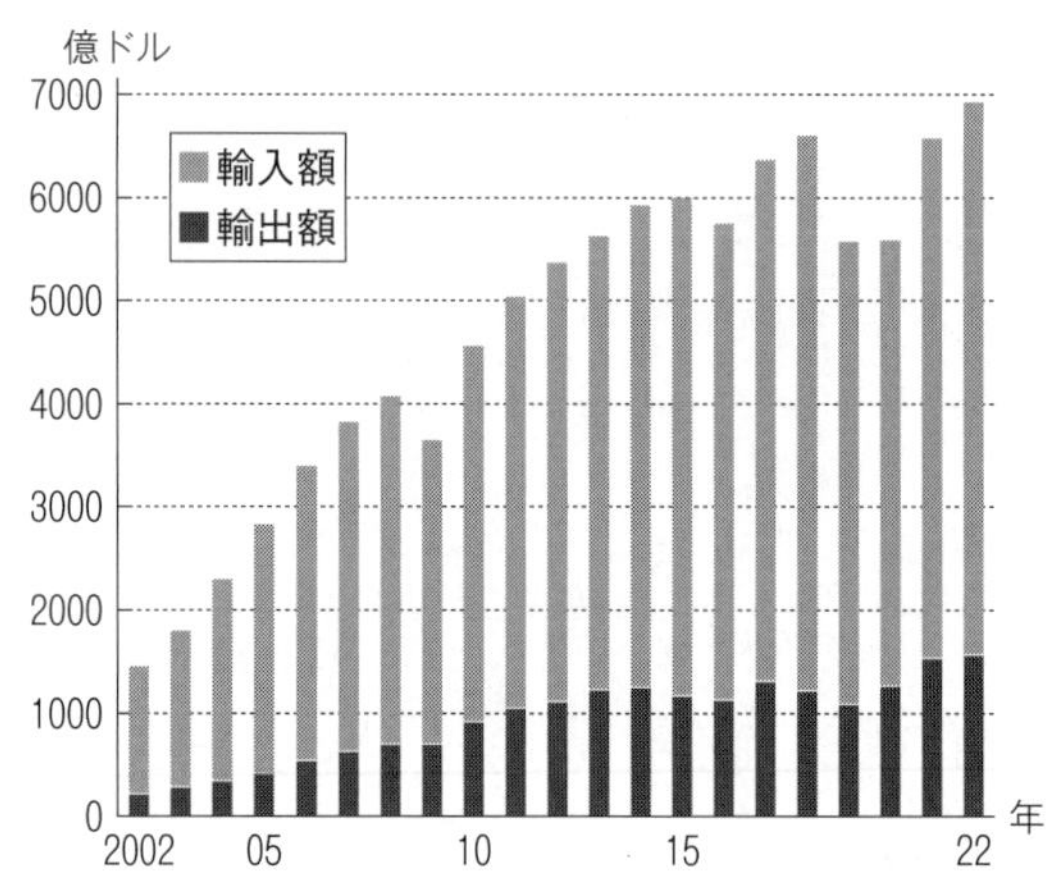

（出所）「米中貿易額、４年ぶり最高」『日本経済新聞』、2023年２月８日

け声とは裏腹に、22年のアメリカから中国への輸出は１５３８億ドル、中国からの輸入は５３６８億ドルで、輸入・輸出ともにトランプ政権による中国への制裁関税の影響が出る前の18年の水準を超えて過去最高となった（図８－１）。それだけでなく、貿易総額でも、対中貿易赤字も過去最大を記録した。政治的緊張を抱えていても、米中のビジネス界は双方の巨大市場でビジネスチャンスを逃すまいと動いていることが如実に現れている。

規制の対象になっているのは、インパクトが大きい分野にきわめて限定されているのだ。だが、ＥＶはハイテクといっても技術レベルが安全保障に直接にはかかわらないミドルレンジだから規制は限定的なものにとどまるとは限らない。自動車産業の優劣は国力を左右するものだからだ。

実際、米中はＥＶ補助金政策で互いに排除しあっている。中国がＮＥＶ（新エネ車）政策で外国勢を排除したことは第２章（75頁）で論じたごとくだ。

他方、アメリカ政府はEVを購入する消費者に対し、最大7500ドルを税額控除する優遇策を実施しておりその生産はUSMCAの域内で行われなくてはならない。また、車載電池に使う重要鉱物の40%をアメリカかアメリカが自由貿易協定（FTA）を結ぶ国から調達できなければ、7500ドルのうち3750ドル分の優遇を受けられなくなった。電池の部品の50%が北米での製造・組み立てであることも残り3750ドル分の優遇条件になった。優遇の対象となったEVはテスラとGM、フォードの3社の11車種だけであり、これはまさに中国が電池で外国企業を排除した時と同じになっている。補助金が欲しければローカル品で車をつくれと、アメリカが音頭をとって分断策をとっていることになる。

逆に言えば、テスラの後を追う新興EVメーカーはバイデン政権の選択肢のなかに入らなかったことになる。23年1～3月期の決算発表をみても、ルーシッド・グループは出荷台数が生産を下回り、フィスカーも23年の生産台数見通しを下方修正するなど、その影響を受けたようにみえる。新興産業であるEV業界のなかで、テスラだけがEVの先駆者と認定されたことの意味は大きい。

アメリカが電池をめぐる要件を強めた背景には、レアアースを使った高性能磁石などの製造技術の輸出を禁止するなど、レアアース分野で主導権を握ることで欧米を牽制する中国に前もって対抗すると同時に、今や世界におけるシェア6割を占めるまでになった中国の電池メーカーの影響力を排除する意図が透けて見える。CATLの世界シェアは22年まで6年連続トップだった。23年に開かれた全人代でCATLの曾CEOが報告の中でそのことに言及すると、習近平は「向かうところ敵なしで独走した結果、最後に全滅するという事態を避ける必要がある」とたしなめた。「喜ばしいが、心配でもある」というのである。(1) 習の念頭にあるのは5Gで天下をとった華為技術が排斥を受けるに至ったことだろう。EV用電池でも同じことが起こることがないとは言えないという懸念だ。

そこで先端半導体におけるデカップリング策の経緯を振り返ってみよう。中国が台湾を解放する機会を窺っていることは疑うべくもない状況下で、国防総省発注のザイリックスも、クアルコムを初めとした民間企業も半導体の製造では台湾積体電路製造(TSMC)のファウンドリに依存しているのだ。TSMCの工場にもしものことが起これば、アメリカの経済安全保障というよりも安全保障が脅かされる。

先端通信技術の5Gでは華為技術やZTEがトップに立っている。その設備を使えば情報が中国に筒抜けになることを恐れ、アメリカは18年国防権限法に基づき製品を調達するのを禁じる措置をとっただけでなく、先端の半導体を華為技術に輸出することも禁じた。さらに、覇権争いの展開を有利にしようと、米国の国防総省は中国のファウンドリ中芯国際集成電路製造(SMIC)を軍事企業に指定し、製造機器や設計ソフトの欧米からの調達を遮断した。

この先端半導体デカップリング策が大きな混乱をもたらした。SMICに対して欧米も車載用半導体などを発注していたことから、それがTSMCなどに振り向けられ受注がオーバーフローして世界各地で自動車メーカーの減産を余儀なくした。それが引き金になって、EUも経済安全保障の観点から半導体産業を見直し、域内生産「2割」をめざす目標を打ち出し520億ドルの補助金を用意するとした。一方、アメリカはそれ以前にTSMCの工場誘致を取り決め、その補助を含め半導体産業振興のために370億ドルの予算措置を表明していた。

しかし、バイデン政権は、22年10月には中国の先端半導体へのアクセス規制を強化することに踏み切った。先端半導体の優劣はミサイルなどの最新の軍事品の開発にかかわるため安全保障上の重要な要素となるが、ロシアへの半導体アクセスを禁じたことが大きな効果を生んだこともこの決断の動機となった。

最先端半導体の設計能力をもつ華為技術など中国勢を封じるために、すでにTSMCなどの受託企業へのアクセスを禁止している。バイデン政権は、中国最大手のSMICなど、中国の半導体メーカーへの先端半導体製造装置の輸出制限を一段と強化することを日本とオランダ両政府に要請したのだ(2)。慌てたのは中国である。中国は調達市場から閉め出されかねないとの危機感をもった。

そこで中国は韓国の朴振外相の訪中を促し、当時中国国務委員兼外相だった王毅氏と山東省の青島で外相会談をもった。王は冒頭から半導体供給網のあり方に言及し「中韓両国は独立自主を堅持し、安定的で円滑な供給網と産業網を守らなければならず、外部の障害と影響を受けてはならない」と韓国を牽制した。米中対立が激化するなか、中国側は半導体のサプライチェーンに関してもアメリカになびくことなく、従来からの「米中バランス外交」を維持し、中国にも十分に配慮するよう韓国に注文を付けたのだ。

『エコノミスト』は、半導体版ココムはどんな形をとるのか良いかと論じた(3)。バイデン政権の答えは、対中国を念頭においた米日韓台での半導体管理の協力関係を築くことだった。韓国では「チップ4」と命名されている。「チップ4」はどんなものになるのか。アメリカの思惑は次のようなものだ。半導体の先端技術への中国のアクセスを制限するといっても、現在、中国はオランダのASMLのE

ＵＶ露光装置を購入しても、それを使って半導体ラインを組成できない状況にある。したがって、規制を強化した場合にオランダからの協力を得ることはある程度容易なことから、対中規制の軸足を「チップ４」に移したのだ。

一方、中国を供給網から排除するといっても、米日韓台の対中国ビジネスをすべて断ち切るというわけではないだろう。ある一定の許容レベルを決め、規制に該当する製品、それをつくる機器装置を禁輸にすることになる。その場合、問題の核心は「チップ４」によって中国のどんな能力を制御するのかだ。米国商務省の高官は核弾頭、極超音速ミサイルや精密兵器などの能力を抑制すると言っている。また、ウクライナ戦争ではドローンが戦争継続において中核的な役割を果たしているが、アメリカはそこまで規制対象とするのか。

交渉の過程で疑心暗鬼になったことは間違いない。しかし、最先端へのアクセス制限として常識的な制限に落ち着いたのではないか。「チップ４」とは、中国に対して自国の経済を立ち行かなくさせるような厳しいものではないが、何か不都合なことを起こすようなことがあればいつでも規制を強化していく準備はできているぞというメッセージに外ならない。したがって当面の対処としては、アップルなどアメリカ企業の対中ビジネスが著しい被害を受けない範囲にとどまるものと考えれば、「チップ４」の規制の限度が見える。

だが、アメリカは対中規制に熱心なあまり、同盟国への配慮を忘れているのではないか。『ウォールストリートジャーナル（ＷＳＪ）』のチーフエコノミックコメンテーターのグレッグ・イップ氏は、バイデン政権がＥＶ補助金で日欧企業を対象から外し、先端半導体への中国のアクセス制限では一方

図８－２　上位５社に集中する電池生産（2022年）

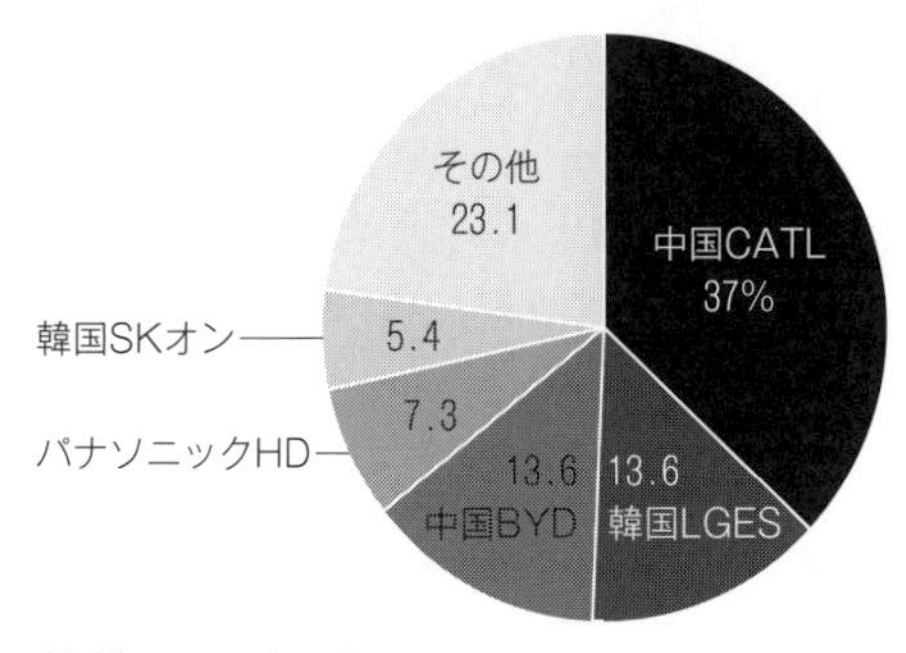

（出所）SNE リサーチ

的に輸出禁止を押し付け、同盟国への配慮を欠いた政策を行ったことに疑問を呈した。ことにヨーロッパはこのままでは踏んだり蹴ったりということになり、何らかの見返りをつける必要があるとした(4)。

確かに日韓の受け止め方は、アメリカは自分の利益ばかりを考えているとかこちながらも、ＥＶ補助金で締め出されたことに関しても、これを奇貨としてアメリカでの投資を前倒しでしていこうという頭の切り替えができているように見える。第１章では、30年までにＥＶ関連投資は１兆２０００億ドルになり、その６割がＥＶ向け電池への投資になるということを見たが、日韓の電池メーカーはアメリカでの電池工場の建設はＣＡＴＬを追い上げる良い機会になると考えたのだ。すなわち、中国政府によるＮＥＶ政策での日韓勢の締め出し、そして22年の中国市場でのＥＶ市場の急拡大によって22年にはＢＹＤの倍増を初め国軒高科の２・７％など中国勢がシェアを大きく拡大する一方、日韓のメーカーが振るわなかったことから、このところ上昇していた日中韓上位５社による集中度（21年に83・１％）が、22年には76・９％へ落ちた（図８－２）ほどだった。この不振なり、蚊帳の外にいたことをアメリカ市場で挽回したいというのがLGエネルギーソリューション、SKイノベーション、サムスンSDIの韓国勢やパナソニックなどの願いということになる。というのは、米中対立が激化するなか、アメリカ市場には、バイデン政権がEVを戦略商品とした以上、中国企業は入りにくい状況になったと見られたからだ。事実、多くの中国企業が北米での投資計画を撤回した。

では、どれほど対米投資をするのか。LGエネルギーを例にとれば、清州市（忠清北道の道庁所在地）のバッテリー生産工場の拡張に加え、25年までに北米で7工場体制を構築する。すなわち、同社の北米事業は、自社工場と、オハイオ州のGMとの合弁工場の2拠点で稼働済みだったが、約3年でGMとの合弁で3カ所、ステランティスとの合弁で1カ所、ホンダとの合弁で1カ所と、計5拠点で総投資額2兆円超を合弁先とともに投じ整備する計画を明らかにしていた。建設コストの上昇で一時はアリゾナ州での工場建設を見送っていたが、旺盛な引き合いに背を押される形で23年春には建設に踏み切った。こうして7工場体制が構築されると、同社の北米生産比率は現在の7％から25年には45％に急上昇する。

パナソニックにとって40GWh（ギガは10億）の能力をもつネバダ州のテスラとの共同工場が、鬼門だったことには触れた（第2章、76頁）。だが、赤字事業から成長部門へと転じた電池事業での拡大は急務になった。いうならば電光石火でEV用電池のカンザス工場の建設に着手した一方、29年度までにEV用電池の生産能力を現在の50GWhから最大4倍に引き上げ上位5社の一角にとどまる決意だ。

これに対し、ヨーロッパは、自らの地にEV市場を築こうと22年3月時点で30年までに生産能力として1000GWhを超える電池の生産計画をもっていた(5)。ところが、アメリカのEV補助金政策のために先のEV関連投資1兆2000億ドルの組み換えが起こり、この計画がぼろぼろにされる恐れが出てきたのだ。ブリュッセルにある環境NGO「T&E」によれば、最大3分の2の計画が中止されたり延期されたりする恐れがあり、アメリカに対抗して大々的な補助金政策を打ち出すなど、早急に対策を打つ必要があるというのだ。ところが、EUは機動的には動けず、ヨーロッパのEV産業は米中対立の余波でEUの目論見が達成できなくなる恐れがきわめて大きい(6)。

多くの人々がアメリカは短絡的な中国排除に向かっているのではないかと懸念をしているが、EUもまたアメリカの対中政策を嘆き、不満を抱くことなる。確かにアメリカの対中戦略が混乱しているという認識も理解できる。その一つがハイテク摩擦のなかでも続く米中金融蜜月だ。本書でも、多くの中国のEVベンチャーがニューヨーク証券取引所やNASDAQでIPOをしたことに触れた（第4章、第5章参照）。

米中金融蜜月はどこにルーツがあるのか。それは、リーマン・ショックに遡る。当時財務長官であったヘンリー・ポールソン氏は、超法規的な措置で投資銀行に資金投入をした。スタンフォード大学のダレル・ダフィー教授は、投資銀行のゴールドマン・サックス、モルガン・スタンレーの2社を含め上位6社のディーラー銀行がリーマン・ショックの際、1兆ドルの評価損を出す投機をしていたと非難していた(7)。そこで、ゴールドマン・サックス出身のポールソン財務長官が、超法規的措置でもってダフィーのいう「恐怖のディーラー銀行の失敗」の救済にあたったのである。そして危機回避のために財政を出動させるには大量の財務省証券の買い手がいなければならないが、その買い手になったという意味で中国がリーマン・ショックの救世主、つまり自動車部品でいうショックアブソーバー（緩衝器）だったことになる。ポールソンが、当時金融担当の副首相だった王岐山氏との深い絆がアメリカの信用を保つ上で役立ったと回顧しているゆえんである。(8)

ポールソン＝王の絆は、習政権2期目に国家副主席になった王が主宰する「米中金融円卓会議」として引き継がれ、コロナ禍にあってもオンライン会議で続けられている。アメリカ側の代表は、痛手を負ったゴールドマン・サックスに代わり、世界最大の投資ファンド、ブラックロックとなっている。

「米中金融円卓会議」路線のアメリカ側の成果としては、ゴールドマン・サックス、JPモルガン・チェースといったウォール街の企業が、各社個別に中国での事業拡大が承認されたことであろう。まず、ブラックロックは個人向け投資信託を販売する完全子会社の設立が認められ、米銀最大手JPモルガンは先物取引の100％子会社が認められた。しかし、ハイライトはゴールドマン・サックスが2004年に設立した中国現地法人、高盛高華証券が100％子会社になったことである。設立当初には3割の持ち分しかなかったが、20年3月に51％まで引き上げられ、その年内には出資比率が100％になった。中国政府は証券業務について18年から外資による出資比率を51％以下まで認め、20年4月以降は全額出資を可能としていたものの認可をとるのは政府の意のままであったが、ゴールドマン・サックスが第1号となったのである。米中金融蜜月の成果は、先にみたEVベンチャーなどのニューヨーク市場におけるIPOでの多大な手数料なのだ。

これにより中国はどんな恩恵を受けたのか。目に見える成果としては、ロンドン証券取引所傘下のFTSEラッセルが23年から中国国債を世界国債指数に加えることになり、ブラックロックの調査部などが対中国投資のエクスポージャー（投資残高）を3倍にと推奨し、実際に外国人投資家による中国の国内債の保有額が増えるなど、中国への資金流入が促されたことであろう。これは形を変えた人民元の国際化の幇助で、ウォール街の力が必要だという中国が犬笛を吹いたのに対し、ブラックロック、ゴールドマン・サックス、JPモルガンなどが応えたという構図になる。

では、回転ドアでブラックロックはバイデン政権にポールソンに代わる人材を送り込めたのだろうか。財務長官というポストはとれなかったが、ホワイトハウスで経済政策を統括する国家経済会議（NEC）委員長に送り込んだのが、ブライアン・ディーズ氏である。NEC委員長というポストは財務省や商務省など各省庁や高官間の調整役をになうホワイトハウスの経済政策の司令塔であり重要な役回りだ。ディーズはオバマ政権時代の11年からNEC副委員長を、13年には米行政管理予算局（OMB）副長官を務めた経歴をもち、いうならば、民主党政権になったときの経済閣僚候補としてブラックロックが「囲い込んできた」人材に当たる。このため、エリザベス・ウォーレン上院議員など党内左派は、ディーズのブラックロックでの経歴を懸念し、起用に反対したが、ディーズが気候変動対策の国際枠組み「パリ協定」の交渉役をになった経験をもって説得しウォール街の回転ドア組を任命した。ただ、大統領選の出馬を決めたバイデンは、経済諮問委員長に側近のジャレッド・バーンスタインを任命するのに対応して、NEC委員長もラエル・ブレナードFRB副議長に差し替えた。

ブラックロック出身のウォーリー・アデイモ財務副長官はとどまっているが、ホワイトハウスの経済司令塔のポストを失ったことでウォール街回転人事の影響力が低下したことになる。一方、この「米中金融円卓会議」路線が中国の側から、外部からの資金調達で企業が共産党の支配を超えて自由勝手に動き回るとして厳しく制限されることになった。その典型ともいえるのが、共産党に協力的だった滴滴出行への制裁だ。その反面としてゴールドマン・サックスなど投資銀行が人員削減などの措置を行った。ただ、こうした環境下でもブラックロックの調査担当者らは投資家に中国のエクスポージャーを3倍に増やすという助言を引っ込めていない。

こうしたなか、23年7月のアントに対する71億元余（約1400億円）の罰金で中国共産党のビッグテックへのバッシング策は終わり、すでに滴滴出行なども新規顧客の獲得ができるようになっている。とはいえ、その政策変更が海外からの資金調達の自由化にまでつながるかどうかは、きわめて不透明だ。

中国は米中対立を受けて外貨準備のうちアメリカの財務省証券の比率を落としてきている。さらに経済担当の副首相に登用された何立峰氏は、その経歴のうちほとんどを地方政府で積んだ人物であり、アメリカ、ことにウォール街との関係はほとんどない。現在アメリカ側は、IT関連・金融関連のビジネストップが盛んに訪中し、中国側でも習近平氏が面会するなどそれなりに厚遇しているように見える。それでも「米中金融円卓会議」のような仕組みが復活できるとは思われない。若者層の失業率が2割にも達しようとする現状ではビッグテックが活力を取り戻し雇用を増やしてほしいとは望んでも、アメリカでIPOを行いアメリカの投資を梃子にして共産党政府に対抗しようといった動きは許されないからである。

新たに外交を統括することになった王毅中央外事工作委員会弁公室主任は、外交部長時代は「戦狼外交」の最前線にあった。イランとサウジアラビアの仲介、ウクライナ戦争での和平案の提示などによって自身が「戦狼外交」の最先端に立っていたイメージを打ち消すには時間を要するのではないか。そして、その間EUとの関係を維持し、米中関係の改善についてはバイデン政権の出方を待つという姿勢をとっている可能性がある。

今の米中関係は、20世紀を迎える前後の欧州に似ている。経済的には互いに強く結びついているなかでの対立という点だ。第一次世界大戦前の相互依存関係がノーマン・エンジェルに*The Great Illusion*（『大いなる幻想』）を著させ大国間の戦争の危機は去ったと言わせた。ところが、政治的には互いによそよそしく、互いに密に絡みあっているようで、そうでもない感覚に陥るところもあったのだ。そうした矛盾がヨーロッパの「弱い腹」であるバルカン半島での混乱につながり、それを契機として第一次世界大戦に発展した。

今日にあって経済的な結びつきは20世紀初めの状況よりも強い。この点では、エンジェルの時代に似ている。フランシス・フクヤマの『歴史の終焉』が民主化やグローバル化によって大国間紛争が消滅するとの議論を展開し、ある意味でエンジェルの役割を演じた。だが、経済的依存関係が強いとしても、外交的には冷ややかな関係にあることは否定することも無視することもできない。議論はフクヤマ自身により引っ込められ、現在はユーラシア大陸の西側ではすでにウクライナ戦争が起こっており、東側にあっては台湾有事が懸念されるようになっている。

極権を握った3期目の習政権は台湾の解放は共産党の使命だと言い、武力解放も辞さないとしている。だが、台湾有事は米中双方にとって覇権戦争であって、そこでアメリカが負ければ覇権交代が起こったことを意味する。大国間の睨み合いは続くとみられる。

8.2 中国企業との合弁の腕をどう活かすのか

経済安全保障の重要性が増すなか、外資企業の中国事業の舵取りは難しい。テスラのイーロン・マスクCEOは、2023年6月に訪中し、習氏が最も信頼を置いているとされる丁薛祥（ていせつしょう）筆頭副首相を初め更迭された秦剛（しんごう）外交部長など複数の政府高官と会談した。国内市場が多少とも混乱しているなかで生産増強を打診したとされる。マスクのこうしたトップ外交は中国進出のときに始まっている。共産党幹部が中国工場建設を容認するサインを受け取ると、党指導部が執務をする中南海に車両を持ち込み、習の盟友である王岐山国家副主席らと相次ぎ会談したのだ。交渉の過程で全額出資の子会社が認められている。多くの支援をもって工場誘致をした上海市の書記は李克強（りこくきょう）現首相だ。

上海工場は、中国はもちろん、世界のEVメーカーにとってのモデル工場となった。

だが、23年のマスクの訪中で目立つのは、トップ外交を淡々とこなしたことだ。自由奔放なマスク色を消して波風を立てないようにしていたのだ。『エコノミスト』は、マスクに限らず、最近訪中した米国の経営者に共通する姿勢だとする[9]。確かにテスラという企業の最近の行動をみてもそう言えそうだ。テスラは21年10月にはアメリカ以外で初めて完成車の研究開発が可能な拠点とデータセンターを開いた。データ持ち出しを禁じた中国政府の要請に応えた形だ。同時に、上海工場の部品の現地調達率は90%前後に達したとみられ、生産の現地化も進む。これはテスラが全額出資子会社で中核技術を守りつつ、攻めの投資によって、米中分断が起きても米中それぞれで安定して事業ができる仕組みを整えたとみることもできる。

米中対立が存在するなか、政治的な動きができるマスクのフットワークのよさは二面性を持っているように見える。ウクライナ戦争でも、ロシアが武力侵攻前にウクライナの政府機関や銀行など約300の標的にサイバー攻撃を仕掛けて来ると、マイクロソフトなどの支援を得て国内のサーバーにあった政府データを、クラウドや国外サーバーに移し支援した。既存の通信インフラがロシアの攻撃で損傷を受けると、ウクライナの副首相兼デジタル担当大臣に任命されたミハイル・フヨードロフ氏の要請に応じてスターリンクの接続を容認し、1万個のアンテナを贈った。その後、商業ベースに切り替える動きをみせたが、アメリカ政府を巻き込みつつ、無償提供を続けている。

先の『エコノミスト』は、今や企業は政治や地政学に背を向けるわけにはいかなくなったという。では、どうすべきか。中国の自動車の合弁の今後を考えてみよう。

すでにみたように（第2章、76頁）中国政府は50％の対等合弁に誘導し技術移転を図るという「市場と技術の交換」政策を22年に撤廃しており、外資は申請すれば出資関係を変更できることができる。ただ、その適用第1号として認可した例が華晨汽車集団という、マイナーで経営危機にある存在であっても75％のマジョリティ保有に留まった。テスラのように単独外資の申請をする勇気がある自動車メーカーは現れるのだろうか。

かつては日系の自動車メーカーに中国での資本政策を訊くと、GMの出方に注目しているといった声があった。だが、そのGMは倒産を経て中国の合弁会社の出資比率が49％になり、上汽通用五菱ではさらに低い出資比率になっている。それでもGMは上汽通用五菱に自社の小型車部門という位置づけを与え、その東南アジアへの進出を支援している。だが、合弁相手の上海汽車も国内ブランドで21年には50％を超え、中国市場での競合になってきているだけでなく、タイへの進出を果たしたという意味で東南アジアでも競合になりつつある。

こうした状況にもかかわらず、GMが資本関係の見直しに入っていないのは、その脆弱な財務上の制約以上に中国の政治情勢やEV化へと大きく動き出した市場動向が読み切れないからではないだろうか。いわゆる国有自動車企業の中では上海汽車が自社ブランド拡大でトップを切っているが、その他でもEVを中心に自社ブランドを伸ばしてくることは間違いない。そうしたなか、VWやトヨタなどでは、EV開発にあたって合弁相手に協力を求めるようになった。だが中国の欧米との関係がどうなるか、不透明ななかで、多くの外資が合弁を解消しないでいるのは立場は変わっても合弁形態は有益だとみているからではないだろうか。

そして、ドイツ企業を見ると、VWでは自動運転技術での合弁や新興企業への出資が増えただけでなく、電池生産では中国企業との合弁をスタートさせて、合弁のネットワークを通じて中国との紐帯を強化させているようにみえる。また、メルセデスベンツの場合、吉利の本拠地がある浙江省のトップを務め、習近平に近いとされる浙江吉利控股集団創業者の李書福董事長の監視下にあるようにみえる。吉利がボルボ・カーの買収を初め国内外で事業を拡大する際には、習指導部が陰に陽に後押しをしたとみられ、多くが吉利を通じて習政権へ影響を与えようと試みてきたとされる。だがメルセデスベンツが吉利からの出資を受けるようになった経緯は、独中の紐帯を強める一環としての投資だった可能性が高い（図8－3）。

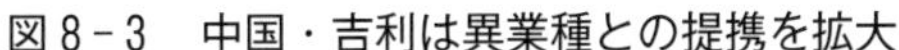

図8-3　中国・吉利は異業種との提携を拡大

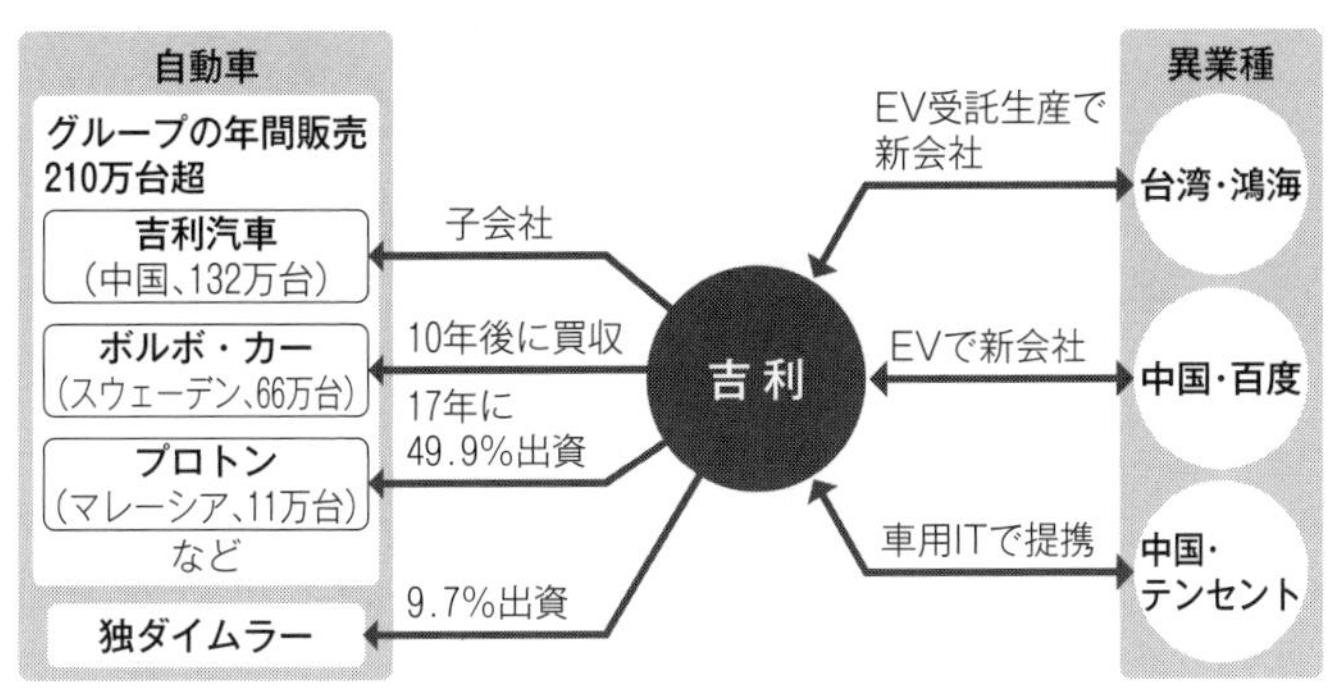

（注）出資比率は創業者の投資会社経由の持ち分なども含む

吉利は筆頭株主の地位も活かしながら、メルセデスベンツ傘下の〈スマート〉を折半出資の合弁会社へと移すと同時に生産も中国で行うなど協業を広げていたが、次世代ＨＶ向けのガソリンエンジンを共同開発することでも合意した。こうしたことをみれば、メルセデスベンツの場合、図２－１で見た北京汽車との合弁よりも、民間企業の吉利、そしてＢＹＤとの関係が重要になる。

8.3　今後の展開を大きく左右するジオテクノロジー

ＥＶ化政策での中国政府の目論見は、戦略部品であるＥＶ用電池で天下を取ると同時に、中国市場では外国メーカーにもＥＶ化を促して中国をＥＶ生産と輸出の基地にすることにある。その意味では、英仏政府が２０４０年までにガソリン車の国内販売を禁じる方針を決め、日欧米の既存大手自動車メーカーがＥＶで中国市場に参入したことは大きな進展だ。また、コロナ禍で米中対立は激化しているにもかかわらずテスラが優遇策に乗じて上海に工場を建設する一方、中国の新興EVメーカーが次々とアメリカで資金調達している光景は米中蜜月すら感じさせるものだった。

しかし、今後の展望に関しては、ジオテクノロジーの展開によっては何が起こるか予測が困難ではないか。いつでも衝突は起こり得るという意味だ。それを予知するかのようなさざ波もネームバリューのあるテスラを標的に起こっている。

中国当局は米中関係のシンボルとしてではなく、国内問題からもテスラを標的にすることは十分考えられる。先に中国にデータセンターを設置したことに触れたが（270頁）、これは21年にテスラ車の走行データの一部がアメリカに持ち出されているとの疑いが浮上したことに応えたとみることもできる。そのほかにも、人民解放軍が軍人にテスラ車の利用を事実上禁止している。全方位カメラや超音波センサーから位置情報などの軍事機密が漏洩する恐れがあるからだとしている。19年以降のEV販売台数は約28万6000台で、この9割超に相当するリコールが21年10月にあったのは、多くの国でも問題となった走行速度の自動制御システムACC（アダプティブ・クルーズ・コントロール）の不具合が原因でありテスラ側に非がある。だが、テスラが市場監管総局よりも、やや遅れてリコール情報を公表したことを考えると、トヨタがアメリカで直面したリコール問題と様相が似ていると考えて良い。つまり、マスクが政治的に振る舞えるなら中国政府はそれとは桁違いに政治的だということを見せつけるかもしれないのだ。

自動車産業はサプライチェーンが最も重層化している業界の一つで、デカップリングが難しい業界でもあるが、すでに米中の高関税の応酬のなかで対応できている部分もある。とはいえ、いったん火を噴けば、そのもたらす影響は大きいだろう。

だからといって、ＥＶ化がここまで進んだ現在、ウォールストリートジャーナルの社説が提唱したように（第３章、97頁参照）ＥＶ化のスピードを抑え込むことはできそうにない。とすれば、米中の自動車産業の摩擦や分断がいつ、どんな形で起こるのか。それは予想しがたい。

だが、ウォーレン上院議員の娘、ジーン・ウォーレン氏がかつて指摘しているように、鉄鋼や太陽光発電で起こったように、過剰投資によるダンピング輸出が始まるといったことが想定されるのではないか[10]。先にＥＶ用電池では重量が大きいので中欧米三極での生産が中心となっているとした。しかし、これは鉄鋼でも起こっていることであり、それと同じように諸侯経済でＥＶ、ＥＶ用電池の事業が支えられているとすれば十分考えられることだ。すでにその兆しも見える。22年の中国自動車輸出は３１１万台を記録し、前年対比で54・４％急増しドイツを抜いて世界2位の輸出国となったが、23年には日本を凌駕して世界一に躍り出ることは確実だ。特にＥＶの輸出は、22年ですら前年対比で１２０％となり67万９０００台を記録し23年の伸びはさらに大きい。実際には中国メーカーがアメリカ市場にアクセスすることは困難で、ターゲットになっているのはアジアとヨーロッパだ。ドイツでは早くもシンクタンクのメルカトル中国研究所が、中国製のＥＶが欧州の雇用や投資、技術革新を危険にさらしているとし、貿易上の対抗措置を考慮する必要があると主張し始めている。メキシコや東アジアの子会社を通じて中国企業がアメリカ市場に乗り込むことも考えられないことはないとすれば、米中ＥＶ摩擦もあり得るのだ。

中国の乗用車の業界団体、乗用車市場信息聯席会の調査によると、21年末時点の新エネ車の乗用車向け製造設備の年産能力は５６９万台だったが、建設を進めている乗用車工場の年産能力を単純に足

図8－4　中国の新エネ車は過剰感が出ている

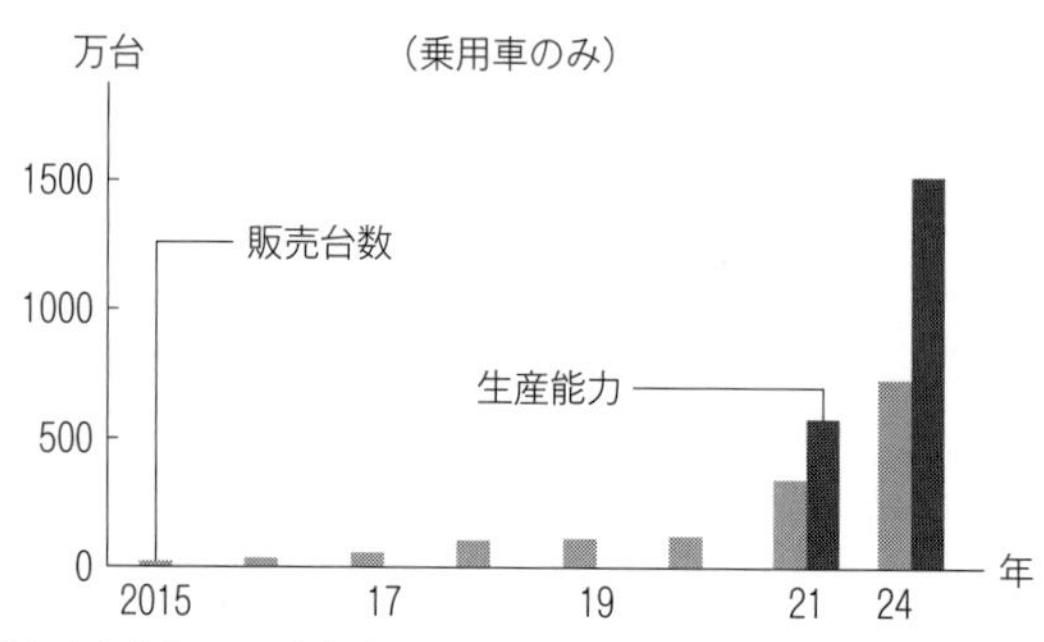

（注）生産能力は2021年以降のみ。2024年は予想。
（出所）多部田俊介「中国EV、供給過剰の懸念　世界一市場で各社が能力増強」『日本経済新聞』、2022年5月10日

しあわせると１０４６万台に達し、その大部分は新エネ車向けとされる（図８－４）。新エネ車の工場は一般的に着工から稼働まで２年前後かかるとされ、すべての工場が稼働すれば、年産能力は数年内に１６００万台前後に達する計算になる。

ＥＶ生産設備の稼働率は21年の時点で58％と過剰感が出ていたが、25年に新エネ車販売が大きく見積もって８５０万台規模まで拡大したとしても53％、７５０万台とすれば47％と約半分は稼働していないという計算になる。長城汽車の王鳳英総裁が全人代で「新エネ車の生産能力の過剰を防がないといけない」と訴えたゆえんである。

まったく別のケースとして５Ｇ通信機器の華為技術のように一人勝ちが出た場合はどうか。中国のＮＥＶ政策でＥＶ用電池の世界チャンピオンとなったＣＡＴＬのありうべき姿については、曾毓群－習近平問答としてすでに紹介したところだ（２５９頁参照）。ＣＡＴＬは好調な決算を背景に調達網の拡大と市場開拓を行いリスクの低減を図っている。

では、逆に中国の側から仕掛けるとすれば、何だろう。それは対テスラということになろう。テスラは車載電池の戦略部品であるセルの準固体化を達成し、セルのコストを半分以下に引き下げ、22年に年産100GWhの工場を稼働させた暁にはガソリンエンジン車を下回る2万5000ドルのEVを発売することを表明している。全固体電池ではトヨタが先行し27年の実用化を発表しているが、それまでにテスラが先を行っているといってよいだろう。

テスラはソフトウェアの面でも大きく先行しているところから、そのままEVで独走するようなことがあり、一方でアメリカが現在ティックトックの運営会社バイトダンスに対して行っているような中国IT企業への圧迫策をしているような場合には、報復手段として伝家の宝刀を抜き、テスラにソフトウェアの内部を公開せよと迫るといったことが起こらないとはいえない。もっとも、中国のEV化政策は、先にも触れたように、広く再生エネルギー・水素での覇権を狙えるレベルにまでに拡大した。中国にとって順調に進んでいる環境を自分から破壊するということは考えにくい。それに、FCV・水素ではトヨタに対し、暗黙裡に「市場と技術の交換」の契約に入っている一方、EVのテスラに関しても三顧の礼をもってEV生産を中国で行うよう促した立場だ。簡単に手のひらを返す仕打ちはできないだろう。

注

（1）“China's Xi has mixed feelings about CATL's battery market dominance,” *Reuters Technology News*, March 7,

2023.
（2）https://www.bloomberg.co.jp/news/articles/2023-01-27/RP4FP8T1UM0W01
（3）"Game of chiplomacy," *The Economist*, January 29, 2022.
（4）Greg Ip, "U. S., Europe Need a Grand Bargain on Semiconductors and EVs to Counter China," *Wall Street Journal*, December 8, 2022.
（5）深尾幸生『ＥＶのリアル――先進地欧州が示す日本の近未来』日経ＢＰ、２０２２年。
（6）三井美奈「欧州ＥＶに地盤沈下不安　米中のはざまで打つ手なし」『産経新聞』２０２３年3月25日。
（7）Darrell Duffie, *How Big Banks Fail and What to Do about It*, Princeton University Press, 2010.
（8）ヘンリー・ポールソン『ポールソン回顧録』（有賀裕子訳）日本経済新聞出版、２０１０年。
（9）"How to run a business in a dangerous and disorderly world," *The Economist*, July 29, 2023.
（10）Jeanne Whalen, "The next China trade battle could be over electric car," *Washington Post*, Jan. 17, 2020.

著者紹介

高橋琢磨（たかはし　たくま）

1943年岐阜県生まれ。慶應義塾大学経済学部／新聞研究所卒業。MBA（カリフォルニア大学バークレー校）、論文博士（中央大学）。野村総合研究所時代には、ニューヨーク駐在、ロンドン支店長、経営開発部長、主席研究員などを務める。北海道大学大学院客員教授、中央大学大学院教授などを経て、現在は論評・著作活動に専念している。

主著：『戦略の経営学――日本を取り巻く環境変化への解』（ダイヤモンド社、2012年）、『トランプ後のアメリカ社会が見えるか』（信山社、2019年）、『米中が競う技術覇権（仮）』（五月書房新社、2023年）ほか。

中国が日本に挑む自動車覇権

トヨタはEV化を乗り切れるか

2023年9月30日　第1版第1刷発行

著　者――高橋琢磨

発行所――株式会社日本評論社

〒170-8474　東京都豊島区南大塚3-12-4

電話　03-3987-8621（販売）　03-3987-8595（編集）

https://www.nippyo.co.jp/　振替　00100-3-16

印刷所――精文堂印刷株式会社

製本所――株式会社難波製本

装　幀― 図工ファイブ

検印省略

Printed in Japan　　ISBN978-4-535-54073-6